Dr. med. Stephen T. Chang
Das Handbuch
ganzheitlicher Selbstheilung

W0188487

In diesem Buch lernen Sie das *Tao der Revitalisierung* kennen: in Theorie und Praxis klar und erschöpfend dargestellt. *Tao* bedeutet eigentlich das vollkommene All-Eine, das natürliche Ordnungsprinzip des Lebens, im weiteren Sinn den zyklischen Wechsel, die Polarität von *Yin* und *Yang*, die Einheit von Körper, Geist und Seele. Der Mensch im Einklang mit sich und seiner Umwelt ist geistig, seelisch und körperlich gesund, gegen Krankheit gefeit, er darf auf ein langes Leben hoffen. Dieses *Tao der Selbstheilung* kann als umfassendes System geistiger und körperlicher Bewegung – als Methode richtigen Denkens, Atmens und Sichbewegens – durch die inneren Übungen unsere Organe heilen und sie mit frischer Energie erfüllen. Diese Revitalisierungsübungen harmonisieren, besänftigen und präzisieren die Funktionen des Organismus und lenken die uns innewohnenden Heilkräfte gezielt auf bestimmte innere Organe und Drüsen. Sie bewirken ein Energiegleichgewicht im Körper, ein optimales Arbeiten aller Organe, so daß Krankheiten geheilt, gelindert, gebessert und vor allem verhütet werden. Alle Übungen in diesem Handbuch taoistischer Selbstheilung sind mit Zeichnungen verdeutlicht, sie lassen sich im Alltag problemlos und ohne besondere Hilfsmittel durchführen. Dieses Verfahren hat nachweislich und anerkanntermaßen hohen therapeutischen Wert und keinerlei Nebenwirkungen: die ideale Verbindung altchinesischer Heilweisheit mit den Erfordernissen modernster medizinischer Ansprüche.

Dr. med. Stephen T. Chang, ein international renommierter Gelehrter und praktizierender Arzt, studierte chinesische und westliche Medizin. Er ist nicht nur promovierter Mediziner, sondern er erwarb außerdem Doktorgrade in Philosophie, Theologie und Rechtswissenschaften. Auf Vortragsreisen, die ihn in nahezu alle Länder der Erde führen, lehrt Dr. Chang die verschiedenen Aspekte des Taoismus. Er ist Autor mehrerer Bücher über Tao, Akupunktur und verwandte medizinische Themen. Einige seiner Werke wurden in zehn und mehr Sprachen übersetzt.

Dr. med. Stephen T. Chang

Das Handbuch ganzheitlicher Selbstheilung

◆

Handgriffe des medizinischen Tao-Systems

(Das Tao der Revitalisierung: innere Übungen)

Übersetzt von
Ulla Schuler

Ariston Verlag · Kreuzlingen / München

Die Deutsche Bibliothek – CIP-Einheitsaufnahme

CHANG, STEPHEN THOMAS:
Das Handbuch ganzheitlicher Selbstheilung:
Handgriffe des medizinischen Tao-Systems /
Stephen T. Chang.
Aus d. Amerikan. übers. von Ulla Schler.–
4. Aufl. – Genf ; München: Ariston Verlag, 1992
Einheitssacht.: The complete system
Of self-healing: internal exercices <dt.>
ISBN 3-7205-1599-0

Die amerikanische Originalausgabe
erschien unter dem Titel
»The Complete System of Self-Healing – Internal Exercises«
1986 bei Tao Publishing, San Francisco, USA

© 1986 by Stephen T. Chang

© Copyright der deutschen Ausgabe by
Ariston Verlag, Genf 1990

Teilauflage für Reuille Verlag AG, Versoix/Schweiz,
mit Genehmigung des Ariston Verlages

Copyright © 1990 der deustschen Ausgabe by Ariston Verlag, Genf
© 2005, Bodywell Holding BV, Roosendaal

Alle Rechte, insbesondere des – auch auszugsweisen – Nachdrucks, der
phono- und photomechanischen Reproduktion, Photokopie,
Mikroverfilmung sowie der Übersetzung und jeglicher anderen Aufzeich-
nung und Wiedergabe durch bestehende und künftige Medien,
vorbehalten.

Gestaltung des Schutzumschlages:
Atelier Höpfner-Thoma, GraphicDesign BDG, München
Umschlagphoto: The Image Bank, München
Gesamtherstellung: Ueberreuter Buchproduktion,
Korneuburg bei Wien

Erstauflage August 1990

ISBN 3-7205-1599-0

Inhalt

Der Gelbe Kaiser

Laotse

Vorwort

Allen meinen verehrten Lesern, die bereits seit rund fünfzehn Jahren ihr Interesse für meine Bücher bekunden, möchte ich an dieser Stelle meinen Dank aussprechen. Diese ständige Resonanz, die durch Tausende von Briefen dankbarer und ratsuchender Leser verstärkt wird, macht mich sehr glücklich.

Zugleich möchte ich mich hier bei jenen Lesern entschuldigen, deren Zuschriften ich nicht beantworten konnte. Für sie und für – wie ich hoffe – viele andere neue Leser, die sich gründlicher informieren wollen, habe ich eigens dieses neue Buch geschrieben, das die meisten Fragen zu den ganzheitlichen Methoden der Selbstheilung beantworten und im wesentlichen den Wissensdurst befriedigen dürfte.

Um den Leserinnen und Lesern eine vertiefte Kenntnis der verschiedensten Heilverfahren sowie neuer und revidierter Vorstellungen zu vermitteln, hatte ich ursprünglich den Titel *»Grundlagen und innere Übungen zur Revitalisierung«* und den Untertitel *»Handbuch taoistischer Selbstheilung«* gewählt. Denn dieses neue Buch wird Sie nicht nur mit einzelnen Maßnahmen, sondern mit einem ganzen Gebäude der Heilkunst vertraut machen. Es ist die Frucht einer vierzig Jahre währenden intensiven Forschung und Erfahrung, und die Verfahren, die es lehrt,

O gründen sich auf die reinen Erkenntnisse des Tao (so vor allem das Prinzip der Einheit von Körper und Geist),

O sind absolut wissenschaftlich,

O haben nachweislich und anerkanntermaßen einen hohen therapeutischen Wert,

O sind ganz und gar natürlich und naturgemäß (weder Geräte noch andere Hilfsmittel sind erforderlich; sie würden im Organismus nur ein Ungleichgewicht schaffen),

O sind vollkommen sicher (das heißt ohne jegliche schädliche Nebenwirkung) und können überall und jederzeit praktiziert werden.

Ich hoffe, daß dieses Buch Ihnen eine Hilfe sein wird, daß es Ihr Wissen bereichert und daß Sie großen Nutzen für Ihre Gesundheit daraus ziehen werden. Es wird besonders jenen unter Ihnen helfen, die an mancherlei Krankheiten und Beschwerden leiden.

Dr. med. Stephen T. Chang

Einleitung

Zeit seines Lebens muß der Mensch zwei Grundbedürfnisse befriedigen, um zu überleben, satt zu werden, seine Kräfte zu erneuern
und sein Leben zu verlängern. Es sind dies:
1. Zufuhr von Nahrung (Trinken und Essen)
2. Bewegung
   a) geistige Bewegung (Denken)
   b) körperliche Bewegung (Atmung und andere physiologische
      Funktionen der inneren Organe und des Bewegungsappara-
      tes)
   c) sexuelle Aktivität.
Wenn eines dieser beiden Grundbedürfnisse nicht ganz oder nicht
angemessen befriedigt wird, sind wir nicht wirklich lebensfähig.
Ohne die Zufuhr von Nahrung würde unser Leben nach etwa zehn
Tagen erlöschen. Unzureichende oder falsche Ernährung wirkt le-
bensverkürzend. Ohne Bewegung verkümmert der Körper. Wenn
wir uns zuwenig oder falsch bewegen, wird der Körper geschwächt.
Von dieser letzteren Erkenntnis ausgehend, entwickelten die alten
Taoisten das *Tao der Revitalisierung* – das philosophische System
und die Methode vom richtigen Denken, Atmen und Sichbewegen.

Das *Tao der Revitalisierung* ist ein umfassendes System geistiger
und körperlicher Bewegungen, der sogenannten *inneren Übungen.*
Die inneren Übungen können die inneren Organe heilen und ihnen
frische Energie zuführen. Sie sind der Schlüssel zu Jugend, Wider-
standskraft und Gesundheit, indem sie die Funktionen des Organismus verlangsamen, besänftigen, beruhigen, präzisieren, zur Natür-
lichkeit zurückführen und die inneren Lebensvorgänge fördern.

Die inneren Übungen sind genau das Gegenteil des üblichen
körperlichen Trainings. Aktivitäten wie Fußballspielen, Boxen,
Gymnastik, Gewichtheben, Hatha Yoga und sportliche Wett-
kämpfe mögen uns zwar ein attraktives Äußeres bescheren, doch
dies geschieht oft auf Kosten der Energie unserer inneren Organe

und führt dann nicht nur zu zahlreichen Krankheiten, sondern läßt uns auch vorzeitig altern. Müdigkeit, Streß, Anstrengung, Schmerzen und Verrenkungen, die mit konventionellem sportlichem Training verbunden sind, stören die empfindlichen Funktionen unserer inneren Organe. Da die inneren Organe dafür verantwortlich sind, den Körper zu regenerieren und krankmachende Einflüsse abzuwehren, wird jede Funktionsstörung die Fähigkeit des Organismus, alte oder abgenutzte Zellen zu ersetzen und Bakterien und Viren unschädlich zu machen, hemmen. Was die dicksten und stärksten Muskeln nicht vermögen, tun die inneren Organe: Sie schützen den Körper vor Alter und Krankheit. Die inneren Übungen des Tao wiederum schützen, heilen und kräftigen die Organe. Und wenn die inneren Organe gesund sind, resultiert daraus natürlich auch eine schöne äußere Erscheinung.

Der Mitbegründer der chinesischen Bewegungskultur und einer der Väter des Taoismus – der Wissenschaft und Philosophie vom Leben und der Langlebigkeit – war HUANG DI, der Gelbe Kaiser. Das Tao der Revitalisierung heißt auf chinesisch *Yang Sheng Shu.* Darunter versteht man die Erreichung eines glücklichen, gesunden und langen Lebens durch Üben geistiger und körperlicher Bewegungen, um Beschwerden zu verhüten und zu lindern, das Altern aufzuhalten und sämtliche Körperfunktionen zu verbessern.

Das *Tao der Revitalisierung* hat sich über sechs Jahrtausende als erfolgreiches System bewährt. Der Gelbe Kaiser erkannte den enormen medizinischen Wert dieses Systems und pries es als »die höchste der Heilweisen«. LAOTSE bezeichnet es im *Tao-te-King* als »die beste therapeutische Methode, um das Leben zu optimieren und zu verlängern«. Menschen ohne Zahl haben sich demütig und vertrauensvoll diesem Weg verschrieben. Selbst wenn nur Teilbereiche dieser umfassenden Lehre praktiziert werden, haben sie noch günstige Auswirkungen.

Das *Tao der Revitalisierung* existiert in vielen Versionen. Sie alle werden mit klingenden Namen bezeichnet, die freilich nicht die wahre Bedeutung und Funktion des Tao der Revitalisierung wiedergeben. Eine dieser Versionen ist das *Tao-Yin,* bei dem der

Energiefluß durch Denken, Sportgeräte und bestimmte Körperbewegungen gelenkt wird, um Beschwerden aller Art zu kurieren. Dieses Tao der Revitalisierung ist derzeit in Japan besonders populär, wo es als *Do-in* bezeichnet und in besonderen Klubs gelehrt wird, die in jeder Stadt, jedem Dorf und in Nachbarschaften gegründet wurden. Die Klubmitglieder treffen sich einmal oder mehrmals in der Woche und üben ausgewählte *Do-in*-Methoden, um dadurch Krankheiten zu verhüten oder zu heilen. In China wiederum ist das *Chi-Kung* oder auch *Nei-Kung* sehr verbreitet. Der Begriff *Chi-Kung* bezeichnet Atemübungen oder Kräftigungsübungen. *Nei-Kung* bezieht sich auf die *inneren Übungen*.

In China hat Dr. PAO LING eine wissenschaftliche Studie über *Chi-Kung* durchgeführt. Die im *Guolin Research Report* (Forschungsbericht) publizierte Studie umfaßte 2 873 Krebspatienten im Finalstadium, deren Leiden man mittels *Chi-Kung*-Therapie zu beeinflussen versuchte. Innerhalb von sechs Monaten wurden annähernd zwölf Prozent der Patienten geheilt, und bei siebenundvierzig Prozent trat eine deutliche Besserung ein. Keine Besserung erfolgte bei einundvierzig Prozent. In einem anderen Versuch wurde ein Teilbereich des *Chi-Kung* – die Augenübungen – an Schulkindern getestet. Der Übungsablauf wurde musikalisch und durch Anweisungen über eine Gegensprechanlage begleitet. Im weiteren Verlauf des Übungsprogramms wurden Weitsichtigkeit, Kurzsichtigkeit und andere Augenprobleme deutlich seltener. Andere therapeutische Versuche mit *Chi-Kung* ergaben eine verblüffende, rasch einsetzende Wirkung bei allergischen Erkrankungen der Nebenhöhlen, bei Hämorrhoiden, Prostataleiden und Altersbeschwerden. In Krankenhäusern, Ambulanzen und Gesundheitszentren Chinas rangiert die *Chi-Kung*-Therapie weit über Behandlungsmethoden wie Chemotherapie, Chirurgie oder Akupunktur. Ihr Erfolg beruht nachweislich darauf, daß sie Krankheiten zu *heilen* und zu *verhüten* vermag.

In den Vereinigten Staaten von Amerika führte Frau Dr. CECILIA ROSENFELD eine wissenschaftliche Studie über die Wirkung der *inneren Übungen* durch. Nachdem sie die sofortige heilkräftige

Wirkung am eigenen Leibe erfahren hatte, entschloß sie sich, diese
Übungen ihren Patienten zu empfehlen. Die Patienten wurden ent-
sprechend angeleitet, und innerhalb einer Woche zeigten sich bei
annähernd achtzig Prozent positive Ergebnisse. Darauf engagierte
Dr. Rosenfeld acht Krankenschwestern, lehrte sie die *inneren
Übungen* und die Unterweisung und Supervision von Patienten.
Nach dem Schulungsprogramm wurden jeder Schwester mehrere
Patienten zugewiesen, denen die Ärztin nach gründlicher Untersuchung gezielt taoistische innere Übungen verordnet hatte. Die meisten Patienten berichteten, ihr Gesundheitszustand habe sich sofort gebessert, sie hätten keine Schmerzen und Beschwerden mehr,
und die Krankenschwestern gaben an, daß sie auch nach einem
langen Tag der Patientenschulung und Supervision noch voller
Energie steckten. Ich zitiere eine der Schwestern: »Bis vor kurzem
war das Schwesterndasein eigentlich ziemlich deprimierend. Tag-
täglich sahen wir nur Krankheit, Leiden, Schmerzen und Tod. Wir
hörten nur Klagen. Nie kam es vor, daß ein Patient zur Schwester
sagte: ›Ist das nicht ein herrlicher Tag heute?‹ Und nach einem anstrengenden Achtstundentag war man total geschlaucht. Aber seit
wir mit diesen Übungen arbeiten, die wir wohl hundertmal am Tag
anwenden, fühlen wir uns auch am Feierabend noch topfit!«
      Diese verblüffenden Ergebnisse der Studie bewirkten, daß sich
zahlreiche Universitäten, Colleges, medizinische Fakultäten, Kran-
kenhäuser und auch das breite Publikum für die *inneren Übungen*
des Tao zu interessieren begannen.
      Wie läßt sich dieser erstaunliche Erfolg erklären?
      Einer der Schlüssel zur Wirksamkeit der sogenannten *inneren
Übungen* ist die Prävention, ein Prinzip des *Tao der Revitalisierung:* Wenn keine kleineren Gesundheitsstörungen entstehen, entwickeln sich auch keine schweren Krankheiten, und wenn wir keine
schwere Krankheit bekommen, sterben wir nicht vor der Zeit. So
besteht das Hauptanliegen des Tao der Revitalisierung darin, das
Leben des Menschen zu verlängern.
      Das *Tao der Revitalisierung* ist keine sportliche Disziplin. Es
soll nicht zu Wettbewerb und anstrengenden Bewegungen heraus-

fordern, nicht Streß und Spannung erhöhen, Energien rauben oder, mit anderen Worten, das Leben verkürzen. Ebensowenig stellt es eine Kampfsportart dar. Im Gegensatz zu *Kung-Fu, Karate* und ähnlichen Praktiken erfordert es weder anstrengende Bewegungen noch Muskelkraft. Obgleich die Bewegungen beim *T'ai Chi Chuan* langsam und fließend erscheinen, bauen sie in Wirklichkeit Spannung auf; denn ursprünglich war *T'ai Chi Chuan* eine kriegerische Disziplin. Einen Aspekt des *T'ai Chi Chuan* freilich, den der Einheit von Geist und Seele, finden wir ähnlich auch beim *Tao der Revitalisierung.* Übrigens handelt es sich beim Tao der Revitalisierung nicht um *Hatha Yoga,* denn der Körper wird nicht mit Verrenkungen, Verdrehungen, Dehnungs- und Bewegungsübungen überfordert. Schließlich ist das Tao der Revitalisierung auch keine Form der Meditation, zielen doch die üblichen Meditationsübungen im allgemeinen darauf ab, den Geist zu »leeren« – also zu inaktivieren. Den Geist aber kann man (in Wirklichkeit) nicht leer machen, denn ihn auf dieses Ziel hinzulenken, bedeutet bereits wieder geistige Aktivität.

Beim Tao der Revitalisierung wird die innere Entwicklung wichtiger genommen als die äußere. Anfangs impliziert das Tao der Revitalisierung die körperliche Bewegung, aber mit zunehmender Übung nimmt die Konzentration auf die körperliche Bewegung ab und wird immer mehr auf die innere Bewegung gelenkt. Man wird äußerlich ruhig, aber innerlich sehr lebendig und aktiv. Praktiken, die diesen Prinzipien nicht entsprechen, können nicht als Tao der Revitalisierung gelten.

Eine Stärke des Tao der Revitalisierung ist auch seine große Flexibilität. Jeder Mensch kann jederzeit und überall, unabhängig von seinem Alter, seiner Kondition, seinem Gesundheitszustand, die Übungen seiner Wahl machen. Dazu braucht er keine besondere Ausrüstung. Der grundlegendste aller Stoffwechselprozesse, nämlich die Atmung, kann durch die geeigneten Techniken des Tao der Revitalisierung in ein mächtiges therapeutisches Instrument verwandelt werden. Auch das bewußte Üben geistiger und körperlicher Bewegung ist potentiell therapeutisch wirksam.

Die ermutigenden Ergebnisse, die so unmittelbar durch die ernsthafte und unbefangene Anwendung der verschiedenen inneren Übungen des Tao erzielt werden können, werden jenen Eifer in uns wecken, der uns auf dem Weg zu tieferer Erkenntnis, Langlebigkeit und spiritueller Entwicklung geleiten wird.

Wenn man äußere Übungen macht,
muß man auch innere Übungen machen.
Wenn man innere Übungen macht,
darf man die äußeren Übungen außer acht lassen.

ERSTER TEIL

Grundlagen

1. Taoismus

»*Das Handbuch ganzheitlicher Selbstheilung: Handgriffe des me- dizinischen Tao-Systems*« beschäftigt sich mit einem Aspekt der immer noch lebendigen Philosophie des *Taoismus*. Unter den Weltreligionen ist der Taoismus die älteste. Ihr Begründer LAOTSE, der bekannteste und vielleicht bedeutendste unter den taoistischen Weisen, legte mit seinem Werk *Tao-te-King* das Fundament, auf dem die acht Säulen des Taoismus ruhen sollten. Das *Tao-te-King* ist in erster Linie eine politische Abhandlung und eine theoretische Darstellung des Taoismus aus der Sicht eines erleuchteten Geistes. Andere taoistische Gelehrte, unter ihnen der Gelbe Kaiser, formu- lierten die praktischen und funktionellen Aspekte. Neben der grundlegenden spirituellen Lehre und Philosophie des Taoismus entwickelten diese taoistischen Gelehrten in der Vergangenheit zahllose Methoden, durch die der physische Körper umgewandelt und unsterblich gemacht werden sollte, und die sich schließlich in den acht Säulen des Taoismus manifestierten. Die acht Säulen des Taoismus entsprechen acht Untergruppen taoistischen Denkens und Tuns und werden im *Pa-Kua,* dem Symbol des Taoismus, als acht Trigramme dargestellt. Eine der Säulen des Taoismus sind die inneren Übungen.

Jahrhundertelang wurden viele Lehren des Tao geheimgehalten. Bevor wir uns näher mit den inneren Übungen beschäftigen, will ich daher die acht Säulen vorstellen und kurz erläutern.

1. Das Tao der Philosophie
2. Das Tao der Revitalisierung (innere Übungen)

3. Das Tao der ausgewogenen Ernährung
4. Das Tao der vergessenen Heilpflanzen
5. Das Tao der Heilkunst
6. Das Tao der sexuellen Weisheit
7. Das Tao der Selbstdisziplin
8. Das Tao des gestalteten Schicksals

Abb. 1: *Pa-Kua* oder Symbol des Tao.
Die acht Trigramme, die in acht verschiedenen Richtungen
um das Symbol für *Yin* und *Yang* angeordnet sind,
stellen die Säulen des Taoismus dar.

Das Tao der Philosophie
(Symbol: *ch'ien* = Himmel)

Das Tao der Philosophie offenbart uns die Logik, die dem Leben zugrunde liegt, und den Sinn des Lebens. Es handelt sich um eine Sammlung von Richtlinien, die vom einzelnen wie auch von der Gruppe befolgt werden, um zu Erfolg und spiritueller Erhöhung zu gelangen. Das Tao der Philosophie gründet auf der spirituellen Erkenntnis der verborgenen, aber ewig während en und gültigen Gesetze des Universums und lehrt die richtigen Methoden des Regierens und Förderns der gesellschaftlichen Entwicklung und des individuellen Wohlergehens.

Das Tao der Revitalisierung
(Symbol: *k'an* = Wasser)

Dieses Tao ist das Thema des vorliegenden Buches, das die Theorie und Praxis des *Tao der Revitalisierung* klar und erschöpfend behandelt.

Die *inneren Übungen* lenken die uns innewohnenden Heilkräfte auf bestimmte innere Organe und Drüsen; sie führen dem ganzen Körper neue Energie zu, bewirken ein Energiegleichgewicht und fördern die optimale Funktion der inneren Organe, so daß Krankheiten geheilt, gelindert, gebessert und vor allem verhütet werden. Kurz, das Hauptziel der taoistischen Übungen ist es, das Leben zu verlängern.

Wir können drei Gruppen von *inneren Übungen* unterscheiden:

○ Die erste Gruppe umfaßt jene Übungen, welche die *Körperhaltung* beim Sitzen, Liegen, Gehen und Arbeiten verbessern sollen, um heilungsfördernd zu wirken. Es handelt sich um die Gymnastik nach fünf Tieren, um die Übungen nach acht Himmelsrichtungen (Brokatgymnastik), die zwölf Übungen nach der Organuhr (Tierkreis) und zwölf Übungen für das Nervensystem. Hinzu kommen noch Grundübungen namens Hirsch, Kranich und Schildkröte.

○ In die zweite Gruppe gehören die *Meditation* über die Meridiane und die taoistische *Kontemplation*. Die Meridianmeditation ist eine höchst ungewöhnliche Heilkunst und dient dazu, die Energien im Körper zu regulieren, im Gleichgewicht zu halten und zu steigern. Wer darin geübt ist, über die Energiekanäle, die anatomisch als Meridiane bezeichnet werden, zu meditieren, kann fühlen, wie die Energie durch diese Kanäle fließt, und sie ausgleichend lenken. Auf diese Weise wird ein vollkommener Einklang zwischen Geist, Leib und Seele erreicht, und die Lebenskräfte des Übenden werden vollständig erneuert.
Die Techniken der Akupunktur und Akupressur, die aus der Meridianmeditation entstanden sind, werden am Mitmenschen angewandt, während die Meditation über die Meridiane eine Selbstbehandlungstechnik ist.

○ Die dritte Gruppe der inneren Übungen umfaßt bestimmte *Atemtechniken*. Mit Hilfe dieser Techniken kann Energie durch die auf dem Meridiansystem gelegenen Akupunkturpunkte absorbiert werden. Energiesteigernde Atmung ist ein ganz entscheidender Schritt, um sich selbst zu heilen und eine unauflösliche Verbindung mit der Energie einzugehen, die das Universum durchdringt.

Das Tao der ausgewogenen Ernährung
(Symbol: *ken* = Berg)

Das Säure-Basen-Gleichgewicht unserer Nahrung ist von großer Bedeutung. Nahrungsmittel, deren pH-Wert ausgeglichen ist, werden nicht so rasch abgebaut, so daß ein Maximum an Nährstoffen aus diesen Nahrungsmitteln verwertet wird. Ist der pH-Wert der Speisen, die wir zu uns nehmen, nicht ausgeglichen, dann zersetzt sich die Nahrung, sobald sie in den Verdauungstrakt gelangt. Statt von den zugeführten Nährstoffen zu profitieren, absorbiert der Organismus die Giftstoffe, die bei der Zersetzung der Nahrung entstanden sind.

Es ist sehr lehrreich, wenn man mal einen Blick in die Abfalltonnen hinter einem Restaurant wirft, in denen Essensreste vergammeln. Kurz vorher noch hatte dieses Essen die Teller von Gästen geziert. Das einzig Trennende zwischen Vorder- und Rückseite des Restaurants ist eine Wand und eine Latenz von wenigen Stunden.

Kein Mensch würde freiwillig Abfälle aus der Mülltonne essen; denn schließlich weiß jeder, daß man sich damit vergiftet. Und doch nehmen wir immer dann giftige Nahrung zu uns, wenn wir essen, ohne an das Gleichgewicht des pH-Werts zu denken.

Übler Mundgeruch ist übrigens oft ein Zeichen, daß die Nahrung im Magen unvollständig verdaut wurde.

Das Tao der vergessenen Heilpflanzen
(Symbol: *chen* = Donner, Bewegung)

Die meisten Menschen essen gerne und mit Genuß. Wir erfreuen uns am appetitlichen Anblick, am Duft und am Geschmack unserer täglichen Mahlzeiten. Doch liefert das übliche Essen meist nicht genügend Nährstoffe, um uns wirklich gesund zu erhalten. Es muß durch wirkstoffreichere Nahrung ergänzt werden, nämlich durch bestimmte Kräuter, die gleichsam das zweite Bein einer gesunden Ernährung darstellen. Dies besagt das Tao der vergessenen Heilpflanzen.

Im Laufe der Zeit erforschten die Taoisten die Heilkräfte der Kräuter und eigneten sich große Erfahrung im Gebrauch von Heilpflanzen an. Vor mehreren tausend Jahren vermochten beispielsweise die Chirurgen bereits ihre Patienten mit Hilfe eines Kräutertees sechs Stunden ohne Nebenwirkungen zu betäuben.

Damals war die Chirurgie eine sehr angesehene Disziplin. Zur Kunst der Chirurgen gehörte es etwa, einem Patienten Organe zu entnehmen, sie in Kräuterlösungen zu spülen und wieder in den Körper einzubringen.

Dieses Verfahren wurde schließlich aufgegeben, als diese Ärzte erkannten, daß es eine wenig wirksame und unvollständige Krankheitsbehandlung war und daß die eigentliche Lösung in der Verhütung von Krankheiten lag. Ihnen wurde klar, daß jede Krankheit, einschließlich Tumoren, Folge einer bestimmten Lebensweise war; ständige chirurgische Eingriffe konnten das erneute Auftreten von Tumoren nicht verhindern, wohl aber vermochte dies eine Umstellung der Lebensweise.

Viele Eigenschaften chinesischer Heilpflanzen müssen von der modernen Wissenschaft erst noch entdeckt werden. Die amerikanische Akademie der Wissenschaften geht davon aus, daß es annähernd eine Million verschiedener Pflanzen auf der Erde gibt. Bislang wurde erst ein unbedeutender Teil derselben mit modernen analytischen Methoden erforscht.

Die Lebensmittel, die wir im Supermarkt kaufen können, sind vergleichsweise minderwertig. Bedenkt man die Fülle verschiedenster Nahrungsmittel, die uns die Erde überhaupt beschert, dann ist die Auswahl dort sehr beschränkt. Gott schuf Blätter, Zweige, Stämme und Wurzeln, auf daß wir sie nutzen, aber von den meisten Menschen werden diese Schätze völlig übersehen. Die Taoisten nannten sie »vergessene Nahrung«, jene Kräuter, die vergessen wurden, weil unsere Vorfahren sie aus ihrem Repertoire durch einen Selektionsprozeß strichen, dem im Laufe von Jahrtausenden zum Opfer fiel, was Augen, Nase und Mund nicht verlockte. Als der Mensch lernte, seine Nahrung selbst anzubauen, gab er natürlich jenen Pflanzen den Vorzug, die seine Sinne am stärksten ansprachen. Nun heißt es aber nicht von ungefähr, daß der Mensch ist, was er ißt. Starke Nahrungsmittel machen uns stark. Wenn wir uns besser ernähren, bessert sich unser Gesundheitszustand. Wenn wir hingegen schwache Nahrung zu uns nehmen, werden wir anfälliger für Krankheiten. Wenn wir einen Magnolienbaum mit einer Staude Sellerie vergleichen, ist ganz klar, daß der Baum viel kräftiger ist als die kleine Staude. Bei näherer Untersuchung werden wir feststellen, daß der Baum medizinisch wertvoller ist als die Staude. Tatsächlich ist eine der medizinischen Eigenschaften des Magnolienbaums, daß er beispielsweise das Magengewebe stärkt und die weiblichen Geschlechtsorgane kräftigt. Ein weiteres Beispiel einer starken Pflanze ist der Ginseng. Er gedeiht im kalten, kargen Bergland und kann doch mehr als tausend Jahre alt werden. Bedenken Sie, was eine so enorme Vitalität für unseren Körper auszurichten vermag. (Seien Sie bitte vorsichtig beim Verzehr von Ginseng. Ginseng muß durch andere Heilpflanzen ergänzt werden, da er nicht nur starke Wirkungen, sondern ebensolche Nebenwirkungen erzeugt.)

Im schroffen Gegensatz hierzu gedeiht beispielsweise die Karotte nur im gemäßigten Klima bei einer Lebensdauer von etwa drei Monaten. Wenn sie während dieser Zeit nicht geerntet wird, verrottet sie und verschwindet. Kräuter vermitteln dauerhafte Stärke, während die gewöhnliche Nahrung nur vorübergehend die Kräfte mehrt.

Die Nahrungsmittel, die wir normalerweise verzehren, werden auch von den schädlichen Keimen, die in unseren Körper eindringen, geschätzt. Sie erhalten sich, ebenso wie wir, durch diese minderwertige Nahrung am Leben. Glücklicherweise ist der Ernährungswert von Kräutern für unseren Organismus höher als für diese Keime. Der Mensch ist kraft seines Willens fähig, ab und zu auch scheußlich schmeckende Kräuter zu schlucken. Die Keime hingegen müssen ohne freien Willen auskommen und werden von Kräutern schlicht abgestoßen. Wenn das menschliche Blut mit Wirkstoffen aus Heilkräutern überschwemmt wird, verhungern die schädlichen Keime, und der Organismus wird auf natürliche Weise gereinigt und geläutert. Der größte Nutzen, den wir aus einer mit heilenden Kräutern angereicherten Ernährung ziehen können, sind die reinigenden und läuternden Kräfte, welche die Kräuter über Jahre unverderblich machen.

Das Tao der Heilkunst
(Symbol: *sun* = Wind)

Wie das Tao der Revitalisierung wirkt das Tao der Heilkunst harmonisierend, ausgleichend und kräftigend auf die Lebensenergie. Anders jedoch als das Tao der Revitalisierung, das in erster Linie ein Mittel der Selbstheilung darstellt, dient das Tao der Heilkunst dazu, andere zu heilen.

Das Tao der Heilkunst, chinesisch *Tui-Na* genannt, ist eigentlich eine Massage der Energiebahnen oder Meridiane, mit der die lebenswichtigen Funktionen unseres Organismus reguliert werden können. Mit Hilfe der sechzehn verschiedenen Grifftechniken, deren sich das *Tui-Na* bedient, können auch innere Organe aus einer falschen in die anatomisch richtige Lage reponiert werden. Ergänzend zu diesen Techniken, mit denen auf die verschiedenen Teile des Körpers eingewirkt wird, können geeignete andere Mittel angewandt werden. Dies kann jedes der fünf Elemente Erde, Metall, Wasser, Holz oder Feuer sein. In der westlichen Welt sind die Akupunktur (die Nadelung zur Lenkung von Energie im Körper) und die Moxibustion (Behandlung mit »brennendem Kraut«) die bekanntesten Beispiele für die Anwendung der Elemente Metall und Feuer. Akupunktur und Moxibustion beruhen auf Prinzipien und Methoden des *Tui-Na*. Näheres zu diesem Thema finden Sie im sechsten Kapitel *(Die Theorie der fünf Elemente).*

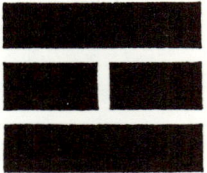

Das Tao der sexuellen Weisheit
(Symbol: *li* = Feuer)

Der Taoismus war die erste Philosophie, die sich grundlegend mit der menschlichen Sexualität auseinandersetzte und die Menschen lehrte, ihre sexuelle Energie für die innere Wandlung zu nutzen. Das Tao der sexuellen Liebe lehrt uns, wie wir sexuelle Befriedigung finden können, ohne unsere Kräfte zu erschöpfen; es erklärt, wie man die Geschlechtsorgane kräftigt und die sexuelle Energie nutzt, um spezielle Beschwerden zu heilen, und wie man das Band der Liebe stärkt; es beschreibt verschiedene Positionen des therapeutischen Geschlechtsverkehrs, gibt Auskunft über natürliche Methoden der Familienplanung und Eugenik und sogar über die Möglichkeit, weiblichen oder männlichen Nachwuchs zu zeugen.

Das Tao der Selbstdisziplin
(Symbol: *k'un* = Erde)

Das Tao der Selbstdisziplin vermittelt uns das Rüstzeug, um uns selbst und andere Menschen zu erkennen, die äußeren Kräfte unserer Natur und unseren Zielen dienstbar zu machen und schließlich uns selbst zu bemeistern.

Die Taoisten entwickelten eine Reihe verschiedener Methoden, um die zwischenmenschlichen Beziehungen zu erleichtern und Streß zu mindern:

1. *Die Physiognomie* gibt Auskunft über Begabungen, Verhalten, Charakter und Gesundheitszustand eines Menschen. Aus einigen der 108 Punkte des Gesichts, die ein konkretes Hinweissystem bilden, kann der Erfahrene künftige Ereignisse voraussagen.

2. *Handanalyse:* Die Linien der Hand gestatten, die angeborene Persönlichkeitsstruktur und gesundheitliche Konstitution zu beurteilen. Die Handlinien folgen außerdem der natürlichen Entwicklung des Charakters und der beruflichen Begabung eines Menschen und sind Warnsignale unserer angeborenen Schwächen, die wir kennen müssen, um sie überwinden zu können.

3. *Die taoistische Numerologie* vermittelt genaue Einsichten in individuelle Lebensmuster und Lebensumstände.

4. *Die taoistische Astrologie* orientiert sich am Polarstern und ist ein wesentlich umfassenderes und wissenschaftlicheres System als die westliche Astrologie. Die taoistische Astrologie offenbart uns unser Schicksal und unsere finanziellen Aussichten; sie beschreibt die körperlichen, geistigen und spirituellen Eigenschaften unseres künftigen Ehepartners und unserer Kinder und enthüllt alle anderen Aspekte des Lebens.

5. *Das Studium der unsichtbaren Wirkungen der Naturgesetze,* insbesondere der Gesetze des Elektromagnetismus. Durch die umfassende Kenntnis dieser Kräfte können wir uns und unsere Habseligkeiten nach den elektromagnetischen Einflüssen ausrichten, um im Einklang mit den Gesetzen der Natur zu leben und unsere Ziele leichter zu erreichen. Im Hinblick auf Gruppen können diese Kräfte beispielsweise genutzt werden, um Streitigkeiten am Arbeitsplatz zu reduzieren und das »Klima« oder die Zusammenarbeit innerhalb einer Gruppe zu verbessern. Im modernen Japan wird dieses Prinzip in Industriebetrieben angewandt, um Arbeitsgruppen zusammenzustellen und die verschiedenen Abteilungen zu koordinieren. In westlichen Ländern spricht man von »Betriebsklima« und »Motivation« und meint das gleiche.

6. *Die Lehre von den Symbolen* beschäftigt sich mit Formen und Zeichen, die mit den Gesetzen zusammenhängen, welche den Naturereignissen zugrunde liegen. Sie kann zum Beispiel angewandt werden, um das Wetter, geschäftliche Entwicklungen oder selbstzerstörerische Gewohnheiten zu beeinflussen.

Das Tao des gestalteten Schicksals
(Symbol: *tui* = See)

Das Tao des gestalteten Schicksals enthüllt die genauen Mechanismen, nach denen sich die bedeutendsten Ereignisse im Leben vollziehen, und die Kräfte, die diesen Ereignissen Gestalt geben. Die taoistischen Gelehrten entdeckten analytische Methoden, um diese Kräfte zu erforschen, fanden klare Modelle, um sie zu verändern, und entwickelten systematische Erfolgsstrategien, die sich an diesen Modellen orientierten. Das Tao des gestalteten Schicksals hilft Ihnen, Ihre täglichen Pflichten mit den Gesetzen des Universums in Einklang zu bringen, und dadurch wird Ihr Dasein in jeder Beziehung erfreulicher. Das Tao des gestalteten Schicksals ist ein machtvolles Instrument taoistischer Weisheit. Es wird in drei Teile untergliedert:

1. *Das Studium der Symbole und Zeichen,* in denen sich die im gesamten Universum erfolgenden unendlichen Veränderungen manifestieren. Diese Phänomene unterliegen exakten Gesetzen, die im Bereich der Physik, Chemie, Biologie, Geometrie, Algebra und anderer Zweige der Mathematik definiert wurden.
2. *Das Tao des Wandels* oder Studium der Gesellschaftswissenschaften und der Transaktionspsychologie, dargestellt in den 64 Hexagrammen. Jedes Hexagramm besteht aus sechs Zeilen, deren jede ein Entwicklungsstadium individueller oder kollektiver Transaktionen bedeutet. Wenn man eine bestimmte Konfiguration erkennt, kann man davon ausgehend erfolgreiche, detaillierte und genaue Strategien entwickeln, um die Ursachen von Widrigkeiten auszuschalten. Für jeden, der wirklich Wohlstand, Macht, ein harmonisches Familienleben sowie gesellschaftliches Ansehen erreichen und seine Zukunft erkennen will, bedeutet das Tao des Wandels einen Schatz von unschätzbarem Wert.
3. *Die Voraussage künftiger Ereignisse,* die als I-Ging-Orakel von Raum und Zeit bekannt ist. Dieses System beruht auf dem Prinzip des sich drehenden Rades – das heißt, alles, was sich ereignet hat, wird sich wieder ereignen, und alles, was gerade geschieht, hat schon in irgendeiner Form stattgefunden. Die taoistischen Gelehrten nahmen bereits Einsteins Erkenntnis vorweg, daß Zeit eine Illusion ist. Auch sie beschäftigten sich bereits mit den Phänomenen von Raum und Zeit. Auf diese Weise gelang es ihnen, Ereignisse in den Grenzen unserer Zeit zu deuten. Dies ist der Schlüssel zum Wahrsagen oder zum Blick in die Zukunft.

Die acht Säulen des Taoismus decken alle Aspekte unseres alltäglichen Daseins ab. Sie sollen unsere körperlichen Grundbedürfnisse so vollkommen befriedigen, daß wir unser ganzes Potential als menschliche Geschöpfe verwirklichen können. Dann können wir den zerstörerischen Aspekt der Zeit besiegen und mit dem Tao leben, das heißt: mit Gott.

2. Die Theorie der Energie

»Die Wurzel alles Lebens und Werdens und allen Wandels ist Qi (Energie); alle Wesen und Dinge im Himmel und auf Erden gehorchen diesem Gesetz. So umfaßt das Qi im Äußeren Himmel und Erde. Qi im Inneren aktiviert sie. Alles beruht auf Qi: das Licht von Sonne, Mond und Sternen, die Existenz von Donner, Regen, Wind und Wolken, der Wandel der vier Jahreszeiten und ungezählter Dinge. Das gesamte Leben des Menschen ist vollkommen von Qi abhängig.«

NEI CHING

Die alten taoistischen Texte, die von der grundlegenden Theorie ausgehen, daß alles Leben und alle Materie im Universum von der Energie abhängen, wurden niedergeschrieben, um wissenschaftliche Grundprinzipien in einem Stil zu vermitteln, der auch das Interesse jener weckte, die wenig Neigung zu einem ernsthaften Studium der Wissenschaft verspüren. Allerdings ist zu bedenken, daß die Grenzen zwischen den künstlerischen, wissenschaftlichen und praktischen Aspekten des Lebens, verglichen mit unserer modernen Zivilisation, zu jener Zeit eher fließend waren und von Spezialisierung kaum die Rede sein konnte. Der integrierte Mensch, wie er im alten China lebte, war ständig bestrebt, ein Gleichgewicht zwischen den verschiedenen – künstlerischen, wissenschaftlichen und praktischen – Aspekten des Lebens herzustellen. Dem Wissenschaftler bereitete es keine Mühe, sondern es war ihm selbstverständlich, seine Beobachtungen in einem Stil niederzuschreiben, den wir heute als »poetisch« charakterisieren würden. Die Tatsache, daß die Chinesen fähig waren, wissenschaftliche Prinzipien in einer Sprache voller Poesie und Imagination auszudrücken, bezeugt, in welch hohem Maße Kunst und Wissenschaft während des goldenen Zeitalters der chinesischen Zivilisation einander durchdrangen. Es ist durchaus denkbar, daß viele moderne Wissenschaftler die Grundprinzipien des Taoismus ablehnen und als »unwissenschaftlich«, »rein philosophisch«, »mystisch« und »primitiv« qualifizieren, weil sie in einer poetischen Sprache abgefaßt sind. Doch die Ablehnung traditioneller Prinzipien aus solchen Gründen weist keineswegs auf einen höheren Grad objektiver Erkenntnis auf seiten der modernen Wissenschaftler hin, sondern zeigt vielmehr die immer größer werdende Kluft zwischen Wissenschaft und wahrer »Lebenskunst«. Die überlieferten Prinzipien des Taoismus und das System der inneren Übungen sind heute ebenso gültig wie in der Vergangenheit; aber um sie verstehen und nutzen zu können, muß die poetische Form, in der sie die Zeiten überdauert haben, richtig interpretiert werden.

Das Wesen der Energie

Energie ist eine dynamische Kraft, die als beständiger Strom durch unseren Organismus fließt. Viele Menschen gebrauchen die Begriffe *Leben* und *Energie* durchaus synonym, denn der Unterschied ist so subtil, daß er außer Sprachwissenschaftlern den meisten entgeht. Beide Begriffe sind jedoch unentbehrlich, will man zu einem fundierten Verständnis der Energietheorie in bezug auf den menschlichen Körper gelangen.

Praktisch kann man sagen, daß Leben ein *Hinweis* auf Energie im Körper ist. Was immer einem beim Klang des Wortes *Leben* einfällt – atmen, schlafen, ja sogar die Fähigkeit zu lesen, zu denken und zu hören –, es ist nur möglich durch die Energie in unserem Körper. Das gilt ebenso für die nicht augenfällig wahrnehmbaren Funktionen und Aktivitäten; zum Beispiel könnten die Stoffwechselvorgänge in den einzelnen Zellen ohne die Energie, die diese Funktionen unterhält, nicht stattfinden. Energie ist die Grundlage der sichtbaren geformten Bestandteile des Körpers und seiner gesamten Anatomie. Denn was ist ein festes Gebilde wie etwa ein Knochen, wenn nicht eine Masse lebender Zellen? Alle Formen und Äußerungen des Lebens, die anatomischen wie die physiologischen, erzeugen und verbrauchen gleichzeitig Energie im Körper.

Obwohl die träge Materie ganz fest und dicht zu sein scheint, ist es Energie, welche die Protonen, Elektronen und Neutronen in jedem einzelnen Atom zusammenhält. Somit ist die unbelebte Materie schlicht Energie, deren Schwingungsfrequenz sich von der anderer Lebensformen unterscheidet. *Daher ist Energie die absolute Grundlage aller Formen des Lebens und der Materie im Universum.*

Nahrung und Luft sind also nicht bloß Brennstoffe, die im Organismus metabolisiert werden, sondern vielmehr die wesentlichen Energiequellen, die sich im täglichen Leben erschöpfen. Die Energie wird also nicht aus den grobmolekularen Anteilen von Nahrung und Luft gewonnen, sondern aus deren »schwingender« Essenz, also ihrem Elektromagnetismus. Die Nährstoffe beispielsweise, die ein beliebiges Nahrungsmittel enthält, können im Labor synthetisch hergestellt werden. Dennoch läßt sich das Leben nicht über einen längeren Zeitraum erhalten, wenn man nur diese synthetischen Nährstoffe zu sich nimmt: Man mag jedes einzelne Vitamin, jeden Mineralstoff und chemischen Baustein eines Eies synthetisieren können, und doch ist es unmöglich, sie in etwas zu verwandeln, was auch nur annähernd einem echten Ei gleicht. Auch ist kein Mensch imstande, längere Zeit nur reinen, im Labor gewonnenen Sauerstoff zu atmen oder in einem Zimmer zu leben, dessen Luft durch eine elektrische Klimaanlage gefiltert wird. In all den genannten Beispielen fehlt etwas, nämlich die *Lebenskraft,* der Elektromagnetismus – jene unsichtbare Energie, welche die grobmolekularen Anteile eines jeden Körpers belebt.

Der Elektromagnetismus ist eine Kraft, die den wenigsten von uns vertraut ist. Westlichen Wissenschaftlern ist es gelungen, das

Phänomen des Elektromagnetismus nachzuweisen und zu erklären und damit die günstigen Wirkungen, die mit den inneren Übungen erzielt werden können, logisch zu begründen. Kurz, der Elektromagnetismus ist eine äußerst starke Kraft, welche die atomaren Strukturen aller Dinge einschließlich der uns umgebenden Atmosphäre durchdringt. Da es sich um eine natürliche Kraft handelt, besteht eine enge Beziehung zwischen Elektromagnetismus und der Energie in unserem Körper. Die inneren Übungen sind das Medium, durch das die Energie aus der Atmosphäre in den Körper gelenkt wird, um seine natürlichen Fähigkeiten anzuregen, die im Alltag sich erschöpfende Energie zu erneuern.

Energie und menschlicher Körper
Der unendlich sich erneuernde menschliche Körper kann als eine Art Batterie aufgefaßt werden. Diese menschliche Batterie besteht aus drei lebenswichtigen Komponenten:

1. *Geformte Bestandteile:* Zellen und Organe, Knochen, Muskeln, Haut und Schleimhaut, Blutgefäße, Nerven und andere Strukturen.
2. *Flüssige Bestandteile:* Intra- und interzelluläre Flüssigkeit; sie spielen eine wichtige Rolle bei der Erzeugung elektrischer Energie.
3. *Elektrische Ladung:* Sie ist für die Aktivierung des Körpers und seiner Strukturen verantwortlich. Wir nennen sie *Lebenskraft, Vitalenergie, Geist* oder eben *Elektromagnetismus.* Die Taoisten sprechen von *Qi.*

Die letzte dieser drei Komponenten, die elektrische Ladung, ist am schwierigsten zu begreifen, da ihr Vorhandensein für das bloße Auge nicht unmittelbar zu erkennen ist. Die elektrische Energie ist nur indirekt nachzuweisen, denn es macht sich ganz deutlich bemerkbar, wenn sie fehlt. Bei einem partiellen Mangel an Energie im Körper befallen Schwäche oder Krankheit den Menschen und breiten sich in ihm aus. Bei vollständigem Mangel an Vitalenergie tritt der Tod ein. (Wenn das Herz aufhört zu schlagen, bedeutet dies nicht unweigerlich den Tod; denn viele Yogis können ihren Herzschlag anhalten und bleiben trotzdem am Leben, da ihr Körper weiterhin von Lebensenergie erfüllt ist.) Erschöpfung ist symptomatisch für eine zu geringe Energiemenge. Jede körperliche und jede geistige Aktivität ist mit einem Verlust an *Qi* verbunden. Wissenschaftliche Untersuchungen haben ergeben, daß, fixiert man auch nur eine Minute lang einen Gegenstand mit den Augen, zwanzig Minuten der Ruhe notwendig sind, um die verlorene Energie zu ersetzen. Es gibt übrigens auch eine Studie, bei der das Körpergewicht von Sterbenden festgestellt wurde. Zum Zeitpunkt des Todes wurde ein Gewichtsverlust von durchschnittlich 170 Gramm gemessen, wobei die Einzelwerte natürlich individuell schwankten. Dieser Durchschnittswert entspricht aber offensichtlich dem Verlust an Lebensenergie, der materiell und somit meßbar ist.

Ein Beispiel aber gibt es, bei dem man mit bloßem Auge die Energie sehen kann, die vom Körper ausstrahlt und etwas über den Gesundheitszustand eines Menschen aussagt. Diese »Aura« oder das Energiefeld, das einen Menschen umgibt, ist seit Jahrtausenden bekannt, aber erst in unserer Zeit ist es gelungen, sie nachzuweisen, nämlich mit Hilfe der *Kirlian*-Photographie. Mit der Kirlian-Methode der Hochspannungsphotographie läßt sich die Aura im Bild festhalten und unmittelbar betrachten. Die Energie, die der menschliche Körper ausstrahlt, wird in Form einer Aura aus farbigen »Flammen« sichtbar. Man hat festgestellt, daß die Farben der Aura etwas über den Gesundheitszustand und die Energiemenge eines Menschen aussagen. Helle, klare Farben weisen auf gute Gesundheit und starkes *Qi* hin. Dunkle, stumpfe hingegen sind ein Indiz für Krankheiten. Schwarz ist die Farbe des Todes.

In jeder Minute, jeder Stunde, an jedem Tag verlieren wir unaufhörlich Energie, sobald äußere Dinge oder Aktivitäten unsere Aufmerksamkeit fesseln, oder wenn wir uns unökonomisch bewegen oder pausenlos geistig betätigen. Mit der Zeit werden wir durch diesen dauernden Energieverlust geschwächt und unfähig, eindringende Keime und andere krankmachende Faktoren abzuwehren.

Krankheit aber entzieht dem Körper Energie, und ohne Energie
können Zellen und Gewebe sich nicht mehr regenerieren: Sie verkümmern und sterben ab. Der erste Schritt zur Krankheit ist somit
Schwäche. Wenn der Körper nicht geschwächt ist, kann er folglich
auch nicht von Bagatellerkrankungen befallen werden, und wenn
wir nie an harmlosen Krankheiten leiden, bekommen wir auch
keine schwere Krankheit. Natürlich nehmen wir auch Lebensenergie auf: mit der Nahrung, der Luft und den kosmischen Strahlen.
Doch mit zunehmendem Alter benötigen wir meist mehr Energie,
als wir zuführen, und dadurch verbraucht sich unser Energievorrat,
bis er erschöpft ist und der Tod eintritt.

Ebenso bedeutsam wie der Energieverlust ist das Problem des
energetischen Ungleichgewichts. Die ungleich verteilte Energie in
den Organen (die funktionell wie ein Uhrwerk verzahnt sind) ist
eine weitere Krankheitsursache. Die Energiemenge in einem Organ
läßt sich anhand der Stärke und Regelmäßigkeit seiner Pulsationen
bestimmen. Die normale Herzfrequenz beträgt 72 bis 78 Schläge in
der Minute. Erreicht oder übersteigt die Frequenz 80 Schläge pro
Minute, weist dies auf Fieber oder zuviel Energie hin. Die normale
Pulszahl der Niere liegt bei 36 pro Minute, und da der Mensch
zwei Nieren hat, beträgt die Gesamtfrequenz 72 Schläge pro Minute. Darum befinden sich Herz und Nieren untereinander in
einem Energiegleichgewicht. Wenn nun ein Mensch beispielsweise
Entwässerungspillen (Diuretika) schluckt, zwingt er seine Nieren
zu einem schnelleren Takt. Was geschieht dann mit dem Herzen?
Um das Gleichgewicht zu erhalten, pumpt das Herz schneller, was
einen Anstieg des Blutdrucks und eine stärkere Durchblutung der
Nieren zur Folge hat. Da die Nieren aus dem Blut den Urin filtrie-
ren, bedeutet eine vermehrte Durchblutung mehr Arbeit für die
Nieren. Der betreffende Mensch hat also dadurch, daß er das Diu-
retikum nahm, zwischen Herz und Nieren einen Teufelskreis in
Gang gesetzt. Wie wirkt sich das auf den übrigen Organismus aus?
Wenn ein einziges Zahnrädchen in einem Uhrwerk schneller läuft,
müssen sich auch die übrigen Rädchen schneller drehen, andernfalls blockieren sämtliche Federn und Rädchen, und die Uhr bleibt

stehen. Das bedeutet, daß wir uns beispielsweise durch leichtfertige Einnahme von Medikamenten schweren Gefahren aussetzen.

Auch wenn wir völlig frei von Krankheiten sind, garantiert uns das keine physische Unsterblichkeit, denn der Körper muß auch fähig sein, die einströmende zusätzliche Energie, die ihn schließlich in ein von Raum und Zeit unabhängiges Medium verwandeln wird, richtig zu verteilen.

Wie können wir Energieverluste und ein Energieungleichgewicht samt den Folgen vermeiden und dabei fähig bleiben, unseren physischen Leib zu verwandeln? Im folgenden werden wir einige Methoden untersuchen, die dieses Ziel realisieren helfen. Als erstes nenne ich den erholsamen Schlaf. Normalerweise lädt sich die »Batterie Mensch« allnächtlich im Schlaf wieder auf. Nach den Aktivitäten, der Denk- und Konzentrationsarbeit im Laufe des Tages, ist unsere Energie weitgehend erschöpft, und wir fühlen uns schläfrig. Wir schlafen, damit unser Körper sich wieder erholen kann. Im Schlaf entspannen sich die Ein- und Austrittspunkte der Energie auf den Meridianen, und der Schlaf ermöglicht der Energie des Universums, in alle Akupunkturpunkte einzudringen, durch die Meridiane (von denen noch die Rede sein wird) zu fließen und alle Zellen unseres Körpers zu erreichen und aufzuladen. Wenn wir am nächsten Morgen erwachen, ist die Batterie wieder aufgeladen und die Energie auf einem hohen Niveau. Wie Batterie und Lichtmaschine eines Autos lädt sich die menschliche Batterie automatisch wieder auf – sofern alles abläuft, wie es soll. Wenn alles tadellos funktioniert, geht alles von allein, ohne daß wir etwas dazu tun müßten. Wenn jemand aber nicht gut schläft, werden die natürlichen Vorgänge blockiert. Und was dann?

Eine andere Möglichkeit ist die *Akupunktur.* Da die Energie alle mit dem Organismus zusammenhängenden lebenswichtigen Funktionen fördert, lassen sich diese Funktionen regulieren, indem man die Energie durch Akupunktur fein abstimmt. Dies erreicht man über die antennenähnlich wirkenden Akupunkturnadeln, die dazu dienen, dem Körper mehr Energie zuzuführen und diese effizienter zu nutzen. (Ähnlich gute Ergebnisse werden mit einer Variante der

Akupunktur, der sogenannten Akupressur, erreicht, bei der anstelle
von Nadeln Fingerdruck angewandt wird.) Die Anwendungsmög-
lichkeiten der Akupunktur sind freilich begrenzt. Sie ist nur wirksam, wenn das Problem in einem Mangel an Energie besteht. Störungen im Hinblick auf Zellstruktur oder Körpersäfte sprechen auf
Akupunktur nicht an.

Eine weitere Methode sind sportliche Übungen, die freilich
keine angemessene Lösung darstellen. Ich habe bereits darauf hin-
gewiesen, daß äußere Übungen den Alterungsprozeß und die Erschöpfung der Energie beschleunigen. Im übrigen bieten sie keine
Möglichkeit, den Verlust an Energie wieder auszugleichen. Nur die
drei Gruppen der inneren Übungen erfüllen die doppelte Forde-
rung nach Bewahrung und Wandlung. Durch die inneren Übungen
können Erkrankungen des Organismus behoben werden, indem
das gestörte Energiegleichgewicht, die unsichtbare Ursache der
sichtbaren Dysfunktion, wieder zur Norm geführt wird, und dann
ist als selbstverständliche Folge regelmäßigen Übens die Selbstheilung garantiert.

In den folgenden Kapiteln werden Sie nicht nur erfahren, auf
welche Weise die inneren Übungen die inneren Organe schützen
und unsere Gesundheit und Jugendlichkeit erhalten, sondern auch,
wie die inneren Übungen eine höhere Form der Energie erzeugen
und nutzen, um die spirituellen Zentren des Körpers zu erwecken.
Indem Sie die energiesteigernden inneren Übungen erlernen, werden Sie fähig, die enorme Energie zu beherrschen, von der unser
Leben abhängt. Diese Energie können Sie dann nutzen, um sich
selbst und andere zu heilen, und um sich bleibende Gesundheit
und eine kontinuierliche spirituelle Entwicklung zu sichern.

3. Die Theorie des Energiekreislaufs

Anatomisch-funktionell betrachtet, ist der menschliche Blutkreis-
lauf vor allem ein Transportsystem. Der Blutstrom transportiert
den Sauerstoff, der in den Lungen an die roten Blutkörperchen ge-

bunden wird, zu jeder Zelle unseres Körpers. Die von den Zellen ausgeschiedenen Abfallstoffe werden über das Blut zum exkretorischen System transportiert, das die Stoffwechselprodukte ausscheidet, während die Blutzellen wieder ihren Aufgaben zugeführt werden. Aus dem Darm werden außerdem Nährstoffe absorbiert und vom Blut zu den Zellen gebracht. Wenn die Blutzirkulation gestört ist, wird der Organismus von vielen Leiden heimgesucht. Da die Zellen ungenügend mit Nährstoffen und Sauerstoff versorgt werden, sterben sie infolge Unterernährung. Ist die Durchblutung vermindert, werden außerdem die Produkte des Zellstoffwechsels nur unvollständig abtransportiert. Als Folge der Anhäufung von Abfallstoffen, die durch einen unzulänglichen Zellstoffwechsel entstehen, treten Gesundheitsstörungen auf.

Dies könnte nun manche Leute zu dem Schluß verleiten, man brauchte nur die Durchblutung zu erhöhen, um die Gefahr organischer Erkrankungen zu verringern. Die meisten halten ein Training, und zwar durch äußere Übungen, für die geeignete Methode, um den Kreislauf zu aktivieren. Den Kreislauf auf Trab zu bringen, indem man die Herzfrequenz steigert, erscheint auch logisch, wenn man zwei allgemein bekannte Tatsachen bedenkt: Die Blutgefäße sind mit dem Herzen verbunden, und die Durchblutungsrate ist zeitlich an die Herzfrequenz gekoppelt.

Entsprechend wurde die Belastungsfrequenz für verschiedene Altersgruppen ermittelt. Jeder Mensch kann seine ideale Herzfrequenz unter Belastung nach der folgenden Faustregel berechnen:

220 Schläge pro Minute minus Alter in Jahren = maximale Herzfrequenz.

Die maximale Herzfrequenz eines Vierzigjährigen betrüge danach 180 Schläge pro Minute. Dies ist der Idealwert. Wenn die Ruhefrequenz des betreffenden Menschen unter Belastung auf achtzig Prozent des Idealwertes steigt, dann wird er dem Normalbereich zugeordnet.

Die Normalwerte der Belastungsfrequenz für verschiedene Altersgruppen zeigt die Tabelle 1.

Tabelle 1: Maximale Herzfrequenz unter Belastung

Alter in Jahren	*Herzschläge/Minute*
20	160
30	156
40	144
50	136
60	128
70	120
80	112

Aus der obigen Tabelle geht hervor, daß die Leistungsfähigkeit des Herzens mit zunehmendem Alter geringer wird. Die Leistungsminderung nimmt zu, bis das Herz aufhört zu schlagen.

Viele Gymnastikbücher raten, um gesund zu bleiben, solle man versuchen, die in der Tabelle genannte altersentsprechende Frequenz im Rahmen eines regelmäßigen, festen Trainingspensums zu erreichen – indem man beispielsweise einmal oder mehrmals wöchentlich eine Stunde trainiert.

Aber verbessert es wirklich die Durchblutung, und ist es gut für das Herz, wenn man es zwingt, seine Schlagfrequenz zu erhöhen? Nicht unbedingt. In den Kliniken sieht man oft genug Patienten, die an schlechter Durchblutung leiden und dabei eine stark erhöhte Herzfrequenz haben. So ein Patient kann mit eiskalten Händen und Füßen im Bett liegen, während sein Herz ständig 160 Schläge in der Minute leistet. Diese Ungereimtheiten lassen sich damit erklären, daß die Durchblutung nicht allein von der Herzfrequenz, sondern auch von den Blutgefäßen abhängt. Arterielle Erkrankungen, Verletzungen, Streß, Überanstrengung, Gefäßspasmen können die Blutgefäße blockieren und dadurch die Blutzufuhr verringern. Der Organismus, der über Regulationsmechanismen für den Notfall verfügt, reagiert auf die Gefäßverengung, indem er die Herzfrequenz beschleunigt. Dennoch bleibt die Blutzufuhr vermindert, solange die Ursache des Problems – die Durchflußbehinderung – nicht beseitigt wurde. Nicht nur die Durchblutungsstörung bleibt bestehen, sondern auch das Herz wird überfordert. An diesem Punkt muß man sich fragen: Wenn die verstärkten Bemühungen, die schlechte Durchblutung durch eine gesteigerte Herztätigkeit zu beheben, erfolglos sind, wie kann dann eine weitere Belastung des Herzens durch Training wirksam sein?

Das Herz leidet außerdem an Störungen der Erregungsbildung. Der Vagusnerv verlangsamt die Herzfrequenz, während der Sympathikus sie beschleunigt. Der Vagus entspringt im Rautenhirn, einem Teil des verlängerten Rückenmarks, während das sympathische Nervensystem vom Rückenmark ausgeht. Dank dem Zusammenspiel dieser Nerven pumpt das Herz unwillkürlich und pausenlos von dem Augenblick seiner Entstehung zwei Wochen nach der Vereinigung von Ei und Samenzelle bis zum Eintritt des Todes. Während des ganzen Lebens wird das Herz mehr vom Sympathikus als vom Vagus stimuliert. Ärger, Rauchen, Kaffeegenuß, Sportschau oder Horrorfilme, körperliche Liebe, Treppensteigen und dergleichen mehr sind häufige Ursachen der Erschöpfung des Herzens insofern, als sie durch Stimulation des sympathischen Nervensystems die Herzfrequenz beschleunigen. Wird die Belastung des Herzens noch durch körperliches Training vermehrt, dann sinken seine Chancen drastisch, sich zu erholen und die Nährstoffe aufzunehmen, die seine Zellen dringend benötigen. In der Folge kann das Herz versagen.

Somit ist eine wirksamere Methode erforderlich, um die Durchblutung zu verbessern, ohne das Herz zusätzlich zu belasten. Die inneren Übungen sind für diesen Zweck mehr als geeignet, da sie sämtliche Faktoren im Zusammenhang mit dem jeweiligen Leiden berücksichtigen. Die Zielsetzungen der zahlreichen inneren Übungen und des regelmäßigen sportlichen Trainings sind verschieden. Durch die inneren Übungen soll vor allem erreicht werden, daß der ganze Körper sich entspannt, damit erkrankte Regionen Nahrung erhalten und aus sich selbst heilen können. Einer Ermüdung des Herzens kann man durch bestimmte gezielte innere Übungen vorbeugen, die das Gehirn trainieren oder ihm befehlen, den (im Gehirn entspringenden) Vagusnerv zu stimulieren, damit er die

Herztätigkeit verlangsamt. Die örtliche Durchblutung läßt sich verbessern, indem man beispielsweise die Kranich-Übung macht, die das Herz nicht belastet.

Die Folgen von Streß, Überlastung, Anspannung und erhöhtem Blutdruck können auch durch die Meridianmeditation und die Kranich-Übung (Weisheit des Kranichs) abgebaut werden.

In den vergangenen siebzehn Jahren waren unter meinen Kursteilnehmern in der Region San Francisco Bay 863 Personen mit Herzbeschwerden und Durchblutungsstörungen. Sie waren zwischen 35 und 93 Jahre alt, zwei waren sogar erst in den Zwanzigern. Statt eines »Herz-Kreislauf-Trainings« begannen sie, das Tao der Revitalisierung zu praktizieren. Und dies sind die Ergebnisse: Bei 761 der Kursteilnehmer wurde die Gesundheit vollständig wiederhergestellt; 72 Teilnehmer wurden topfit, nachdem sie innere Übungen und ärztlich verordnete Medikamente in niedriger Dosierung kombinierten; bei 27 Personen trat keine Änderung ein; eine 93jährige Teilnehmerin starb an den Folgen eines unglücklichen Sturzes; ein 56jähriger Mann starb, nachdem er innerhalb von fünf Monaten zweimal operiert worden war; und ein 72jähriger Mann aus der Gruppe starb an einem Schlaganfall nach einem Streit in der Familie.

Zahllose Menschen auf der Welt glauben an die Wirksamkeit der inneren Übungen und sind überzeugt, daß sie die beste Behandlung bestehender oder potentieller Störungen und Erkrankungen des Herz-Kreislauf-Systems darstellen.

4. Die Theorie der sieben Drüsen

Nach dem Verständnis taoistischer Gelehrter kann der menschliche Körper nur existieren, wenn ein ununterbrochener Strom von Energie in seine Gewebe und Organe gelangt. Sie erkannten, daß der Mensch gesund ist, wenn die Energie in seinem Körper sich im Gleichgewicht befindet, und daß er krank wird, wenn die Energien geschwächt oder erschöpft sind. Einen großen Teil der benötigten

Energie erhalten wir durch die Nahrung, die wir zu uns nehmen, und mit der Luft, die wir atmen. Doch geradeso wie bei einem teuren Auto muß auch beim menschlichen Körper alles fein aufeinander abgestimmt sein, damit alles richtig funktioniert und die Energie optimal genutzt wird. Seit Hunderten von Jahren gelten die sieben Drüsen in unserem Körper als Energiezentren, die dafür verantwortlich sind, daß der Energiestrom regulierend in die verschiedenen körpereigenen Systeme gelenkt wird. Nach ihrer anatomischen Lage aufsteigend geordnet, handelt es sich um folgende sieben Drüsen:

1. Geschlechtsdrüsen:
Beim Mann sind Hoden und Prostata, bei der Frau Eierstöcke, Gebärmutter, Scheide und Brüste verantwortlich für die Sekretion von Hormonen, für die sexuelle Energie und Reaktion und für die Fortpflanzung. Die Sexualdrüsen werden als »Herd« bezeichnet, da sie das »Feuer« oder die Energie für die sechs anderen Drüsen erzeugen. Man spricht auch vom »Haus der Samenessenz«.

2. Nebennieren:
Die den Nierenpolen aufliegenden Nebennieren fördern die Funktionen von Nieren, Knochen, Knochenmark und Rückenmark. (Die Substanz Kortison zerstört die Nebennieren, verursacht unter anderem Anämie und Osteoporose.) Die Nebennieren werden auch »Haus des Wassers« genannt.

3. Bauchspeicheldrüse oder Pankreas (im klassischen Sinn die Milz):
Sie heißt auch »Haus der Transzendenz« und hat das gesamte Verdauungssystem einschließlich Blutzuckerspiegel und die Körpertemperatur zu regulieren. Wenn das Pankreas geschwächt ist und sein Sekret (Insulin) in die Blutbahn sickert, neutralisiert es den Blutzucker und erzeugt eine Hypoglykämie, das ist ein niedriger Blutzuckerspiegel. Der betreffende Mensch muß diesem Zustand abhelfen, indem er etwas ißt, vor allem Zucker, der wiederum in

die Blutbahn gelangt, das erschöpfte Pankreas erneut stimuliert und zu einem weiteren Abfall des Blutzuckerspiegels führt. Aus diesem Frühstadium kann sich ein Diabetes (Zuckerkrankheit) entwickeln. Die Bauchspeicheldrüse wird allmählich funktionsuntüchtig. Diabetes hat zur Folge, daß die betroffene Person auf Insulinspritzen oder andere Medikamente angewiesen ist, die zwar den Blutzucker regulieren, aber keineswegs den Verdauungsapparat aktivieren. Die Hyperglykämie bewirkt überdies, daß das Blut dick und zähflüssig wird, was wiederum zu einer sehr schlechten Durchblutung führt. Das Herz muß dann schwerer arbeiten (Diabetiker haben oft auch Herzbeschwerden). Da alle sieben Drüsen in einer Wechselbeziehung zueinander stehen, bewirkt ein mangelhaft funktionierendes Pankreas außerdem, daß die Nebennieren aus dem Gleichgewicht geraten. Dieses Ungleichgewicht wiederum wirkt sich nachteilig auf die Geschlechtsdrüsen und die Nieren aus.

4. Thymusdrüse:
Diese Drüse steuert das Herz und das Kreislaufsystem. Den Zustand des Thymus kann man untersuchen, indem man den Punkt in der Mitte zwischen beiden Brustwarzen drückt. Reagiert dieser Punkt empfindlich, dann funktioniert der Thymus nicht normal, und die Durchblutung ist gestört. Die Drüse heißt auch »Haus des Herzens«.

5. Schilddrüse:
Sie regelt den Stoffwechsel der Körperzellen und das Wachstum. Sie beeinflußt außerdem die Atmung. Man nennt sie »Haus des Wachstums«.

6. Hirnanhangsdrüse oder Hypophyse, auch »Haus der Intelligenz« genannt:
Sie steuert das Gedächtnis, die Weisheit, die Intelligenz und das Denken. Ihr Sitz befindet sich in einer kleinen Aushöhlung an der Schädelbasis, dem »Türkensattel«.

7. Zirbeldrüse oder Epiphyse oder »Haus des Geistes«:
Diese Drüse beeinflußt mit ihren Sekreten direkt die übrigen Drüsen. Sie sitzt mitten im Schädel in Höhe des dritten Auges und ist das psychische und spirituelle Zentrum unseres Körpers. Nur der Mensch hat eine Zirbeldrüse. Nur der Mensch verehrt Gott und hat den Wunsch und das Bedürfnis, dies zu tun. Mit dieser Drüse sind Intuitionen und Gewissen verbunden.

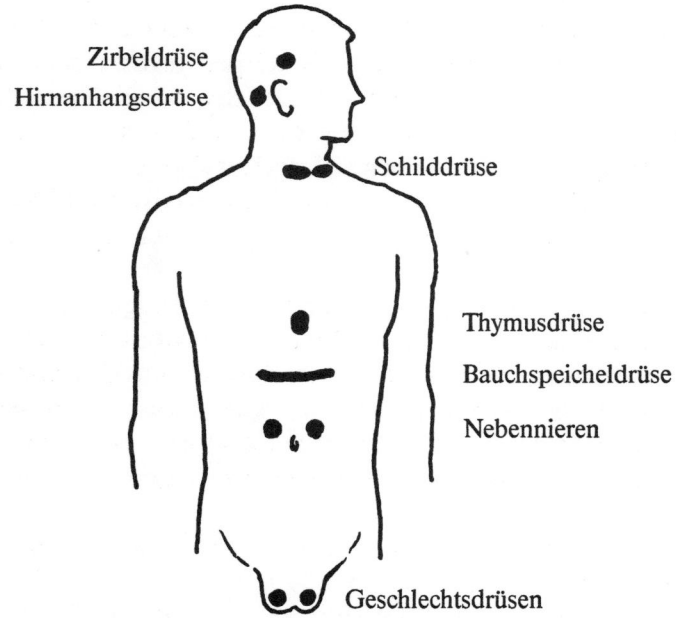

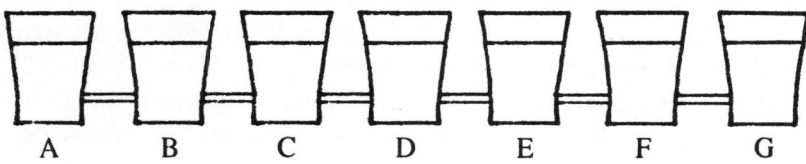

Abb. 2a und 2b: Das System der sieben Drüsen

Diese sieben Drüsen müssen wir uns als Gefäße vorstellen, die durch eine Reihe von Arterien oder Röhren miteinander verbunden sind. Jedes Gefäß oder jede Drüse ist hinsichtlich der Zufuhr von flüssigem *Qi* von allen anderen abhängig. Wenn Gefäß A (die Geschlechtsdrüse) sich mit Flüssigkeit füllt, wird diese Flüssigkeit sich langsam durch die Arterien auf die übrigen sechs Gefäße verteilen. Ähnlich werden alle anderen Gefäße, wenn zum Beispiel Gefäß C (das Pankreas) extrem viel Flüssigkeit (etwa durch irgendeinen Defekt) verliert, einen Teil ihres Inhaltes abgeben, um das Gleichgewicht im System wiederherzustellen (siehe Abb. 2b). So haben wir uns den Strom der Energie in unserem Körper vorzustellen.

(Die moderne Wissenschaft bezeichnet die sieben Drüsen als *endokrine Drüsen*. Die Endokrinologie ist ein relativ neues medizinisches Fachgebiet, auf dem noch viel zu erforschen ist. Die taoistischen Gelehrten aber haben uns schon einen großen Wissensschatz über Aufbau, Wesen und Aufgaben des endokrinen Systems und des Immunsystems überliefert.)

Ein Zustand der Schwäche oder Krankheitsanfälligkeit entsteht, wenn ein System – in diesem Fall eine Drüse – aus irgendeinem Grund einen Energieverlust erleidet. Wir werden uns dann bemühen, nicht nur einen ausgewogenen Energiefluß wiederherzustellen, um diese Schwäche zu überwinden, sondern auch den Energiefluß zu stimulieren, damit möglichst eine maximale Energiemenge im Körper erreicht wird.

Mit den inneren Übungen über das System der sieben Drüsen die Energie auszugleichen und optimal zu mehren, ist der taoistische Weg zur Stärkung des Immunsystems. Durch diese Methode können wir bestehende Schwächen überwinden und uns selbst heilen, aber auch die höhere Ordnung der Energie dazu nutzen, unser spirituelles Zentrum zu öffnen. Übrigens heißt es, daß ein Mensch mit starken Geschlechtsdrüsen nicht altert.

Der Nobelpreisträger Dr. ALEXIS CARREL bezeichnete das Drüsensystem als »Lebensrad«. Wenn sich das Rad des Lebens geschmeidig dreht, können nach seiner Ansicht keine Störungen auftreten oder in die unaufhörlichen zellulären Vorgänge eingreifen.

Aus seinen umfassenden experimentellen Untersuchungen zog Dr. Carrel den Schluß, daß jede Zelle ursprünglich unsterblich sei. Sie wäre unsterblich, würde sie nicht durch Luftverschmutzung, Sauerstoffmangel, von Schadstoffen belastete Lebensmittel und zuviel Säure im Organismus vergiftet. (Da Säure sogar Edelstahl angreift, kann man sich ihre Wirkung im Körper unschwer vorstellen. Säuren sammeln sich in uns an, wenn wir Süßigkeiten essen, denn bei ihrem Abbau im Organismus entstehen Säuren. Auch muß reichlich Säure produziert werden – genug für eine etwa fünfstündige Verdauungstätigkeit –, um rotes Fleisch zu verdauen, insbesondere gegrilltes Fleisch.) Die Menschen sterben, weil sie unvernünftig leben und sich vergiften.

Der Schlüssel zur Langlebigkeit ist darum die Entgiftung, und die inneren Übungen sind der Schlüssel zu einem kräftigen Drüsensystem, das die Entgiftung fördert.

Die Geschlechtsdrüsen bilden die Basis des Drüsensystems und unterstützen sich gegenseitig in aufsteigender Reihenfolge. Wenn die ersten sechs Häuser nicht bis zum Rand gefüllt werden, dann wird sich auch das siebente Haus, das Haus des Geistes, nicht füllen. So wird auch verständlich, daß ein chronischer Mangel oder ein Ungleichgewicht im Körper entstehen muß, wenn eines der Drüsensysteme chirurgisch entfernt wird. Deswegen werden im taoistischen System der Krankheitsprävention alle verfügbaren Möglichkeiten ausgeschöpft, bevor man sich für einen chirurgischen Eingriff entscheidet, vor allem für eine Operation an den Geschlechtsdrüsen (zum Beispiel Entfernung der Gebärmutter oder der Prostata); denn sie sind das Fundament, auf dem alles andere ruht. (In der westlichen Medizin werden die sieben Drüsen als einzelne, unabhängige und folglich getrennt zu behandelnde Organe aufgefaßt. Im Taoismus gilt das Herausschneiden einer Drüse als Verbrechen, da hierdurch der gesamte Organismus aus dem Gleichgewicht gebracht und gewissermaßen eine »Büchse der Pandora« geöffnet wird. Wenn man einen Körperteil herausschneidet, der sich entzündet hat, ist das so, als würde man einen Feuermelder ausrangieren, weil man nicht jedesmal, wenn es brennt, die

Sirene hören will. Ein derartiges Alarmsystem sind beispielsweise die Tonsillen, die in der vordersten Abwehrlinie unseres Organismus stehen. Da sie als erste von schädlichen Keimen überfallen werden und mit einer Entzündung reagieren, werden sie chirurgisch entfernt und können dann nie mehr als Alarmanlage dienen.) Im gegebenen Fall einer operativen Drüsenentfernung sind die inneren Übungen aber immer noch wichtig, da sie dem Körper kontinuierlich Energie und Hormone zuführen und ihn dadurch vor einer weiteren Schwächung bewahren.

Spezielle innere Übungen für diesen Zweck sind der »Hirsch«, der »Drache« und eine der zwölf Übungen nach der Organuhr. Mit der Hirsch-Übung soll sexuelle Energie (»Feuer«) aufgebaut werden, die dann die übrigen Drüsen und den gesamten Organismus mit Energie (Hitze) versorgt. Mit der Drache-Übung wird eine ausgewogene Funktion der Drüsen wiederhergestellt. Die Übung nach der Organuhr dient dazu, diese Drüsen wieder mit der elektrischen Energie des Universums aufzuladen.

Der Hirsch

5. Die Theorie der Nerven

Gehirn, Rückenmark und Nerven sind die wichtigsten Bestandteile des Nervensystems. Nach taoistischer Auffassung leiden viele Menschen unter einer Nervenschwäche infolge der Aufnahme von Giftstoffen aus ihrer Umwelt und ihrer Nahrung. Solche Toxine sammeln sich in Leber und Nerven an und belasten diese Organe unnötigerweise. Die Belastung schwächt die Nerven und führt zu einem seelischen Ungleichgewicht und zu Geisteskrankheit einschließlich Depression und Nervenzusammenbruch. Die Taoisten wenden keine psychiatrischen oder psychologischen Behandlungen an, weil sie jegliches seelische Ungleichgewicht auf eine Nervenschwäche zurückführen, die ja eine körperliche Störung ist. Nach Auffassung der Taoisten gehen psychische Störungen vorüber, sobald das Nervensystem des Betroffenen durch die zwölf Übungen für die Nerven, die Kranich-, Hirsch- und Schildkröte-Übung und die Übung für die Leber gekräftigt wird.

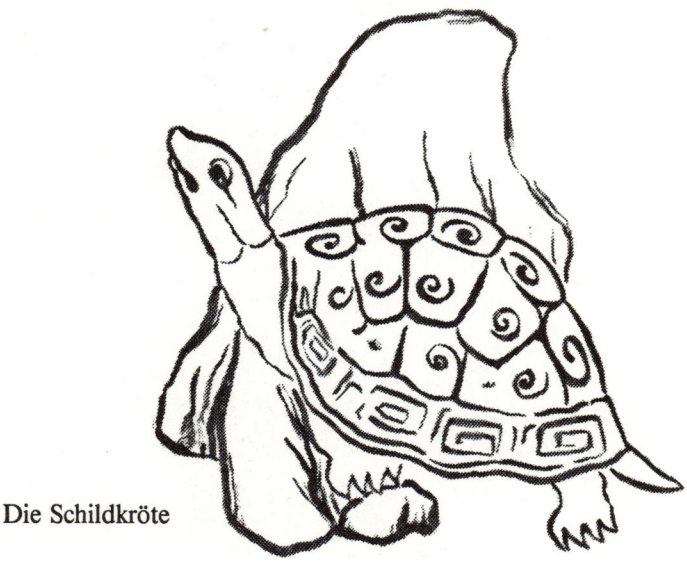

Die Schildkröte

ZWEITER TEIL

Ganzheitlich leben: Innere Übungen

6. Die taoistischen inneren Übungen

Die alten Taoisten entwickelten die *inneren Übungen,* indem sie die physikalischen Gesetze der Natur und die natürlichen Gesetze des Heilens gründlich studierten und auf die Praxis übertrugen. Der Einklang mit diesen Gesetzen – es sind dieselben, denen der menschliche Organismus gehorcht – verleiht den inneren Übungen die Macht, erkrankte Körperteile zu ihrer natürlichen Ordnung, zur Gesundheit, zurückzuführen. Kombiniert man die inneren Übungen miteinander, dann ergeben sie ein wunderbares *System der Selbstheilung,* das den therapeutischen Bedürfnissen jedes einzelnen gerecht wird.

Wenn man die inneren Übungen täglich praktiziert, befreien sie nicht nur von Krankheit und Schmerzen, sondern fördern auch ein herrliches Gefühl des Wohlbefindens, das im Herzen des Übenden seinen Ursprung hat. Die Übungen sind ein Schritt, den jeder gewissenhafte Mensch leicht vollziehen kann, damit sein materieller Körper befreit und unsterblich, ewig wird. Die Taoisten wußten natürlich, daß nicht jedem diese Umwandlung während seines Lebens gelingen würde. Sie betonten aber, daß man diese Übungen dennoch täglich machen müsse, um zu seinen Lebzeiten zumindest vollkommen gesund und glücklich zu werden. Sie glaubten, jeder Mann und jede Frau habe das Recht, ein Leben ohne körperliche Schmerzen und ohne geistige Disharmonie und spirituelle Leere zu führen. In einer Zeit, da die meisten Menschen nur mit einem Gefühl der Angst in die Zukunft blicken können, bedeutet das System der inneren Übungen einen wirklichen Wendepunkt.

Streß aller Art, sei er umweltbedingt, sozial oder im Menschen
selbst begründet, erzeugt Angst und macht krank. Heutzutage verbindet man den Gedanken an das Altern mit der Vorstellung von
Bluthochdruck, Arteriosklerose, Embolie, Krebs und allen mögli-
chen anderen Krankheiten. Bis vor kurzem verfügten die Menschen der westlichen Zivilisationen nur über wenige Möglichkeiten,
solchem Streß wirkungsvoll zu begegnen. In der leider trügerischen
Hoffnung, das Altern verzögern und Krankheiten eine Zeitlang
verhüten zu können, haben wir zugelassen, daß Körper und Geist
geschwächt wurden. *Die inneren Übungen hingegen sollen in erster
Linie Körper und Geist stärken.* Sie sollen alle inneren Funktions-
kreise einschließlich der emotionalen und spirituellen tonisieren.
Wenn wir diese einfachen Übungen täglich machen, können wir
dem Älterwerden gelassen und sogar freudig entgegensehen, weil
wir dann ein von Jahr zu Jahr stärker werdendes Gefühl der Vitalität und Wachheit in uns tragen, das darin wurzelt, daß wir ohne
Angst vor künftigen Krankheiten und der Schwächung durch bestehende Krankheiten leben. Nur wenn wir dieses Gefühl der Freiheit
und diese innere Vitalität entwickelt haben, können wir den frucht-
baren Boden schaffen, auf dem sich unsere spirituelle Natur entfalten kann. Und nur dann können wir versuchen, nach der Wandlung unseres materiellen Körpers zu streben und ihn unsterblich zu
machen. Der Zustand der Harmonie bringt die Empfindung mit
sich, daß sich die Gegensatzpaare gut und böse, positiv und negativ, *Yin* und *Yang* auflösen und es nicht Krankheit noch Angst gibt.
Wenn eine Schulter geheilt ist, fällt es oft schwer, sich zu erinnern,
wie sie einen gepeinigt hatte. Hat man diesen Punkt erreicht, ist
man natürlich versucht, die Übungen nicht mehr zu machen. Dann
aber können unversehens Schwäche und Krankheit wiederkehren.
Daher muß man sich, um durchzuhalten, vor allem anfangs etwas
äußere Disziplin auferlegen, wie dies bei jedem Vorhaben nötig ist.
Ich hoffe jedoch, daß jeder Übende sein Interesse an der Sache
ständig wachhält. Dieses dauernde Interesse entsteht aus dem Verständnis, der persönlichen Entwicklung und dem Wohlbefinden,
das regelmäßiges Üben bewirkt.

Die inneren Übungen sind leicht auszuführen, erfordern keine be-sondere körperliche Anstrengung und keinen großen Zeitaufwand. Sie sind ein Geschenk der alten Taoisten an die Menschheit, und wenn sie richtig und mit Bedacht praktiziert werden, sind sie die Zeit und die Energie wert, die man in sie investiert. Sie wurden auf der Basis der natürlichen Gesetze des Heilens entwickelt. Darum sollten Sie sich nicht hetzen, um sie »beherrschen« zu lernen. Neh-men Sie sich Zeit, um ein Gefühl für die einzelnen Übungen zu entwickeln, und Sie werden reich belohnt werden.

Bei einigen inneren Übungen spielt die geistige Energie der Imagination eine wichtige Rolle. Bereits seit Hunderten von Jahren weiß man, daß ein Gedanke ebenso real ist wie die greifbare Mate-rie, und daß sie tatsächlich ein und dasselbe sind. Beide sind For-men der Energie und unterscheiden sich dadurch voneinander, daß sie auf unterschiedlichen Schwingungsfrequenzen und Wellenlän-gen existieren. Mitunter wird die Imagination benutzt, um Geist und Körper zu funktioneller Einheit zusammenzuführen. Mit Hilfe Ihrer Imaginationskraft können Sie durch die inneren Übungen allmählich Geist und Körper erforschen, und mit der Zeit werden Sie entdecken, daß Sie ein ganz hohes Potential der Gesundheit in sich tragen!

Im vorliegenden Buch sollten Sie sich genau nach der Reihen-folge richten, in der die inneren Übungen zur Revitalisierung ur-sprünglich absolviert wurden. Wir beginnen daher mit den Übun-gen nach fünf Tieren, fahren mit den Übungen nach acht Him-melsrichtungen und den zwölf Übungen nach der Organuhr fort und lassen dann die anderen Übungen folgen, die heilend auf die inneren und äußeren Systeme des Körpers einwirken. Sobald Sie diese Grundübungen beherrschen, üben Sie die Meditations- und Atemtechniken. Spezielle Übungen zu Heilzwecken können Sie so oft machen, wie es Ihnen nötig erscheint. Nachdem Sie etwa drei bis sechs Monate regelmäßig die Grundübungen absolviert haben, werden Sie sich zu den Fortgeschrittenen rechnen dürfen und viele frühere Schwächen und Krankheiten losgeworden sein. Bis zur Be-herrschung der Meditations- und Atemtechniken dauert es in der

Regel länger. Die günstigen Wirkungen der Übungen nehmen gleichwohl während der ganzen Zeit zu, und Sie können den Fortschritt in gewissen Intervallen beobachten. Es wäre zu wünschen, daß das zunehmende Gefühl der Vitaliät und des Wohlbefindens, das Ihnen diese Übungen vermitteln, stark genug ist, um Sie unbeirrt den Weg zu körperlichem, geistigem und spirituellem Reichtum weitergehen zu lassen.

Die Theorie der fünf Elemente

Aus der Beobachtung und Betrachtung des Universums und seiner Kräfte entwickelten die alten Taoisten eine Lehre, mit der sie das Gleichgewicht zwischen den komplementären und antagonistischen Einheiten, aus denen es besteht, zu erklären vermochten. Die Lehre von den fünf Elementen erklärt die Eigentümlichkeiten und Beziehungen dieser dynamischen Einheiten.

Nach dieser Lehre beginnt und endet die Lebenskraft in ihren unzähligen Manifestationen durch das Wechselspiel der fünf Elemente Feuer, Erde, Metall, Wasser und Holz. Dieses Modell der fünf Elemente oder Wandlungsphasen finden wir nur beim Taoismus. Die alten westlichen und indischen Philosophien gehen nämlich von einem Modell der vier Elemente Erde, Luft, Wasser und Feuer aus. Beim Taoismus ist die Luft in der Idee des Feuers enthalten; denn ohne Luft würde das Feuer nicht brennen.

Zwei Kreise veranschaulichen die Interaktion zwischen diesen Elementen. Im ersten Kreis oder Zeugungskreislauf erschafft oder zeugt jedes Element das nächstfolgende: Holz zeugt Feuer, Feuer zeugt Erde, Erde zeugt Metall, Metall zeugt Wasser, Wasser zeugt Holz – und dann beginnt der Zyklus erneut. Beim zweiten Kreislauf, dem Kreislauf des Vergehens, unterwirft oder absorbiert jedes Element das übernächste Element: Feuer unterwirft Metall, Metall unterwirft Holz, Holz unterwirft Erde, Erde unterwirft Wasser, Wasser unterwirft Feuer – und der Kreis erneuert sich.

Da nach dieser Lehre das Universum sein Gleichgewicht durch das Wechselspiel der fünf Elemente bewahrt, wird unser Körper, der einen Mikrokosmos des Universums darstellt, auf die gleiche

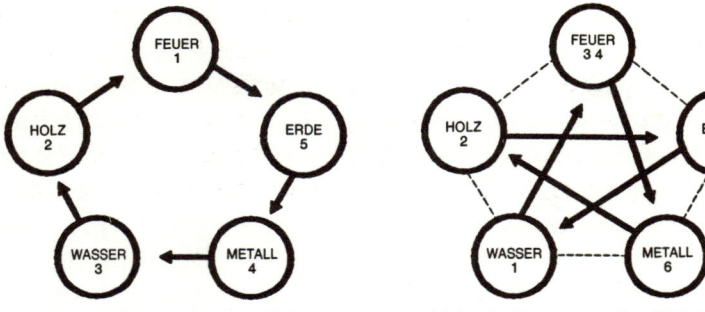

Abb. 3: Der positive Zyklus   Abb. 4: Der negative Zyklus

Weise zu geistiger und körperlicher Harmonie geführt. In feststehenden Zyklen fließt die Energie über die Meridiane und die zugeordneten Speicherorgane und Hohlorgane durch den Körper. Die Zyklen des Energiekreislaufs im Körper entsprechen wiederum den beiden Zyklen, welche die Interaktion zwischen den fünf Elementen veranschaulichen. Der Taoismus ordnet die Organe, bei denen feste oder Speicherorgane von Hohlorganen unterschieden werden, jeweils einem Element zu, und zwar in folgender Weise:

Tabelle 2: Die Zuordnung der Elemente zu Speicherorganen und Hohlorganen

Feuer:	Herz	*Metall:*	Lungen
	Dünndarm		Dickdarm
	Drei-Erwärmer-		
	Meridian		Haut
	(Endokrinium)		
	Kreislaufmeri-		
	dian	*Wasser:*	Nieren
	(Blutgefäße)		Harnblase
			Knochen
Erde:	Milz/Pankreas	*Holz:*	Leber
	Magen		Gallenblase
	Muskeln		Nerven

Aus der Zuordnung eines jeden Organs zu dem entsprechenden Element im positiven Kreislauf ergibt sich: Das Herz (Feuer) fördert den Funktionskreis Milz/Pankreas (Erde), Milz/Pankreas (Erde) fördert die Lungen (Metall), die Lungen (Metall) fördern die Nieren (Wasser), die Nieren (Wasser) fördern die Leber (Holz), und die Leber (Holz) fördert das Herz (Feuer). Die Eingeweide folgen dem gleichen Kreislauf: Der Dünndarm (Feuer) fördert den Magen (Erde), der Magen (Erde) fördert den Dickdarm (Metall), der Dickdarm (Metall) fördert die Harnblase (Wasser), und die Harnblase (Wasser) fördert die Gallenblase (Holz). Ist die Energie in einem Organ nicht ausgeglichen, dann wird dieses Organ nicht imstande sein, das nächstfolgende Organ im Meridiankreislauf zu fördern, sondern es vielmehr gegenteilig beeinflussen oder durch ein anderes Organ gegenteilig beeinflußt werden. Diesen Ablauf kennen wir aus dem negativen Kreislauf der Interaktion zwischen den Elementen, bei dem das eine Element das andere unterwirft oder verschlingt. Wenn daher die Energie des Herzens unausgeglichen ist, wirkt das Herz (Feuer) nachteilig auf die Lungen (Metall); die Lungen (Metall) beeinträchtigen die Leber (Holz); die Leber (Holz) beeinträchtigt Milz/Pankreas (Erde), Milz/Pankreas (Erde) die Nieren (Wasser) und die Nieren (Wasser) das Herz (Feuer). Dieses Schema gilt ebenfalls für die Hohlorgane: Unausgeglichene Energie im Dünndarm (Feuer) hat zur Folge, daß dieser den Dickdarm (Metall) beeinträchtigt, der Dickdarm (Metall) wiederum die Gallenblase (Holz), die Gallenblase (Holz) den Magen (Erde), der Magen (Erde) die Harnblase (Wasser) und die Harnblase (Wasser) den Dünndarm (Feuer).

Indem die Taoisten aufzeigten, daß die zyklische Interaktion zwischen den Speicherorganen und den Hohlorganen der Interaktion zwischen den Elementen entspricht, konnten sie nicht nur ihren Anhängern die Kernsätze: »*Was oben ist, ist dasselbe wie das, was unten ist*« und »*Der Mikrokosmos spiegelt den Makrokosmos,*« begreiflich und verständlich machen, sondern außerdem belegen, daß die Interaktion der Energie zwischen Speicherorganen und Hohlorganen als Tatsache akzeptiert werden kann insofern, als die Grundlage dieser Interaktion derselben Logik gehorcht, die uns die Interaktion zwischen den fünf Elementen instinktiv als wahr erkennen läßt.

Die fünf Tierübungen

Die Taoisten entwickelten fünf Übungen, bei denen die Bewegungen von fünf Tieren nachgeahmt wurden, die beim Menschen heilende Wirkung haben. Es sind dies Drache, Tiger, Bär, Adler und Affe. Durch Nachahmung der charakteristischen Bewegungen dieser Tiere kann der Mensch die aus dem Gleichgewicht geratene Funktion seiner Organe normalisieren, insbesondere die der fünf Speicherorgane und der ihnen zugeordneten Hohlorgane. Dies ist möglich, weil die Bewegungen eines bestimmten Tieres ein bestimmtes Organ im Funktionskreis der fünf Elemente stimulieren. Ein gesunder Mensch kann die fünf Tierübungen bei jeder sich bietenden Gelegenheit praktizieren, um sein körperliches und seelisches Gleichgewicht zu erhalten. Wenn ein besonderes Problem auftaucht, wähle man die Übung, die der betroffenen Organgruppe entspricht, oder befolge die *Mutter-Kind-Regel*.

Die Anwendung der Mutter-Kind-Regel auf den menschlichen Organismus beruht auf der Interaktion zwischen den fünf Elementen. Im Energiekreislauf der Elemente ist jedes Element die »Mutter« des folgenden Elementes, gleichzeitig aber auch das »Kind« des ihm vorgeordneten Elementes. Die Erde zum Beispiel ist Mutter des Metalls und außerdem Kind des Feuers.

Auf ihrem Weg durch den Körper fließt die Energie nach einem festgelegten Zyklus durch die Speicherorgane und durch die Hohlorgane. Jedes feste, jedes hohle Organ ist die »Mutter« des Organs, das ihm in diesem Kreislauf nachgeordnet ist. Dieses Phänomen beruht auf der Theorie der fünf Elemente oder Wandlungsphasen. Da beispielsweise die Lungen die Nieren fördern, gelten sie als »Mutter« der Nieren. Besteht in den Nieren (»Kind«) ein Energiemangel, kann man die Energie in den Lungen (»Mutter«) durch die Adler-Übung stimulieren und erreicht dadurch, nach der Mutter-Kind-Regel, automatisch eine Zunahme der Energie in den

Nieren. In diesem Fall werden also über eine Übung zwei Organe behandelt. Für jede therapeutische Indikation kann man anhand der Interaktionsdiagramme der fünf Wandlungsphasen (Abb. 3 und 4) und der Zuordnung der Organe zu den Elementen (Tabelle 2) ein geeignetes Übungsprogramm zusammenstellen.

Diese Übungen wirken nicht nur heilend und harmonisierend auf die Organe, sondern bauen auch nachhaltig Spannung, Streß, Ärger und Angst ab. Nach taoistischer Auffassung sind Streß und innere Spannung die gefährlichsten Feinde der Gesundheit. Die Taoisten sind überzeugt, daß alle gesundheitlichen Probleme auf Streß und Spannungen zurückgeführt werden können, weil diese beiden Faktoren sogar bei optimaler Ernährung und Medikation die Funktionen der Organe derart beeinträchtigen können, daß die für Zellreparatur, Regeneration und Gesundheit erforderlichen Nährstoffe nicht absorbiert werden können.

Bei allen fünf Tierübungen spielt der richtige Einsatz der Imagination eine wesentliche Rolle. Seit Jahrhunderten ist bekannt, daß ein Gedanke ebenso real ist wie greifbare Materie und daß sie im Grunde ein und dasselbe sind. Beide sind Formen der Energie. Diese alten Theorien konnte Dr. KARL PRIBRAM, ein Neurochirurg und Psychologe an der Stanford University, durch seine wissenschaftliche Arbeit bestätigen. Danach wird die Imagination benutzt, um Geist und Körper so zusammenzufügen, daß sie als Einheit funktionieren. Wenn der Mensch die Imago (das Bild im tieferen Sinn) eines bestimmten Tieres mit der seines Körpers vereint, wird er psychisch und physisch gestärkt. Während des Übens sollen die Gedanken auf die Imago der Tiere fixiert sein. Die Übung ist zu unterbrechen, sobald die Gedanken abweichen. Die Nachahmung der Tierbewegungen soll weich und fließend erfolgen.

Keine der Übungen sollte besonders bevorzugt werden. Wenn Sie sich etwa zu stark auf die Adler-Übung (Metall) konzentrieren, kann dies die Funktion der Leber (Holz) verringern. Wenn Sie sich zu tief entspannen, wirkt das abstumpfend auf die Nerven. Wenn hingegen die Leber überaktiv ist – weil sie zuviel Energie enthält –, kann sie durch die Adler-Übung beruhigt werden.

Der Drache

Den alten Chinesen galt der Drache als Fabelwesen, das die *Yang*-Kraft des Schöpferischen symbolisierte, die dynamische, elektrisch geladene Energie, die sich im Gewitter manifestiert. Der fliegende Drache wurde stets von Regen, Winden, Wolken und Blitzen begleitet dargestellt. Nur der Kaiser, der Sohn des Himmels, durfte sich des Drachenbildes bedienen, denn der Drache ist das Sinnbild höchster Weisheit, Macht, Selbstbeherrschung und gesellschaftlichen Wirkens.

Der Drache

Durch die Drache-Übung soll erreicht werden, daß die charakteristischen Eigenschaften des Drachen Geist und Körper des Übenden durchdringen. Die Übung wirkt auf den Geist, indem sie Depressionen, Ärger, feindselige Gefühle und die vielen Ängste überwinden hilft, die uns bei widrigen Umständen zu überwältigen drohen; denn der Drache, der durch den Himmel fliegt, ist über alle irdischen Sorgen erhaben.

In einigen alten taoistischen Texten wurde die Drache-Übung mit anderen Namen bezeichnet. Diese Vorsichtsmaßnahme wurde ursprünglich ergriffen, um politische Umwälzungen zu verhindern. Die Herrscher hatten dem gemeinen Volk untersagt, den Drachen als Symbol für sich zu benutzen, denn sie fürchteten, das Volk würde sich dann erheben und ihnen die Macht entreißen. Da der Drache das Element Feuer darstellt, besteht die physische Wirkung dieser Übung darin, Herz, Blutgefäße und Absorption im Dünndarm zu harmonisieren.

Abb. 5: Drache-Übung

Zum Beginn der Übung stellen Sie sich aufrecht hin. Dann atmen Sie mehrmals tief aus und ein und stellen sich dabei möglichst lebhaft vor, Sie seien ein Drache mit glühenden Augen, gebleckten Reißzähnen, smaragdfarben glänzenden Schuppen, peitschendem Schwanz und krallenbewehrten Klauen. Nun heben Sie den einen Fuß und denken sich in Haltung und Wesen eines Drachen. Während Sie sich vorstellen, daß Ihre Hände Klauen sind, heben Sie den einen Arm mit abwärts, den anderen Arm mit aufwärts gerichteten Klauen. Da diese Haltung nicht in starren Details vorgeschrieben ist, läßt sie innerhalb der Grenzen des Bildes ein gewisses Maß an Ausdrucksfreiheit zu. Bleiben Sie in dieser Haltung, solange Sie sich das Bild ohne Mühe vorstellen können. Wiederholen Sie die Übung, sooft Sie es angenehm finden. Der wesentliche Aspekt bei dieser und bei allen anderen Übungen ist die Vereinigung von Körper und Geist. Sollte während der Übung das innere Bild verschwinden oder der Geist abschweifen, hören Sie auf und fangen Sie von vorn an. Ohne das harmonische Zusammenwirken von Körper und Geist ist die Übung nämlich nutzlos.

Der Tiger
Während der Drache den Herrscher symbolisiert, stellt der Tiger den General, einen militärischen Führer mit Ehrgeiz, Wissen, Macht und körperlicher Leistungsfähigkeit, dar, der den kaiserlichen Thron schützt und die Wünsche des Herrschers durchsetzt. Der Tiger entspricht dem Element Holz, folglich beeinflußt die Tiger-Übung die Leber und die Nerven. Die Taoisten stellen sich den Aufbau des Nervensystems ähnlich wie eine Topfpflanze vor, die aus der Leber hervorsprießt.

Die Tiger-Übung ist hilfreich, um schädliche psychische Zustände wie Angst und Feindseligkeit, Antriebslosigkeit oder Mangel an Ehrgeiz zu überwinden. Man geht davon aus, daß diese negativen Geisteshaltungen auf Stoffwechselstörungen infolge einer Leberfunktionsstörung beruhen.

Die Tiger-Übung wird empfohlen, um die Leber zu heilen und zu entgiften, um entzündete Nerven zu beruhigen, die Funktionen der Gallenblase zu harmonisieren und die Zellen des Gehirns und des übrigen Organismus zu entgiften.

Der Tiger beweist seine Macht durch die Fähigkeit, eine Beute zu fangen, indem er sich auf sie stürzt und sie schnappt. Daher wird mit der Tiger-Pose die Bewegung des Sich-auf-etwas-Stürzens nachgeahmt.

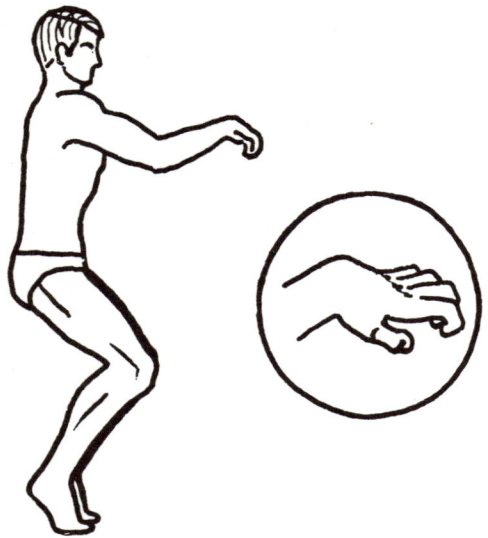

Abb. 6: Tiger-Übung

Zunächst stellen Sie sich aufrecht hin. Atmen Sie einige Male tief aus und ein, und stellen Sie sich dabei vor, Sie wären ein Tiger. Wenn diese Visualisierung gelungen ist, gehen Sie leicht in die Knie und stellen sich auf die Zehenspitzen, während Sie die Arme vorstrecken. Die Hände halten Sie krallenartig nach unten, als wollten Sie gleich nach einer Beute schnappen. Ohne sich körperlich anzustrengen, bleiben Sie in dieser Haltung, solange Sie sich das Bild des Tigers vorstellen können. Machen Sie die Übung so oft, wie es Ihnen angenehm ist.

Der Bär

Auch der Bär ist ein sehr kraftvolles Tier, doch vertritt er gleichfalls die Muße. Bären fressen reichlich, schlafen gut, wandern langsam umher und sind eher träge und nicht aggressiv. Bären werden meist in Ruhe gelassen und nicht belästigt, denn sie sind stark, mutig und tapfer genug, um es mit jedem potentiellen Gegner aufzunehmen. Der Bär symbolisiert jene, die ein hohes Maß an körperlichem und materiellem Komfort erreicht haben. Bären können erfolgreiche leitende Angestellte sein, die in ihrer Firma hinter großen Schreibtischen thronen.

Die Bär-Übung wird empfohlen, um Denkprozesse und Ideen zu fördern und Entscheidungsfreude in Entschlüsse umzumünzen. Der Bär wird dem Element Erde zugeordnet, und daher beeinflußt diese Übung die Enzymbildung im Funktionskreis Milz/Pankreas und die Magenperistaltik. Deswegen ist diese Übung ratsam bei schlechter Verdauung, Über- und Unterzuckerung des Blutes und bei Diabetes.

Die Kraft und Stärke des Bären werden offenbar, wenn das Tier auf den Hinterbeinen steht und geht. In dieser Haltung wird auch

Abb. 7: Bär-Übung

das auffallendste körperliche Merkmal des Bären deutlich – der
Magen, der vorsteht und den Bären hindert, aufrecht zu gehen.

Stellen Sie sich aufrecht hin. Während Sie sich vorstellen, Sie
seien ein Bär, machen Sie ein paar tiefe Atemzüge. Dann schreiten
Sie mit durchgedrückten Knien, vorgewölbtem Magen und nach
vorne hängenden Armen langsam vorwärts. Dabei spüren Sie, wie
sich Ihr Bauch mitbewegt und die Milz/Pankreas-Region stimuliert wird.

Gehen Sie vorwärts, solange die Vorstellung des Bären Sie erfüllt. Wiederholen Sie die Übung so oft, wie Sie es für richtig halten.

Der Adler

Für die alten Taoisten symbolisierte der fliegende Adler wegen seiner gottähnlichen Eigenschaften – still, gelassen, unsichtbar – den
Geist. Der Adler ist außerdem ein vollendeter Jäger. Mühelos
schwingt er sich in die Lüfte, und seinem scharfen Auge entgeht
keine Einzelheit der Landschaft unter ihm. Beim Jagen zeigen sich
des Adlers besondere Eigenschaften: Intelligenz, Wachsamkeit und
Gelassenheit.

Der Adler ist mit dem Element Metall verbunden. Die Adler-
Übung wirkt daher anregend auf die Lungen, die Haut und den
Dickdarm.

Diese Übung hilft, Gefühle von Melancholie, Einsamkeit und
Depressionen zu überwinden. Alle diese Befindlichkeiten können
auf Lungenproblemen beruhen und solche verursachen. (Es ist
kein Zufall, daß so viele romantische Dichter und Schriftsteller der
westlichen Welt an Tuberkulose litten.) Die Adler-Übung ist hilfreich bei der Behandlung von Lungenemphysem, Asthma sowie
Hautkrankheiten. (Die Taoisten betrachten die Haut als »dritte«
Lunge«.)

Charakteristisch für den Adler sind die ausgebreiteten Schwin-
gen, die ihn mühelos hoch in den Lüften schweben lassen. Bedenken Sie auch, daß der Adler beim Fliegen die Augen geöffnet hält
und daß ihnen nichts entgeht.

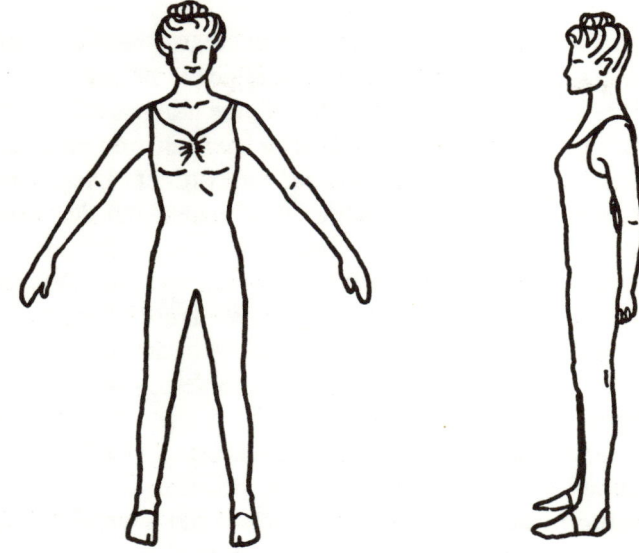

Abb. 8: Adler-Übung

Sie beginnen die Übung aufrecht stehend. Während Sie mehrere Male tief atmen, verwandeln Sie sich in Gedanken in einen Adler.

Sobald Sie sich als Adler visualisiert haben, beginnen Sie, mit seitlich schräg erhobenen Armen oder locker hinter dem Rücken verschränkten Händen langsam vorwärts zu gehen. Während Sie sich so bewegen, stellen Sie sich vor, Sie wären ein Adler, der unerreichbar, einem Gott gleich, mühelos durch den blauen Himmel schwebt. Der Körper soll sehr entspannt, der Geist und die Augen dagegen sollen hellwach sein und alles wahrnehmen, ohne einen Gegenstand besonders zu fixieren.

Üben Sie so lange, wie Ihre Gedanken nicht abschweifen. Sobald Ihre Konzentration nachläßt, hören Sie auf und fangen von vorne an. Obwohl Sie diese Übung jederzeit und überall machen können, wirkt sie am besten, wenn Sie sie einige Zeit nach dem Abendessen im Freien absolvieren.

Der Affe

Für die alten Taoisten verkörpert der Affe uneingeschränkte Aktivität, Neugier und freien Willen. Der Affe ist dauernd aktiv, sei es am Boden, sei es, daß er sich durch die Bäume hangelt oder unbehindert von Dressaten der Zivilisation spielerisch umherspringt.

Der Affe wird dem Element Wasser zugeordnet. Diese Tierübung stimuliert daher die Funktionen der Nieren und der Blase. Sie ist jenen anzuraten, die sich in einer bedrängten Lebenslage sehen, in der insbesondere ihre Freiheit eingeschränkt ist. Die Taoisten glauben, daß die Nieren der Sitz der Willenskraft sind. Die Affe-Übung wird auch bei allen Erkrankungen der Nieren, der Blase und der ableitenden Harnwege empfohlen. Als Verkörperung des freien Willens inspiriert der Affe zu einer im weitesten Sinn frei gestalteten Übung. Am besten üben Sie ganz allein, denn die Anwesenheit anderer könnte hemmend wirken.

Die Ausgangsposition ist aufrecht stehend oder sitzend. Atmen Sie ein paarmal tief aus und ein und versetzen Sie sich dabei in einen Affen. Sobald Ihnen die Visualisierung gelungen ist, ziehen Sie die Schuhe aus, legen Ihre Kleider ab und fangen an, sich wie ein Äffchen zu bewegen. Sie hocken auf dem Boden, klettern auf einen Stuhl, springen umher, hüpfen auf und nieder, lassen sich kopfüber nach unten oder am ausgestreckten Arm hängen, kurz, Sie tun alles, was Ihnen ohne Mühe und Anstrengung körperlich möglich ist.

Abb. 9: Affe-Übung

Diese Übung wird völlig frei gestaltet. Alle Bewegungen und Aktionen sollen aus dem Impuls und spontan erfolgen. Affen reiben und kratzen sich auch ungeniert. Das können Sie ebenfalls tun, vor allem in der Nierengegend.

Übungen nach acht Himmelsrichtungen (sogenannte Brokatübungen)

Alle Elemente des Universums sind räumlich angeordnet und darum polarisiert. Da wir ein Teil des Universums sind, unterliegen wir dem Einfluß des Raumes und sind ebenfalls polarisiert. Diese Ausrichtung entsteht immer, wenn elektrische Kräfte vorhanden sind, und elektrische Kräfte sind überall, da sie eine Eigenschaft der Atome sind. Die elektrischen Bindekräfte bewirken beispielsweise, daß zwei Magnete sich gegenseitig anziehen oder abstoßen. Diese Kräfte können auch einen schwachen Magneten stärker machen. Das Verstärken oder »Aufladen« elektrischer Kräfte setzt auch die richtige Ausrichtung oder Polarisierung eines Körpers, das heißt des aufzuladenden Elementes, in bezug auf das aufladende Element voraus. Damit zum Beispiel eine magnetische Induktion erfolgen kann, muß der Nordpol eines Magneten gegen den Südpol eines anderen Magneten gelegt werden. Bei Magneten wie auch bei anderen Stoffen bedeutet das »Aufladen« eine Neuordnung der Atome oder Atomgruppen, und dadurch nehmen die elektrischen Energien zu.

Erst nach wiederholten Versuchen über die energiesteigernden Eigenschaften der Polarisierung entwickelten die Taoisten Übungen nach acht Himmelsrichtungen, die dem Menschen Energie zuführen sollen. Bei diesen Übungen müssen bestimmte Bewegungsabläufe in bestimmte Richtungen trainiert werden. Die Übungen sind nach den acht Trigrammen des *Pa-Kua* gestaltet und werden auch als Brokatübungen bezeichnet. (Der Name »Brokat«übungen bedeutete für Generationen von Menschen, daß diese Übungen besonders wertvoll sind.) Man nennt sie auch die acht energiesteigernden Übungen.

Bevor Sie mit diesen Übungen beginnen, sollten Sie mit einem

Kompaß den Magnetpol bestimmen (der Kompaß zeigt ihn als
Norden an), nicht aber den nördlichen Pol der Erdachse. Den Magnetpol benutzen Sie bei den Übungen als Bezugspunkt.
    Und hier nun die Übungen:

Nordwesten ▬▬
oder: Mit den Händen den Himmel stützen.
Für diese Übung stellen Sie sich so, daß Sie nach Nordwesten blik-
ken. Die Füße stehen schulterbreit auseinander. Die Zehen sind
eingerollt. Dies mindert den Druck der Nervenendigungen in den
Fersen und verhindert ungleiche Druckverhältnisse. Nun stellen
Sie sich vor, Sie stemmten eine mittelschwere (damit Sie sich nicht
überanstregen) Kugelstange. Sie beugen sich also mit durchgedrückten Knien vor und packen die imaginäre Stange. Heben Sie
die Stange erst in Taillenhöhe und stemmen Sie sie dann so hoch
wie möglich über den Kopf. Visualisieren Sie, daß Sie wirklich eine
Kugelstange hochdrücken. Dann lasssen Sie das Gewicht zu Boden gleiten. Üben Sie so oft, wie Sie mögen. Diese Übung wirkt
kräftigend und ist gut für Lungen und Dickdarm.

Abb. 10: Brokatübung »Mit den Händen den Himmel stützen«

Norden ☷

oder: Von links und rechts den Bogen öffnen wie zum Schießen des Adlers.

Sie stehen mit dem Gesicht nach Norden, die Füße weit auseinander. Stellen Sie sich vor, daß Sie einen Pfeil von einem Bogen abschießen, mal nach rechts und mal nach links. Dabei wechselt jeweils die Haltung des Kopfes, der Arme und des Rumpfes, während die Füße ihren festen Stand behalten. Stellen Sie sich vollkommen bildhaft vor, daß Sie eine Bogensehne ganz straff spannen und einen Pfeil abschießen. Sie können die Übung beliebig oft wiederholen. Sie ist gut für die Lungen, die Nieren, den Dickdarm, die Harnblase, die Haut und die Knochen.

Abb. 11: Brokatübung
»Mit dem Bogen den Adler schießen«

Nordosten ☶

oder: Mit beiden Händen die Füße greifen und die Lenden festigen.

Sie stehen gerade, nach Nordosten gewendet. Beugen Sie sich nach unten, bis Ihre Fingerspitzen die Zehen berühren. Lassen Sie die

Knie durchgedrückt und beugen Sie sich in Taille und Becken so
weit, wie Sie können. Dann stellen Sie sich vor, Sie seien ein Berg.
Bleiben Sie in dieser Haltung, solange es Ihnen guttut. Diese
Übung kräftigt Milz/Pankreas, die Muskeln und die Verdauung.

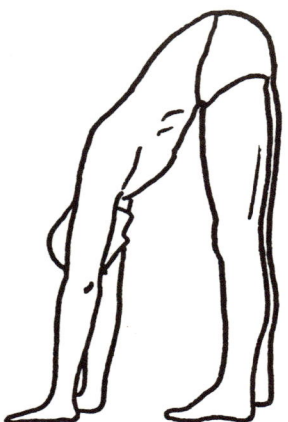

Abb 12· Brokatübung »Mit den
Händen die Füße greifen und die
Lenden festigen«

Osten ☳

oder: Kopf drehen und rückwärts schauen.
Stellen Sie sich morgens mit dem Gesicht nach Osten in die
Sonne. Die Füße stehen schulterbreit auseinander, mit den Zehen
nach innen. Schließen Sie die Augen. Lassen Sie die Arme seitlich
herabhängen. Nun drehen Sie den *Oberkörper* abwechselnd nach
rechts und nach links. Die Füße bleiben fest auf dem Boden. Der
Kopf wird mit dem Oberkörper gedreht, und Sie spüren dabei die
wärmenden Strahlen der Sonne auf den Augenlidern. Vollziehen
Sie die Bewegungen im Geist mit, lassen Sie Ihre Gedanken nicht
abschweifen. Wiederholen Sie diese Übung beliebig oft. Sie stärkt
die Nerven, die Leber und die Augen, ist gut für die Gallenblase
und unterstützt die Gewichtsabnahme.

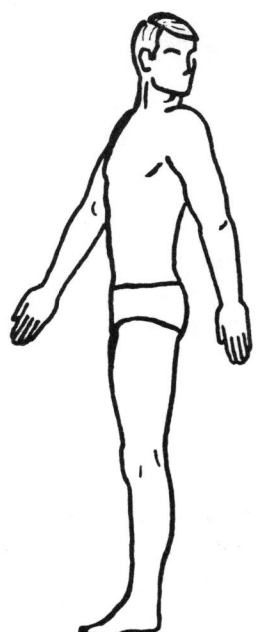

Abb. 13: Brokatübung
»Kopf drehen und rückwärts schauen«

Südosten ☶

oder: Die Fersen hochheben und hundert Leiden vertreiben.
Sie stehen nach Südosten gewendet, die Füße schulterbreit ausein-
ander. Die Zehen zeigen nach innen. Heben Sie die Fersen vom
Boden und gehen Sie wieder in die Ausgangsstellung zurück. Eine
Übungseinheit besteht aus siebenmal Fersenheben. Sie können die
Übung auch öfter wiederholen. Lassen Sie während der Übung
Ihre Gedanken nicht abschweifen. Das Fersenheben hat einen
günstigen Einfluß auf Nerven, Leber, Gallenblase und Herz.

Abb. 14: Brokatübung »Fersen hochheben«

Süden ☷

oder: Kopf schütteln, mit dem Schwanz wedeln und das Feuer des Herzens verjagen.

Sie stehen nach Süden gewandt und kreisen mit den Hüften, als hätten Sie einen Hula-Hoop-Reifen um die Taille. Kreisen Sie abwechselnd rechts und links herum. Lassen Sie Ihre Gedanken nicht herumspazieren. Üben Sie solange, wie Sie mögen. Die Übung kräftigt die Geschlechtsorgane.

Abb. 15: Brokatübung »Das Feuer des Herzens verjagen«

Südwesten ☷

oder: Die Fäuste ballen und zornig schauen.

Mit dem Gesicht nach Südwesten stellen Sie sich kampfbereit auf. Beugen Sie leicht die Knie und Ellbogen und ballen Sie die Hände zu Fäusten. Blicken Sie richtig zornig geradeaus. Denken Sie sich auch in Zorn. Machen Sie die Übung beliebig oft. Sie hat eine günstige Wirkung auf die Verdauungsorgane, auf die Lungen und die Nerven.

Abb. 16: Brokatübung
»Die Fäuste ballen und zornig schauen«

Westen ☰☰

oder: Hochheben eines Armes (zur Regulierung von Milz/Pan-
kreas und Magen).
Sie stehen aufrecht, dem Westen zugewandt. Die Füße sind schulterbreit auseinander, die Zehen zeigen nach innen. Jetzt heben Sie
erst den einen Arm hoch in die Luft, lassen ihn sinken und heben
den anderen Arm. Versuchen Sie, den Bauch nicht zu bewegen.
Lassen Sie Ihren Geist die Bewegungen mitvollziehen. Üben Sie
beliebig oft. Die Übung lindert Kreuzschmerzen, Schulterschmer-
zen, Beschwerden der Nieren und der Wirbelsäule.

Abb. 17: Brokatübung
»Hochheben eines Armes«

Diese Übungen sind äußerst flexibel und können überall und jederzeit praktiziert werden. Ob Hausfrau oder Hausmann, Büroangestellter, Soldat, Sportler oder was auch immer, jeder kann seinen ermüdeten Körper und Geist binnen zwei Minuten mit frischer Energie aufladen. Wenn dem Körper Energie zugeführt wurde, lassen sich berufliche Probleme leichter lösen, die körperliche Ausdauer wird erhöht – alles wird einfacher.

Die zwölf Übungen nach der Organuhr
Leben heißt lebendig sein, und zu leben ist eine Funktion. Diese Funktion wird durch folgende taoistische Formel ausgedrückt:

Es sei: f = Funktion
    o = Organ
    e = Energie.
Dann lautet die Formel: $f = o + e$.

Die Funktion setzt voraus, daß sowohl das Organ als auch die Energie vorhanden sind. Ein Organ ohne Energie ist tot. Reine Energie ohne Organ ist etwas Geistiges. Nur dann hat das Leben einen Sinn – eine Funktion –, wenn Organ und Energie vereint sind. Neben vielen Methoden, die Energie zu mobilisieren und zu nutzen, um die Organsysteme untereinander zu harmonisieren, haben die Taoisten auch Methoden entwickelt, um das energetische Gleichgewicht innerhalb der einzelnen Organe aufrechtzuerhalten. Diese Methoden beziehen den Zeitfaktor ein, wie er in der sogenannten Organuhr zum Ausdruck kommt, um Störungen des inneren Gleichgewichts durch Sedierung (Funktionsminderung) oder Tonisierung (Funktionssteigerung) der Energie zu beheben. Der *Biorhythmus* – oft spricht man auch von der biologischen Uhr – ist die Regulierung des Energiestroms im Körper, bezogen auf die Messung der Solar- wie auch der Lunarzeit. Der Begriff »Biorhythmus« bezeichnet ganz allgemein die natürlichen Pulsationen, die allen funktionellen Aspekten des Lebens innewohnen und zugrunde liegen. Die Existenz dieses Rhythmus wird vielfach als erwiesen angenommen. Wenn man sich nämlich seiner bewußt wäre, dann wäre dies in gewissem Sinn das gleiche, als würde man ständig die rhythmische Grundlage der eigenen Atmung beobachten. Da der Biorhythmus derart subtil und schwer erfaßbar ist, kann man ihn am ehesten begreifen, wenn er aus dem Takt gerät.

Der sogenannte *Jet-lag* – die Müdigkeit, die eintritt, nachdem man plötzlich von einer Zeitzone in eine andere gewechselt hat – ist ein perfektes Beispiel dafür, wie der natürliche Rhythmus des Körpers außer Takt gerät, wenn man in kurzer Zeit sehr weite Strecken mit dem Flugzeug zurücklegt. Manchmal können wir uns so lange nicht vorstellen, daß der Körper nach einem fest vorgegebenen Zeitplan funktioniert, bis wir unversehens in eine Umgebung versetzt werden, in der ein anderer Zeitplan herrscht. Die Belastung, die innere Uhr auf eine andere Zeit umstellen zu müssen, macht uns dann sehr deutlich bewußt, wie stark unsere Körperfunktionen einem strengen festen Rhythmus unterworfen sind.

Nachdem die Taoisten den Kreislauf der Energie im Organismus sehr genau beobachtet hatten, formulierten sie biorhythmische Zyklen, die den Energiestrom im Meridiankreislauf zu jeder Sekunde des Tages exakt beschreiben. Es stellte sich heraus, daß innerhalb des geschlossenen Energiekreislaufs der Hauptmeridiane jedes Organ alle 24 Stunden während einer zweistündigen Phase oder »Maximalzeit« maximal von Energie durchströmt wird. Im Milz/Pankreas-Meridian beispielsweise befindet sich die Energie zwischen 9 und 11 Uhr auf ihrem Maximum. Während dieser Zeit arbeitet der Funktionskreis Milz/Pankreas am intensivsten. Zwischen 11 und 13 Uhr, wenn der Herz-Meridian am stärksten aktiviert wird, befindet sich gleichzeitig der Milz/Pankreas-Meridian auf dem Energieminimum. Es gibt zwölf Maximalzeiten je 24 Stunden. Sie entsprechen den zwölf Häusern des Tierkreises. Die nachstehende Tabelle zeigt die Maximalzeiten, in denen die Speicherorgane und die Hohlorgane beziehungsweise die zugehörigen Meridiane den stärksten Energiedurchfluß aufweisen.

Tabelle 3: Biorhythmische Zyklen (Organuhr)

1–3 h	Leber
3–5 h	Lungen
5–7 h	Dickdarm
7–9 h	Magen
9–11 h	Milz/Pankreas
11–13 h	Herz
13–15 h	Dünndarm
15–17 h	Harnblase
17–19 h	Nieren
19–21 h	Kreislauf
21–23 h	Drei-Erwärmer
23–1 h	Gallenblase

Die Organuhr wird sich immer als nützlich erweisen, um die spezielle organische Ursache von Beschwerden zu bestimmen und das Energieniveau des ursächlichen Organs durch Übungen zu harmonisieren, die je nach Erfordernis energiesteigernd oder energiemindernd auf das betreffende Organ wirkt. Wenn Sie zum Beispiel regelmäßig zwischen eins und drei Uhr nachts aufwachen und nicht einschlafen können, lehrt Sie ein Blick auf die Tabelle 3, daß Ihre Schlaflosigkeit auf einer Störung der Leber (und des Nervensystems) beruht. Die Folgen der Schlaflosigkeit – Leistungsminderung, Müdigkeit, Schuldgefühle und dergleichen – können beseitigt werden, indem man die Übung macht, die der Maximalzeit 1 bis 3 Uhr zugeordnet ist. Wenn Sie an Verstopfung leiden, ist dies auf eine zeitlich fehlgesteuerte Peristaltik zurückzuführen. Die empfohlene biorhythmisch richtige Zeit für die Entleerung des Darms liegt zwischen 5 und 7 Uhr morgens. Wenn Sie sich an diesen natürlichen Zeitplan gewöhnt haben, werden Sie sich nicht mit Abführpillen, Klistieren und dergleichen plagen müssen.

Die Übungen, die bei diesen und anderen Beschwerden helfen, wollen wir als die zwölf Übungen nach der Organuhr bezeichnen und sie in der Reihenfolge der Maximalzeiten (entsprechend den Häusern des Tierkreises) beschreiben.

Maximalzeit 1 bis 3 Uhr
Falls Sie jemals um diese Zeit aufwachen, setzen Sie sich mit gekreuzten Beinen aufrecht hin; versuchen Sie dann, auf Ihre Nasenspitze zu schielen. Dazu senken Sie ein wenig die Augenlider. Legen Sie außerdem die Finger um die Daumen und lassen Sie die locker geballten Fäuste auf den Knien ruhen. (Wenn die Faust geschlossen wird, kann die Energie nicht über die Fingerspitzen ausströmen.) Atmen Sie tief aus und ein und entspannen Sie sich. Machen Sie diese Übung fünf bis dreißig Minuten – die Übungsdauer bestimmen Sie.

Maximalzeit 3 bis 5 Uhr
Wenn Sie während dieser Phase wach werden, begeben Sie sich in den Schneidersitz oder in eine Haltung, die Ihnen bequem ist.

Abb. 18: Maximalzeit 1 bis 3 Uhr

Schielen Sie unter den halb geschlossenen Lidern auf Ihre Nasen-spitze. Legen Sie die Hände mit verschränkten Fingern an den Hinterkopf. Dann klappen Sie die Zähne gegeneinander. Atmen Sie langsam neunmal tief ein und aus. Üben Sie insgesamt fünf bis dreißig Minuten.

Abb. 19: Maximalzeit 3 bis 5 Uhr

Maximalzeit 5 bis 7 Uhr

Legen Sie die Handflächen auf die Ohren. Schnippen Sie mit den Zeige- oder Mittelfingern auf Ihren Hinterkopf, so daß ein trommelartiges Geräusch entsteht. Man nennt dies das »Schlagen der Himmelstrommel«. Zählen Sie nun Ihre Atemzüge. Sie atmen ein und zählen »eins«, atmen aus und zählen »zwei«, einatmen bei »drei« und so fort. Üben Sie ganz langsam, bis Sie bei »neun« angekommen sind. (Diese Übung wird auf Seite 147 ausführlich beschrieben.)

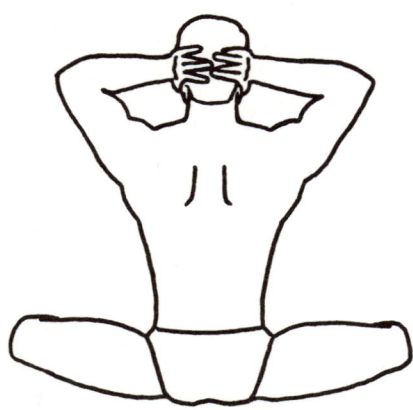

Abb. 20: Maximalzeit 5 bis 7 Uhr

Maximalzeit 7 bis 9 Uhr
Sie sitzen aufrecht mit gekreuzten Beinen. Stützen Sie sich mit den
Händen auf die Schienbeine, während Sie mit dem Oberkörper
kreisen. Ziehen Sie die Kreise möglichst weit. Bewegen Sie sich
frei. Wechseln Sie mehrmals die Drehrichtung, damit Ihnen nicht
schwindlig wird. Übung mehrmals wiederholen.

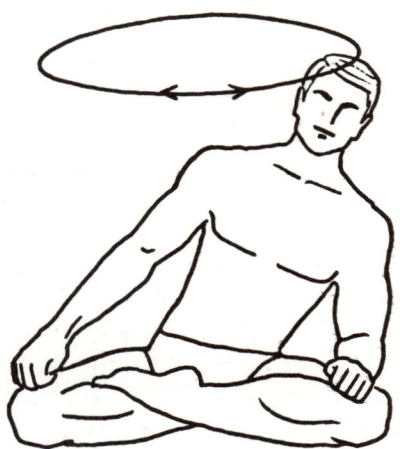

Abb. 21:
Maximalzeit 7 bis 9 Uhr

Maximalzeit 9 bis 11 Uhr
Zähneputzen mit der Zunge. Dadurch wird die Speichelproduktion
gefördert. Sammeln Sie reichlich Speichel und spülen Sie damit
Ihren Mund, indem Sie den Speichel wie Mundwasser hin- und
herpumpen. Dann schlucken Sie den Speichel langsam in drei Portionen. Wiederholen Sie die Übung mehrere Male (mehr darüber
auf Seite 150).

Abb. 22: Maximalzeit 9 bis 11 Uhr

Maximalzeit 11 bis 13 Uhr
Entkleiden Sie sich. Setzen Sie sich bequem hin. Atmen Sie ein
und halten Sie den Atem an. Reiben Sie Ihre Hände kräftig gegeneinander, um Hitze zu erzeugen, legen Sie sie dann rasch in Höhe
der Nieren auf den Rücken und reiben Sie die Haut, bis Sie die
Luft nicht mehr anhalten können. Atmen Sie weiter und entspannen Sie sich. Wiederholen Sie die Übung.

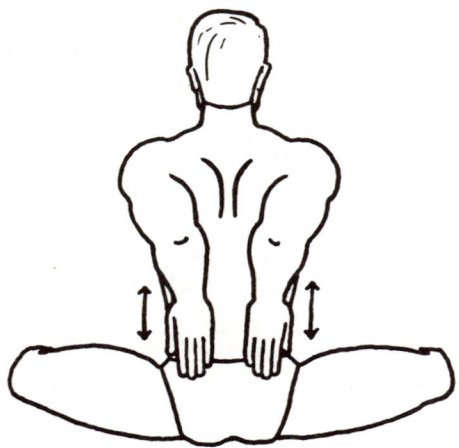

Abb. 23: Maximalzeit 11 bis 13 Uhr

Maximalzeit 13 bis 15 Uhr
Setzen Sie sich für diese Übung bequem hin. Atmen Sie möglichst
tief ein. Fühlen Sie, wie die Atemluft in Ihr Sonnengeflecht und in
den Bauchraum strömt. Konzentrieren Sie sich dabei auf den Na-
bel. Halten Sie den Atem an, damit die Luft in Ihrem Leib bleibt.
Versuchen Sie, sich ganz intensiv vorzustellen, wie ein Feuer in der
Nabelregion brennt. Wenn Sie sich auf das Feuer konzentrieren,
können Sie die Hitze fühlen. Dann atmen Sie aus. Diese Übung ist
nicht leicht zu erlernen, aber mit einiger Ausdauer wird sie Ihnen
gelingen.

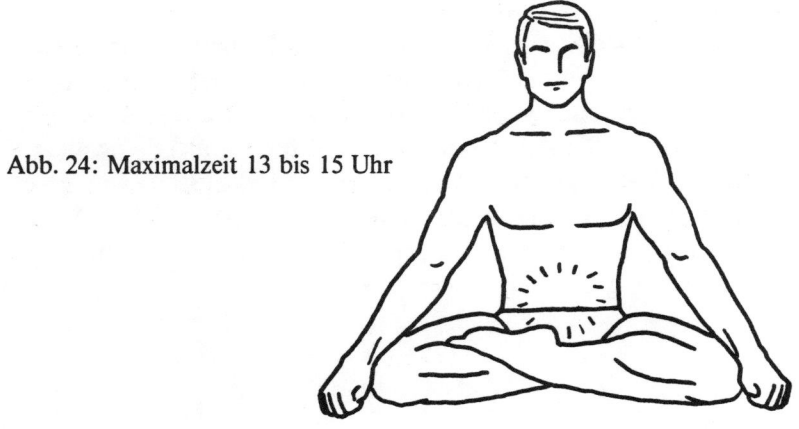

Abb. 24: Maximalzeit 13 bis 15 Uhr

Maximalzeit 15 bis 17 Uhr
Tun Sie, als hielten Sie die Pedale eines Fahrrads mit den Händen
(die Hände sollen locker zu Fäusten geballt sein, Daumen nach innen). Jetzt drehen Sie die imaginären Pedale so, daß Sie die eine
Hand abwärts von sich wegführen, während Sie die andere aufwärts zu sich heranziehen. Führen Sie mit jeder Hand achtzehn
Umdrehungen aus. Das zählt als eine Übungsrunde. Sie können
die Übung beliebig oft wiederholen.

Abb. 25: Maximalzeit 15 bis 17 Uhr

Maximalzeit 17 bis 19 Uhr
Setzen Sie sich mit gerade ausgestreckten Beinen auf den Boden
oder aufs Bett. Verschränken Sie die Finger und heben Sie die
Arme mit nach oben gedrehten Handflächen so hoch wie möglich
empor. Spüren Sie dabei, wie sich der Rücken und die seitlichen
Rückenmuskeln dehnen. Wenn Sie müde sind, lassen Sie die verschränkten Hände auf dem Scheitel ruhen. Dann heben Sie sie
wieder empor. Atmen Sie normal ein und aus. Sie können die
Übung beliebig oft wiederholen.

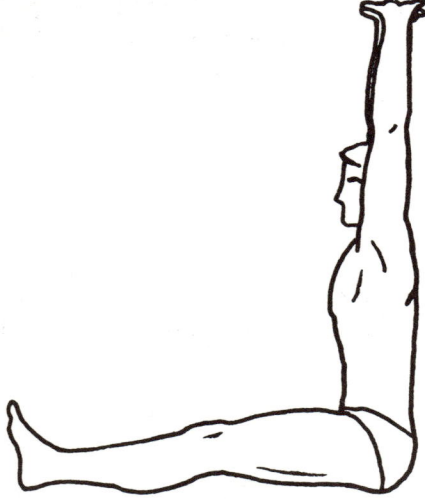

Abb. 26: Maximalzeit 17 bis 19 Uhr

Maximalzeit 19 bis 21 Uhr
Setzen Sie sich mit gerade gestreckten Beinen auf den Boden. Beugen Sie sich mit gestreckten Armen vor und versuchen Sie, mit den
Händen erst die Zehen, dann die Fußsohlen zu berühren. Wenn
Sie nicht bis an die Zehen reichen – erzwingen Sie es nicht. Entspannen Sie sich anschließend und nehmen Sie wieder die Ausgangsposition ein. Dann klopfen Sie mit den Handflächen locker
über Unterschenkel und Oberschenkel einschließlich der Seiten.

Entspannen. Übung wiederholen, so oft Sie können. Allmählich wird es Ihnen gelingen, die Fußsohlen zu erreichen. Bleiben Sie in dieser Haltung, solange Sie es aushalten. Dann loslassen und entspannen.

Abb. 27: Maximalzeit 19 bis 21 Uhr

Maximalzeit 21 bis 23 Uhr
Hier machen Sie die gleiche Übungsfolge wie bei der Maximalzeit 9 bis 11 Uhr.

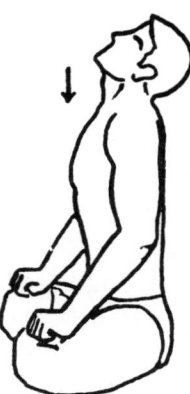

Abb. 28: Maximalzeit 21 bis 23 Uhr

Maximalzeit 23 bis 1 Uhr
Zuerst wiederholen Sie die Übungsfolge für die Maximalzeit 1 bis
3 Uhr, aber während Sie den Atem anhalten, spannen Sie den Afterschließmuskel so fest und solange wie möglich an. Versuchen
Sie zu spüren, wie Ihnen dabei ein kribbelndes Gefühl im Rücken
hochschießt. Muskeln lockern, entspannen, langsam ausatmen.
Wiederholen Sie die Übung mehrere Male. Auch diese Übung ist
schwierig und kann erst mit konsequentem Üben beherrscht werden.

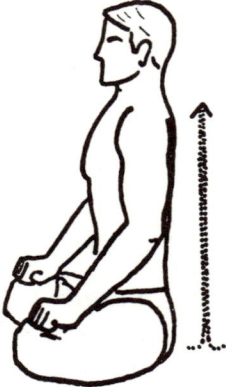

Abb. 29: Maximalzeit 23 bis 1 Uhr

Zwölf Übungen für die Nerven

Vor zweitausend Jahren, es war die Zeit der Han-Dynastie, brach
ein Mann aus dem Westen nach China auf und widmete sein Leben fürderhin dem Studium und der Praxis des Taoismus und
einer Form des Buddhismus. Er hieß DHARMA und lebte in der
Hauptstadt des Han-Reiches im Tempel des Weißen Pferdes.
    Sein Lebenswerk war eine Schrift *»Über die Erneuerung der Ner-
ven«*. Sie umfaßte nur wenige Seiten kunstvoller Verse, in denen die

wesentlichen Anleitungen zur Kunst, das Leben zu verlängern, verschlüsselt waren. (Damals wurde derartiges Wissen von den Gelehrten geheimgehalten, um zu verhindern, daß jemand leichtfertig damit umgehe.)

In seiner Schrift stellte Dharma fest, daß alle Probleme des Menschen durch Störungen im Nervensystem verursacht sind und daß die Menschen länger leben könnten, wenn sie ihr Nervensystem »verändern«, das heißt erneuern würden. Durch seine Erkenntisse förderte Dharma unser Verständnis des Nervensystems. Die Nerven bilden ein kompliziertes, vollkommenes Netzwerk von »Leitungen«, die das Gehirn mit den Organen und die Organe mit dem Gehirn verbinden. Eine Leitungsunterbrechung bewirkt, daß der Körper leidet. Wenn zum Beispiel Verspannungen einen Nerv in Ihrem Finger abklemmen, wird dieser Finger bald verkümmern, und Sie werden ihn eines Tages vielleicht amputieren lassen müssen. Um zu überleben, benötigen die Nervenzellen chemische Stoffe, die durch Interaktion mit anderen Zellen gebildet werden; die Funktionen anderer Zellen wiederum sind von den Nerven abhängig. Leider beginnen unsere Nerven ab dem zwanzigsten Lebensjahr zu schrumpfen und zu verhärten. Wenn die Nerven degenerieren, nimmt ihre Reizleitungsgeschwindigkeit ab. Sind die Nervenimpulse langsam, dann sind auch die geistigen und körperlichen Prozesse verlangsamt. Das bedeutet Altern. Bei jungen Menschen unter zwanzig Jahren sind die Nerven dehnbar und geschmeidig.

Wer jung bleiben will, muß seine Nerven trainieren, damit sie nicht degenerieren, sondern weich und geschmeidig bleiben. Dharma entwickelte die sogenannten *Zwölf Übungen für die Nerven,* mit denen wir unser Nervensystem geschmeidig erhalten und entfalten können. Die Bewegungen erinnern wohl an die des *T'ai Chi Chuan* (Schattenboxen), doch ist die theoretische Grundlage der Nervenübungen eine andere. Möglicherweise leitet sich das *T'ai Chi Chuan* ursprünglich von den Nervenübungen ab (es wurde 1700 Jahre später von dem Meister des Tao, CHANG SAN-FUNG, entwickelt), aber es ist ein Kampfsport, während die zwölf

Nervenübungen praktiziert werden, um Streß und Verspannungen zu beseitigen und das Nervensystem zu schützen.

Die zwölf Übungen für die Nerven vereinen Geist und Körper, um eine Entspannung herbeizuführen. Wenn Sie jemals versucht haben, Ihren ganzen Körper mit Hilfe des Geistes zu entspannen – diese Vorstellung nutzen die *Biofeedback*-Geräte –, dann wissen Sie, wie schwer eine körperliche Entspannung zu erreichen ist. Will man den Körper über den Geist entspannen, dann muß man den Kopf von allen Gedanken befreien. Dies ist als solches ein schwieriges Unterfangen, weil der Geist ständig von Gedanken überflutet wird. Dharma trug der Tatsache Rechnung, daß der Geist dauernd aktiv ist, und ließ ihn einer Reihe von körperlichen Bewegungen folgen, die sowohl den Geist als auch den Körper in einen Zustand der Entspannung führen; denn Entspannung bedeutet den ersten Schritt zur Erhaltung. Gelingt es uns, unser Nervensystem gesund zu erhalten, indem wir seine Degeneration rückgängig machen, dann werden wir länger leben und jung bleiben.

Jede der Übungen geht in die nächste über. Deswegen müssen die zwölf Übungen in der vorgegebenen Reihenfolge praktiziert werden.

Der richtige Übungsablauf ist wie folgt:

Erste Übung:
Sie stehen aufrecht, die Füße schulterbreit auseinander, die Zehen nach innen gerollt. (Machen Sie die Übung nicht mit dem Gesicht nach Süden.) Legen Sie die Handflächen auf die Brust, so daß die mittleren drei Finger über der Thymusdrüse zusammenstoßen. Spüren Sie, wie Ihr Herz schlägt. Lächeln Sie und stellen Sie sich vor, daß Sie bescheiden und höflich sind. (Diese Vorstellung entspannt den Körper, indem sie den Geist des Haders aus den Gedanken vertreibt.)

Abb. 30: Erste Übung   Abb. 31: Zweite Übung

Zweite Übung:
Während Sie in der Ausgangshaltung stehen, spreizen Sie die Zehen und drücken sie in den Boden, als wären sie Krallen, die etwas
packen wollen. Lassen Sie den Unterkiefer fallen und schauen Sie
ausdruckslos vor sich hin, als wären Sie blöde. (Ein Blöder ist ohne
Ziel und Wißbegier und darum entspannt.) Dann strecken Sie die
Arme mit nach unten gekehrten Handflächen und lockeren Fingern vor. Bleiben Sie so stehen.

Dritte Übung:
Aus der zweiten Positur erheben Sie sich auf die Zehenspitzen.
Beißen Sie die Zähne zusammen. Verschränken Sie die Finger und

drücken Sie die Arme mit den Handflächen nach oben so hoch,
wie Sie nur können. Dann lassen Sie langsam die Fersen sinken,
bis Sie fest auf dem Boden stehen.

Abb. 32: Dritte Übung   Abb. 33: Vierte Übung

Vierte Übung:
Aus der vorigen Haltung senken Sie eine Hand auf den Scheitel,
um den Kopf zu fixieren (die andere Hand bleibt oben), während
Sie die Augen kräftig hin und her rollen. Dann strecken Sie die
Hand nach oben, fixieren den Kopf mit der anderen Hand und
wiederholen die Übung.

Fünfte Übung:
Aus der vierten Positur strecken Sie die erhobene Hand vor. Machen Sie mit dem Bein derselben Seite einen Schritt nach vorne. Also: rechter Arm mit rechtem Bein oder linker Arm mit linkem Bein. Während Sie den gestreckten Arm nach unten führen, ballen Sie die Faust nach unten (immer so, daß die Finger dabei den Daumen umfassen). Nehmen Sie die Gegenhand vom Scheitel,

Abb. 34: Fünfte Übung

winkeln Sie den Arm an und ballen Sie die Faust nach oben. Die Augen fixieren dabei die nach vorne gestreckte Faust. Üben Sie immer abwechselnd mit beiden Armen. Die Bewegungen sollten ähnlich wie beim Karate erfolgen.

Sechste Übung:
Stellen Sie sich in die erste Positur, lassen Sie die Arme seitlich herabhängen und ballen Sie die Fäuste mit den Handflächen nach vorne. Starren Sie zornig geradeaus. Nehmen Sie die Fäuste hoch, so daß die Handflächen nach unten gewandt sind. Drücken Sie

Abb. 35: Sechste Übung

langsam, als würden Sie etwas schieben, die Fäuste vor. Dabei soll das rechte Auge die rechte Faust, das linke Auge die linke Faust fixieren. Dann ziehen Sie die Arme schnell und kräftig zurück, so daß die Fäuste Ihnen zugewandt sind. Wiederholen Sie die Übung siebenmal. Dann entspannen Sie den ganzen Körper einschließlich der Augen.

Siebente Übung:
Legen Sie die eine Hand unter das Kinn, die andere an den Hinterkopf und drehen Sie den Kopf nach rechts und nach links. Hände wechseln und Übung wiederholen. Drei- bis viermal im Wechsel üben.

Abb. 36: Siebente Übung

Achte Übung:
Stellen Sie sich aufrecht hin, die Arme hängen seitlich herab. Nun beugen Sie sich vor und tun so, als würden Sie etwas mit den Armen nach unten drücken. Richten Sie sich auf, und beugen Sie sich wieder vor. Siebenmal üben.

Abb. 37: Achte Übung

Neunte Übung:
Nehmen Sie die Grundstellung ein. Folgen Sie den Anleitungen
für die fünfte Übung, mit dem Unterschied, daß Sie keine Faust
machen, sondern jeweils die Finger krümmen und die Arme dicht
parallel halten. Strecken Sie abwechselnd die Arme vor und spüren
Sie die Wirkung der Bewegungen in den Muskeln der Arme und
des Rückens. Anschließend entspannen. Übung wiederholen.

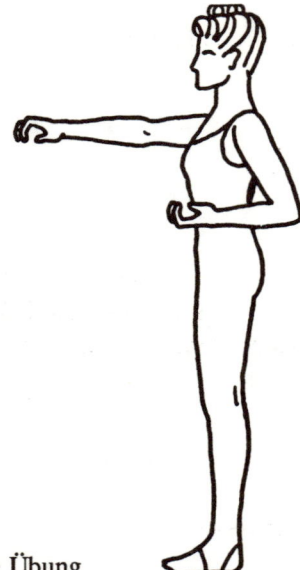

Abb. 38: Neunte Übung

Zehnte Übung:
Beginnen Sie mit der ersten Positur. Beugen Sie sich ganz locker
nach unten, und gehen Sie dann auf den Fingern vorwärts, bis sich
die Fersen heben und Sie auf den Fußballen stehen. Falls Ihnen
das nicht gelingt, gehen Sie auf den Händen. Bleiben Sie in dieser
Haltung, solange Sie können. Versuchen Sie, auf den drei mittleren
Fingern zu gehen, sobald Sie mehr Übung haben.

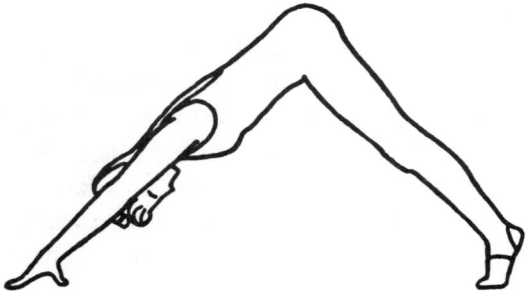

Abb. 39: Zehnte Übung

Elfte Übung:

Stellen Sie sich aufrecht hin. Legen Sie die verschränkten Finger an den Hinterkopf und beugen Sie sich aus den Hüftgelenken vor. Schließen Sie dabei die Augen. Dann richten Sie sich wieder in die Ausgangsstellung auf.

Abb. 40: Elfte Übung

Zwölfte Übung:
Halten Sie die verschränkten Hände an den Hinterkopf, und neigen Sie den Oberkörper vor, indem Sie das eine Bein zurückstoßen und das andere im Knie beugen. Dann stemmen Sie sich gegen das gebeugte Knie, um den Oberkörper aufzurichten. Neigen Sie sich erneut vor, schieben Sie das andere Bein zurück. Richten Sie sich wieder auf und kehren Sie anschließend in die erste Positur zurück. Sie beenden die Übungsfolge, indem Sie die Hände in Herzhöhe auf die Brust legen.

Abb. 41: Zwölfte Übung

Hirsch-Übung für den Mann
Die fünf Tier-Übungen, die acht Brokatübungen, die zwölf Übungen nach der Organuhr und die zwölf Übungen für die Nerven stellen eine allgemeine Heilgymnastik dar. Zusätzlich bietet das Tao der Revitalisierung an die tausend weitere Übungen, die einzelnen Teilen oder Regionen des Körpers Energie zuführen, sie kräftigen und spezielle gesundheitliche Störungen gezielt beeinflussen. In den folgenden Abschnitten werden die wichtigsten dieser Übungen ausführlich erläutert.

Vor Tausenden von Jahren wählten taoistische Gelehrte drei Tiere, die sich durch besondere Langlebigkeit auszeichneten: der Hirsch, der Kranich und die Schildkröte. Unter diesen hob sich der Hirsch außerdem wegen seiner sexuellen Potenz und Zeugungsfähigkeit besonders hervor. Die Gelehrten beobachteten minuziös die Verhaltensweisen, die dem Hirsch seine bemerkenswerten Fähigkeiten zu verleihen schienen. Sie sahen, daß der Hirsch, wenn er mit dem Schwanz wackelte, seinen Anus stimulierte. Nachdem die Gelehrten das Resultat dieser Aktivität untersucht hatten, übernahmen sie das Prinzip und modifizierten es für den Menschen. So entstand die Hirsch-Übung.

Mit der Hirsch-Übung werden sechs wesentliche Wirkungen erzielt. Als erstes wird das Gewebe der Fortpflanzungsorgane gekräftigt. Zweitens wird Energie aus den sechs unteren Drüsen des Körpers in die Zirbeldrüse gelenkt, um die Spiritualität zu erhöhen. (Es gibt einen hormonellen Verbindungsweg, der, von der Prostata ausgehend, über die Nebennieren und die anderen Drüsen führt.) Gleichzeitig wird die Durchblutung im Unterleib gesteigert. Dieser Zustrom von Blut bewirkt, daß vermehrt Nährstoffe und »Samen-*Qi*« (Lebenskraft des Samens) in den übrigen Organismus gelangen.

Während die Energie zur Zirbeldrüse befördert wird, spürt man, wie ein Schaudern oder Kribbeln durch die Wirbelsäule zum Kopf emporsteigt. Diese Empfindung wird wie eine Art Orgasmus wahrgenommen. Wenn Sie nur im Bereich der Zirbeldrüse etwas spüren, nicht aber das Kribbeln in der Mitte des Rückens, darf Sie das nicht beunruhigen. Mit zunehmender Übung wird auch Ihre Sensitivität zunehmen. Sollten Sie nach einiger Zeit immer noch nicht spüren, wie die Energie in Ihnen fließt, dann müssen zunächst bestimmte Störungen beseitigt werden.

Als dritten Gewinn bringt die Hirsch-Übung Selbstbestimmtheit. Falls eine Drüse im Verband der sieben Drüsen unzulänglich funktioniert, wird in ihr der Strom der Energie aufwärts blockiert. Dies weist auf eine Schwäche hin, und deswegen sollte man sich dann besonders auf die betroffene Region konzentrieren. Wenn

beispielsweise die Thymusdrüse schlecht funktioniert, bleibt die
Energie dort so lange stecken, bis das Organ wieder gesund ist. Sobald der Thymus wieder normal funktioniert, kann die Energie ungehindert aufwärts zur Zirbeldrüse strömen. Fließt die Energie
während der Hirsch-Übung ohne Unterbrechung in den Kopf hin-
auf, dann besagt dies, daß alle sieben Drüsen tadellos funktionieren und die Energie nirgendwo im Körper blockiert wird. Wenn Sie
hingegen während der Hirsch-Übung gar nichts spüren, besteht
eine Blockierung des Energiestroms. Jeder vermag den Strom der
Energie wahrzunehmen, sofern keine Funktionsstörungen vorhanden sind.

Viertens fördert die Hirsch-Übung die sexuelle Leistungsfähigkeit und befähigt den Mann zu größerer Ausdauer beim Geschlechtsverkehr. Beim *herkömmlichen* Geschlechtsverkehr schwillt
die Prostata mit ihrem Sekret vor der Ejakulation auf maximale
Größe an. Mit einer Reihe von Kontraktionen entleert die Prostata
während der Ejakulation ihr Sekret. Damit ist die sexuelle Vereinigung beendet. Wenn nichts mehr vorhanden ist, was ejakuliert werden, Kontraktionen induzieren und eine Erektion aufrechterhalten
kann (während der Ejakulation geht Energie verloren), dann ist der
Mann vorläufig außer Gefecht. Praktiziert er aber die Hirsch-
Übung, um Samen in kleinen Portionen aus der Prostata in die andere Richtung, nämlich in die anderen Drüsen und in die Blutgefäße, zu pumpen, dann kann er viel länger Liebe machen.

Unter normalen Umständen und ohne die Hirsch-Übung zu
praktizieren, ist es schädlich, den Orgasmus zu unterbrechen oder
die Vereinigung mit gewöhnlichen Mitteln zu verlängern. Unter
normalen Bedingungen bleibt die Prostata, ohne daß die Pump-
wirkung der Ejakulation sie entlastet, so lange vergrößert, bis der
Samen durch den Blutstrom abtransportiert ist. Man kann die Prostata jedoch mit einem Gummiband vergleichen: Sie muß nämlich
die Möglichkeit haben, auf ihre ursprüngliche Größe abzuschwel-
len, sonst führt die ständige Dehnung zu einem Elastizitätsverlust.
Wenn die Prostata ihre Elastizität einbüßt, erleidet sie einen Funk-
tionsverlust und wird geschädigt. Die Hirsch-Übung verlängert den

Orgasmus und die sexuelle Vereinigung, sie schützt aber auch die Prostata, indem sie diese entleert.

Fünftens, und das muß eigentlich gar nicht noch erwähnt werden, baut die Übung sexuelle Energie auf, indem sie die Sekretion der endokrinen Drüsen, speziell der Geschlechtsdrüsen, fördert und harmonisiert.

Wer diese Zunahme der sexuellen Energie am eigenen Leib erfährt, neigt häufig dazu, verstärkt sexuell aktiv zu werden. Der Taoismus gestattet dies durchaus, betrachtet allerdings Promiskuität als eine Verletzung der natürlichen Gesetze des Heilens. Alles, was im Exzeß betrieben wird, führt zu Schwäche und Energieverlusten. Wer andererseits ein normales, aktives Sexualleben hat und nichts unternimmt, um die während der sexuellen Aktivitäten verlorene Energie wiederaufzubauen, gleicht einer Kerze, die von beiden Enden abbrennt. Eines der Geheimnisse anhaltender jugendlicher Frische besteht darin, sich durch starke Sexualorgane Energiereserven zu erhalten. Und die Hirsch-Übung hat unter anderen diese Wirkung. (Es gibt spezielle Abhandlungen über den rechten Umgang mit der gesteigerten sexuellen Energie.)

Sechstens kräftigt die Hirsch-Übung die Muskulatur von Anus und Rektum. Je älter und schwächer man wird, desto schlaffer und lockerer werden die Schließmuskeln. Deswegen können viele ältere Menschen und Patienten, bei denen die Innervation des Analbereichs infolge einer Lähmung, zum Beispiel nach einem Schlaganfall, gestört ist, ihren Stuhlgang nicht bewußt kontrollieren. Verkümmerte, erschlaffte Schließmuskeln aber beschleunigen das Auftreten von Erkrankungen wie Hämorrhoiden und Prostatakrebs. Ein Geheimnis, sich bis ins hohe Alter die Jugend zu bewahren, besteht deshalb darin, diese Muskeln zu trainieren und kräftig zu erhalten.

Von vorne betrachtet, liegt die Prostata des Mannes unterhalb der Harnblase und vor den Schließmuskeln. Wenn die Schließmuskeln kontrahiert werden, trainiert und kräftigt dies die Prostata. Dadurch werden viele Prostataleiden verhütet oder sogar gebessert, zum Beispiel eine Erweiterung durch Überbeanspruchung oder

Funktionsstörungen infolge Schwäche oder Krebs. Das Schließmuskeltraining ist ein Segen für Männer über vierzig, die zu Prostataleiden neigen.

Die Hirsch-Übung ist ebenso eine körperliche wie auch eine geistige und spirituelle Übung. Indem sie die Energiereserven im Körper aufbaut, verbessert sie die sexuelle Leistungsfähigkeit. Sie steigert und verbessert außerdem die Fruchtbarkeit. Mit der Zeit werden auch die geistigen Prozesse intensiviert, und schließlich wachsen dann oft die psychischen Kräfte, und ein zunehmendes Gefühl innerer Ruhe tritt ein. Diese wiederum ist eine unabdingbare Voraussetzung, damit sich die spirituellen Zentren entfalten können.

Anleitung zur Hirsch-Übung für den Mann
Diese Übung kann im Stehen, im Sitzen oder auch im Liegen gemacht werden. Üben Sie morgens nach dem Aufwachen und abends vor dem Schlafengehen.

Erster Teil
(Dieser Teil der Übung soll die Samenbildung anregen.)
1. Reiben Sie Ihre Handflächen kräftig gegeneinander. Davon bekommen Sie warme Hände, weil die Energie Ihres Körpers in die Hände und die Handflächen gelenkt wird.
2. Umfassen Sie mit der rechten Hand die Hoden, so daß die Handfläche sie vollständig bedeckt. (Am besten üben Sie nackt.) Quetschen Sie die Hoden nicht. Sie sollen nur einen sehr sanften Druck und die Wärme Ihrer Hand spüren.
3. Legen Sie die linke Handfläche über die Schambeinregion, etwa zwei Zentimenter unterhalb des Nabels.
4. Bewegen Sie die linke Hand mit sanftem Druck kreisend 81mal im Uhrzeigersinn oder umgekehrt, so daß die Schambeinregion sich allmählich erwärmt.
5. Reiben Sie die Hände erneut kräftig gegeneinander.
6. Nun wechseln Sie die Hände, so daß die linke die Hoden umfaßt und die rechte auf der Schambeinregion liegt. Reiben Sie nun 81mal kreisförmig in entgegengesetzter Richtung. Üben Sie

ganz konzentriert und fühlen Sie die zunehmende Wärme. Es ist ganz wesentlich, ja notwendig, daß Sie sich bei allen taoistischen Übungen voll auf das Ziel der körperlichen Bewegungen konzentrieren, denn das erhöht den Erfolg. Die Konzentration

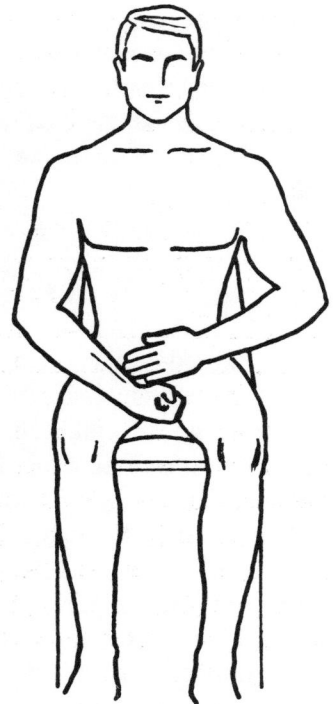

Abb. 42: Hirsch-Übung für den Mann

vereint Körper und Geist und bringt Sie Ihrem Ziel näher. Versuchen Sie niemals, die natürlichen Prozesse zu forcieren, indem Sie sich vorstellen, daß in Ihrer Schambeinregion ein Feuer brennt. Bei dieser Übung ist die Imagination nicht angebracht.

Zweiter Teil

1. Spannen Sie den Schließmuskel an und ziehen Sie ihn nach innen hoch. Wenn Sie es richtig machen, haben Sie ein Gefühl, als würden Sie Luft in den Enddarm hineinsaugen oder als würde der gesamte Afterbereich nach innen und oben gezogen. Spannen Sie die Muskeln so fest und so lange an, wie es Ihnen ohne Mühe möglich ist.
2. Locker lassen und kurz entspannen.
3. Schließmuskelkontraktionen so oft wiederholen, wie Sie es ohne ein Gefühl des Unbehagens tun können. Anfangs werden Sie vielleicht feststellen, daß Sie den Afterschließmuskel nur wenige Sekunden anspannen können. Lassen Sie sich dann nicht entmutigen und üben Sie weiter. Nach ein paar Wochen werden Sie die Muskelkontraktion völlig mühelos eine ganze Weile halten können.

ANMERKUNG A:

Konzentrieren Sie sich während des zweiten Teils der Übungsphase darauf zu spüren, wie über die Verbindungskanäle zwischen den sieben Drüsen ein kribbelndes Gefühl (ähnlich einem leichten elektrischen Schlag) in Ihnen emporsteigt. Die Empfindung dauert nur Bruchteile von Sekunden und ergibt sich ganz natürlich. Versuchen Sie nicht, die Reaktion durch bildliche Vorstellungen zu erzwingen.

In manchen Anleitungen wird empfohlen, die Gedanken zu Hilfe zu nehmen, um den Energiestrom zu verstärken oder zu lenken. Die Befürworter solcher Techniken haben das Wesen der Energie mißverstanden.

Es gibt sechs Arten von Energie: mechanische Energie, Wärmeenergie, akustische Energie, Strahlungsenergie, Atomenergie und elektrische Energie. Wir senden elektrische Energie aus. Diese elektrische Energie ist aber etwas ganz anderes als die Elektrizität etwa in einem Haushalt. Der normale Haushaltsstrom fließt mit einer Frequenz von 50 Hertz, beim Menschen hingegen beträgt die Frequenz 49 000 000 Hertz. Die letztere Zahl entspricht etwa der

halben Lichtgeschwindigkeit (150 000 Kilometer pro Sekunde).
Wenn also ein Mensch sich nur anschickt zu denken, zu atmen
oder auch zu visualisieren, um die Energie schneller ans Ziel zu
lenken, dann hat die elektrische Energie bereits ihr Ziel erreicht.
Unser Denken, unser Atmen ist viel zu langsam, um den Strom der
elektrischen Energie zu lenken. Was auf der Ebene des Unterbe-
wußten geschieht, soll nicht der Kontrolle des Bewußtseins unter-
geordnet werden. Wenn das Bewußtsein störend in die Vorgänge
eingreift, zu deren Regulierung es nicht bestimmt ist – also etwa
elektrische Energie durch Visualisierung, Denken und dergleichen
zu fördern oder zu lenken –, kann dies schwere geistige und körperliche Schäden verursachen. Der bewußte Eingriff in den natürlichen Energiefluß kann zu Schizophrenie, Hirnschäden und anderen Krankheiten führen. Derartige Katastrophen bezeichnen die
Taoisten als »Zerfall durch böses *Qi*«. Ich selbst habe im Osten wie
im Westen viele solche Fälle beobachtet.

Die Hirsch-Übung ist völlig unschädlich, vorausgesetzt, sie wird
nicht durch fremde Methoden ergänzt. Oft werden aus Effektha-
scherei verschiedene, miteinander unvereinbare Techniken zu spek-
takulären Verfahren kombiniert, die freilich nicht selten katastrophale Ergebnisse zeitigen. LAOTSE sagte: »Mein Weg ist einfach
und leicht.« Und die wahren taoistischen Methoden *sind* einfach
und leicht.

ANMERKUNG B:
Um zu prüfen, ob die Hirsch-Übung die Prostata beeinflußt oder
nicht, tun Sie folgendes: Versuchen Sie, während Sie Wasser lassen,
den Harnstrahl vollständig durch Kontraktionen des Schließmuskels zu unterbrechen. Wenn Ihnen dies gelingt, ist die Übung wirksam.

ANMERKUNG C:
Falls Sie während dieser Übung eine Erektion bekommen, legen
Sie den Daumen der Hand, welche die Hoden umfaßt, an die Pe-
niswurzel nahe am Schambein, drücken Sie kräftig, während Sie
mit der anderen Hand die Schambeinregion massieren. Diese

Maßnahme hemmt die Blutzufuhr zum Penis und bewirkt einen maximalen Aufbau von Energie in den Geschlechtsdrüsen. (Das Tao der körperlichen Liebe lehrt, wie man den Orgasmus ohne Ejakulation herbeiführt, um den Verlust an Energie während der Masturbation und des Geschlechtsverkehrs zu beherrschen. Die Lehren betonen, daß man nach dieser Übung oder bei anderen Gelegenheiten nicht ejakulieren soll, es sei denn, um Nachwuchs zu zeugen, da sonst die Energie, die sich durch die Übung aufgebaut hat, zerstreut wird. Der Taoismus betont, daß diese Energie dazu dienen soll, die Spiritualität zu steigern, so daß die Menschen körperliche, geistige und spirituelle Bestrebungen gleichzeitig realisieren können.)

ANMERKUNG D:
Konzentrieren Sie sich immer intensiv, während Sie üben.

In Verbindung mit der Übung ist natürlich auch eine entsprechende Körperpflege erforderlich. Wir müssen uns täglich die Zeit nehmen, unseren ganzen Körper einschließlich all seiner Öffnungen zu waschen. Wir werden dressiert, uns gründlich das Gesicht zu waschen und die Zähne zu putzen. Bei der Hygiene des Analbereichs jedoch sind viele Menschen oft sehr nachlässig, da dieser Körperteil mit gesellschaftlichen Tabus behaftet ist. Machen Sie sich bitte die Mühe, den After und die Genitalien sorgfältig zu reinigen, damit sich dort weder Keime noch Stuhlreste ansammeln können, die zu Infektionen, zu Krebs, Hämorrhoiden oder anderen Erkrankungen in diesem Bereich führen können. In diesem Zusammenhang weise ich auch auf die Übung »Die Sonne begrüßen« hin.

Während die Kontraktionen des Schließmuskels die Prostata sanft massieren, wird Druck auf die Drüse ausgeübt. (Man kann sich den After als kleinen Motor vorstellen, der die Prostata aktiviert.) Derart stimuliert, beginnt die Prostata, Hormone wie etwa die auf natürliche Weise euphorisierenden Endorphine zu sezernieren. Indem Sie während der Hirsch-Übung abwechselnd den Schließmuskel anspannen und locker lassen, wird eine natürliche

Hochstimmung erzeugt, ohne daß Sie zehn Kilometer joggen und hernach an den Folgen leiden müssen.

Unter anderem heilt und verhütet diese Übung Hämorrhoiden, behebt aber auch Prostataleiden wie funktionelle Schwäche, Vergrößerung und Krebs. Sie kräftigt die Nervenendigungen im Bereich des Schambeins und des Penis und kann auch angewandt werden, um Impotenz oder vorzeitige Ejakulation zu bessern. Das Schließmuskeltraining trägt auch dazu bei, die Eichel zu vergrößern, was dem Mann beim Geschlechtsverkehr lustvollere Empfindungen vermittelt.

Wenn Sie die später beschriebenen taoistischen Meditations- und Atemübungen meistern wollen, ist es unerläßlich, daß Sie zuvor lernen, die Analmuskeln zu beherrschen. Man könnte diese Muskeln mit einer Tür oder einem Schloß vergleichen. Im geschlossenen Zustand sperren sie den Oberkörper aus und bewirken, daß sich Energie in der Bahn des Abdomens aufbaut und ansammelt. Ohne diesen Aufbau von Energie könnten die Geschlechtsdrüsen und folglich auch die anderen Drüsen nicht richtig stimuliert werden. Wenn man den Organismus hinreichend kräftigen will, um schließlich die spirituellen Zentren des Körpers mit Energie zu erfüllen, kommt es also ganz entscheidend darauf an, daß man diese Tür meisterhaft zu gebrauchen lernt.

Hirsch-Übung für die Frau
Auch die Frau kann auf vielfältige und bemerkenswerte Weise von der Hirsch-Übung profitieren.

Der Taoismus bietet der Frau die Möglichkeit, Zyklusbeschwerden, ja sogar Schmerzen während der Periode zu beseitigen. Zu diesen Problemen zählen Stimmungsschwankungen, Flüssigkeitsretention, hormonelle Blockierungen, Krämpfe und zu starke oder zu schwache Regelblutungen. (Eine spärliche Blutung weist auf eine Blockierung und Vergiftung des Körpers hin. Wenn die Periode – ohne daß die Hirsch-Übung praktiziert wurde – plötzlich ausbleibt, ist das vielfach ein Krankheitszeichen.)

Die Übung stärkt die Muskeln des Enddarms und verhütet und/

oder heilt Hämorrhoiden. Sie bessert und verhütet Erkrankungen
der Scheide wie Infektionen, Ausfluß, Leukorrhöe und Kolpitis.
Sie steigert die Durchblutung der Geschlechtsorgane und führt der
Beckenregion Energie zu.

Besonders günstig wirkt sich die Hirsch-Übung auf die Scheide
aus. Sie wird straffer, muskulöser und elastischer. Daher profitieren
gerade Frauen, die geboren haben, von dieser Übung, da sie ihrem
Partner beim Geschlechtsverkehr größere Lust bereiten. (Durch
eine Entbindung kann die Scheide schlaff und weiter werden, so
daß der Mann ein Gefühl des »verlorenen Penis« bekommt.)
Durch die Übung kann eine Frau erreichen, daß die Scheide wieder straff wird und neue Energie aufbaut.

Außerdem stimuliert die Hirsch-Übung die natürliche Östrogen-
bildung. Die Übung regt die Produktion des weiblichen Hormons
Östrogen an und bewirkt, daß es sich über die Scheide, die Gebärmutter, die Brüste und die Eierstöcke verteilt. Eine leichte Zunahme des Östrogenspiegels kann Wechseljahresbeschwerden
deutlich lindern und die Frau verjüngen. Seit Tausenden von Jahren haben Frauen die Hirsch-Übung angewandt, um sich ihr ju-
gendliches Aussehen zu bewahren. Aus historischen Aufzeichnun-
gen ist bekannt, daß Frauen, die wegen ihrer Schönheit gerühmt
wurden, konsequent diese Übung praktizierten. Ein weiterer Vorzug ist, daß der Anstieg des Östrogens auf natürliche Weise erreicht wird und daß der Körper ein Gleichgewicht zwischen dem
erhöhten Östrogenspiegel und anderen Substanzen einstellt.

Die natürliche Bildungsweise des Östrogens ist ein gewichtiger
Punkt. Der Körper weiß jederzeit, wieviel Östrogen er gerade benötigt. Ein Arzt, der pharmazeutisch hergestelltes Östrogen verab-
reicht, das nicht mit den normalerweise im Körper vorhandenen
anderen Substanzen im Gleichgewicht ist, kann den jeweils erforderlichen exakten Blutspiegel des Hormons bei einer Frau überhaupt nicht kennen. Der Hormonspiegel unterliegt dauernden
Schwankungen, die unmöglich nachzuahmen sind. Das groß-
technisch hergestellte Östrogen kann darüber hinaus auch Probleme durch Über- oder Unterdosierung verursachen. Der Körper

weiß am besten, wieviel Östrogen jeweils freigesetzt werden soll, weil seine empfindlichen Rezeptoren ununterbrochen in Betrieb sind. Die Hirsch-Übung bietet außerdem für junge, fruchtbare Frauen die Möglichkeit, auf sichere Weise ihre Regelblutung auszuschalten. Wenn eine Frau eine Zeitlang regelmäßig beide Teile der Übung praktiziert, bleibt ihre Periode aus, und sie profitiert von zahllosen weiteren Annehmlichkeiten.

Die Gebärmutterschleimhaut verdickt sich normalerweise allmonatlich und bereitet sich so darauf vor, ein befruchtetes Ei aufzunehmen. Wenn ein Ei durch ein Samenfädchen befruchtet wurde, nistet es sich in die verdickte Gebärmutterschleimhaut ein und wächst in diese nährstoffreiche Schicht ein. Das Ei nimmt Nährstoffe aus dem Blut auf und wächst dadurch kontinuierlich, bis sich ein ausgewachsenes Baby entwickelt hat. Findet keine Befruchtung statt, nistet sich auch kein Ei ein, und die Gebärmutterschleimhaut wird ausgestoßen, weil sie nicht mehr benötigt wird. Bei der monatlichen Blutung oder Menstruation verliert die Frau einiges an Blut und Nährstoffen. Diesen monatlichen Blutverlust unterbindet die Hirsch-Übung. Manchen Frauen widerstrebt es, die Menstruation zu verhindern, weil sie es »unnatürlich« finden. Es besteht jedoch kein Grund, sich deswegen zu beunruhigen. Das Ausbleiben der monatlichen Blutung ist in Wirklichkeit nichts Ungewöhnliches. Die Periode hört ja auch in der Menopause, bei Schwangerschaft und beim Stillen sofort auf.

Wenn eine Frau schwanger ist, absorbiert ihr Körper instinktiv das herangeführte Blut und lenkt es insgesamt zu dem sich entwikkelnden Ei. Das Blut und die Energie, die normalerweise während der Periode verlorengehen, werden jetzt von den Geschlechtsdrüsen vor allem dafür genutzt, das Wachstum des Fötus zu fördern. Wenn die Mutter nach der Entbindung ihr Baby stillt, tritt die Monatsblutung nicht gleich wieder auf, da das Blut nach taoistischer Auffassung zu den Brüsten gelenkt und in Muttermilch überführt wird.

Indem die Frau durch die Hirsch-Übung ihre Menstruation unterdrückt – die Taoisten bezeichnen dieses Phänomen als »Zurückdrängen des Blutes« –, setzt sie die innere Intelligenz oder den Instinkt ihres Körpers frei, um das Blut so umzulenken, daß es die Geschlechtsdrüsen nährt und kräftigt. Dadurch wird dem ganzen Organismus neue Energie zugeführt.

WARNUNG: Wenn der Menstruationszyklus einer Frau aussetzt, ist es nicht wahrscheinlich, daß sie während dieser Zeit schwanger wird. Doch ist geschichtlich belegt, daß der weibliche Zyklus wieder einsetzt, wenn die Frau die Hirsch-Übung nicht mehr macht, und daß eine anschließende Schwangerschaft dann viel unkomplizierter verläuft. Bei den betreffenden Frauen war das Aussetzen der Menstruation nicht von Dauer. Während einer Schwangerschaft sollte auf die Hirsch-Übung verzichtet werden. Die durch die Übung erzeugte Energie könnte mit der begleitenden erhöhten Stimulation der Geschlechtsdrüsen vorzeitige Wehen auslösen.

Anleitung zur Hirsch-Übung für die Frau
Während Sie die beiden Teile dieser Übung praktizieren, sollten Sie spüren, wie das Feuer (= Energie) in Ihren Geschlechtsdrüsen erzeugt wird, und wie es die Wirbelsäule entlang in die Brüste und den Kopf emporsteigt. (Nehmen Sie niemals die Visualisierung zu Hilfe, um die Energie aufsteigen zu lassen. Die Begründung hierfür finden Sie in der Anleitung für die Hirsch-Übung beim Mann.) Geist und Körper zu vereinen ist eine Voraussetzung für das harmonische und kraftvolle Funktionieren der Vitalenergie. Es ist göttliche Bestimmung, die Energie der Zirbeldrüse zuzuführen.

Machen Sie diese Übung morgens nach dem Aufwachen und abends vor dem Schlafengehen. Falls Sie nicht soviel Zeit aufbringen können, genügt auch täglich einmaliges Üben.

Erster Teil
1. Setzen Sie sich so, daß die Ferse des einen Fußes an den Eingang zur Scheide zu liegen kommt. Die Ferse soll einen gleichmäßigen, relativ festen Druck auf die Klitoris ausüben. Falls Sie Ihren Fuß nicht in diese Position bringen können, legen Sie

einen recht harten, runden Gegenstand, etwa einen Tennisball, gegen den Scheideneingang. (Die Stimulation der Genitalregion mit der anschließenden Freisetzung von Energie löst ein Lustgefühl aus.)

2. Reiben Sie kräftig die Hände gegeneinander. Dies erzeugt Wärme in den Händen, weil Körperenergie in die Handflächen und in die Finger strömt.

3. Legen Sie die Hände so auf die Brüste, daß Sie spüren, wie die Wärme aus den Händen in die Haut darunter strahlt.

4. Massieren Sie die Brüste langsam mit nach außen kreisenden Bewegungen. Die rechte Hand rotiert gegen, die linke mit dem Uhrzeigersinn.

Abb. 43: Hirsch-Übung für die Frau

5. Massieren Sie *bis zu zweimal* am Tag mindestens 36mal oder maximal 360mal mit kreisenden Bewegungen Ihre Brüste. (Wenn es einer Frau gelungen ist, ihre Periode zu unterdrücken, ist es übrigens nicht nötig, daß sie 360 Reibbewegungen ausführt. Um die Unterdrückung der monatlichen Blutung aufrechtzuerhalten, genügen weniger als hundert kreisende Bewegungen bis zu zweimal täglich. Eine Frau kann selbst am besten beurteilen, wann ihre Menstruation aussetzen oder wiederkehren soll. Die Periode tritt wieder auf, wenn man aufhört, die Übung zu praktizieren.)

ANMERKUNG A:
Die nach außen kreisende Bewegung der Hände wirkt im Sinn einer Sedierung und wird als *Dispersion* bezeichnet. Sie beugt Knotenbildung in den Brüsten und Brustkrebs vor und wirkt heilend. Die Hände können die Brüste auch nach innen kreisend massieren. Die rechte Hand kreist dann im Uhrzeigersinn und die linke in entgegengesetzter Richtung. Dies nennt man *Stimulation,* und sie bewirkt, daß die Brüste größer werden.

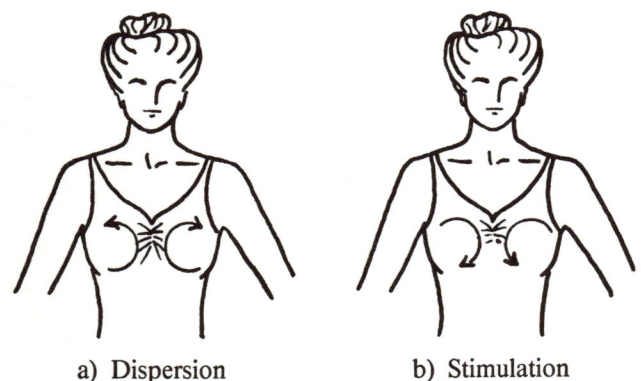

a) Dispersion   b) Stimulation

Abb. 44a und 44b: Dispersion und Stimulation

Zweiter Teil

Diesen Teil der Übung können Sie im Sitzen oder im Liegen machen.

1. Spannen Sie die Muskeln der Scheide und des Afters an, als wollten Sie beide Öffnungen verschließen. Versuchen Sie dann, das Rektum in den Leib hochzuziehen, indem Sie die Afterschließmuskeln noch stärker kontrahieren. Wenn Sie es richtig machen, fühlt es sich an, als würden Sie Luft in den Darm und die Scheide hineinsaugen. Halten Sie diese Muskeln so lange angespannt, wie Sie es ohne Anstrengung können.
2. Lockern Sie die Muskeln und kontrahieren Sie dann erneut die Muskulatur von Enddarm und Scheide. Üben Sie beliebig oft. Vielleicht fallen Ihnen die ersten Kontraktionen dieser Muskeln noch schwer. Doch schließlich wird es Ihnen gelingen, nicht nur die Anzahl, sondern auch die Dauer der Kontraktionen zu steigern.

ANMERKUNG A:
Um die Stärke der Kontraktionen zu beurteilen, können Sie während der Übung einen Finger in die Scheide einführen.

ANMERKUNG B:
Die kleinen Schamlippen sind berührungsempfindlich und müssen während der Hirsch-Übung massiert und stimuliert werden. Dies erreichen Sie, indem Sie eine Ferse oder einen Tennisball dagegendrücken. Auch Fingerdruck ist geeignet.

ANMERKUNG C:
Wenn eine Frau es ermüdend findet, beide Hände gleichzeitig für das Massieren der Brüste zu benutzen, kann sie die Übung auch mit nur einer Hand auf der Brust der Gegenseite machen und die andere Hand ruhen lassen. Oder sie kann die freie Hand anstelle der Ferse benutzen, um den Scheideneingang zu stimulieren. Eine weitere Möglichkeit besteht darin, daß bei Paaren der Mann die Brüste der Frau massiert, während die Frau mit der Hand ihren

Scheideneingang reibt oder Druck darauf ausübt. Wie Sie sehen, ist diese Übung sehr flexibel und kann individuellen Bedürfnissen angepaßt werden.

ANMERKUNG D:
Vermeiden Sie, während der Hirsch-Übung Ihre Brustwarzen zu berühren. Die weiblichen Brustwarzen sind hochempfindlich und können leicht überstimuliert werden. Wenn Sie die Übung richtig machen, werden Sie eine gesteigerte Empfindlichkeit Ihrer Brustwarzen feststellen.

ANMERKUNG E:
Konzentrieren Sie sich immer vollständig, während Sie üben.

Die im vorigen Kapitel beschriebenen Empfehlungen für die Hygiene des Mannes gelten selbstverständlich auch für Frauen. Anal- und Genitalbereich müssen peinlich sauber und von Keimen und Stuhlresten frei gehalten werden. In diesem Zusammenhang weise ich auf die Übung »Die Sonne begrüßen« und andere taoistische Übungen hin, die dem Anal- und Genitalbereich neue Energie zuführen.

Wenn Sie die Übung richtig machen, spüren Sie, wie ein angenehmes Gefühl vom After über die Wirbelsäule bis zum Scheitel emporzieht. Dies beruht darauf, daß sexuelle Energie aufgebaut und über das Drüsensystem zur Zirbeldrüse und bis auf die Kopfhaut transportiert wird. Diese Empfindung weist darauf hin, daß die Übung ihre spezifische Wirkung entfaltet, den ganzen Körper zu verjüngen und ihm ewige Jugend zu erhalten.

Es ist unabdingbar, daß man die Schließmuskeln kontrollieren lernt, wenn man später die meditativen und inneren Atemübungen beherrschen will. Diese Muskeln sind, wie beim Mann, einer Tür oder einem Schloß vergleichbar. Werden sie kontrahiert, dann sperren sie den Oberkörper aus und ermöglichen, daß die Energie in der Energiebahn des Abdomens aufgebaut und gesammelt wird. Ohne diesen Aufbau von Energie können die Geschlechtsdrüsen und somit auch die anderen Drüsen des Körpers nicht richtig sti-

muliert werden. Man muß also dieses Schloß unbedingt beherrschen lernen, will man das ganze System hinreichend kräftigen, um
den höheren spirituellen Zentren im Körper allmählich frische
Energie zuzuführen.

Hirsch-Übung im Liegen
Wer nicht imstande ist, die Hirsch-Übung im Sitzen zu machen,
kann auch im Liegen üben.
1. Legen Sie sich zunächst auf die linke Seite. (Da die Übung
   nicht lange dauert, kann man wahlweise auf der rechten oder,
   ohne das Herz zu belasten, auf der linken Seite liegen.)
2. Das linke Bein ist gestreckt, während das in Knie und Hüftgelenk gebeugte rechte Bein darüberliegt. Diese Haltung öffnet
   das Becken, so daß Anus und Rektum sich leicht kontrahieren
   lassen.
3. Der linke Arm liegt am Boden, die Hand parallel zum linken
   Oberschenkel, der rechte Arm liegt angewinkelt mit der Handfläche nach unten vor dem Körper. Legen Sie sich ein Kissen
   unter den Nacken, damit die Halsmuskeln nicht überanstrengt
   werden.

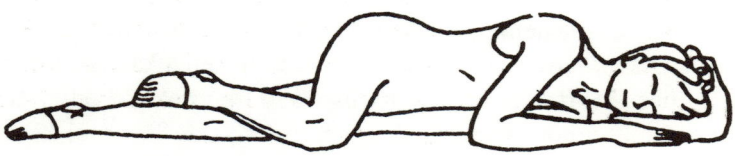

Abb. 45: Halbseitenlage für die Hirsch-Übung

4. Machen Sie die für die Übung beschriebenen Bewegungen.
   (Falls es zu unbequem ist, kann man darauf verzichten, mit der
   Hand die Schamregion zu reiben. Die günstige Wirkung der
   Übung beruht vor allem auf der Anspannung der Analmus-
   keln.)

5. Ergänzen Sie diese Übung durch die Atemtechnik, die bei der Kranich-Übung gelehrt wird. Machen Sie zwölf Atemzüge, während Sie gleichzeitig die Analmuskeln rhythmisch kontrahieren.

ANMERKUNG:
Vielleicht möchten Sie diese Übung in der Sonne liegend machen, so daß der Anus und der ganze Körper im gesunden, kräftigenden Licht der Sonne baden. Bitte lesen Sie dazu über die Übung »Die Sonne begrüßen« (Seite 177) nach, bei der die energiespendenden, keimtötenden Eigenschaften der Sonne genutzt werden.

Der Kranich
In China gibt es eine besondere Kranichart. Die männlichen und weiblichen Tiere zeichnen sich durch einen giftigen Kamm aus. Die Gifte, die ein Kranich im Laufe seines Daseins frißt, werden in seinem Kamm gespeichert, so daß dieser gefährlich giftig wird. In den frühen Dynastien nutzten die Krieger der hohen Ränge diese Eigenschaft, um dem Herrscher ihre Loyalität zu bezeugen. Jene Krieger, die für würdig befunden wurden, Kranichkämme um den Hals oder am Arm zu tragen, genossen so hohes Ansehen, daß ihnen, wenn sie eine Untat begangen hatten, die Strafe nicht vom Gericht zugemessen wurde. Vielmehr begingen diese Männer, wenn sie sich eines Verbrechens schuldig gemacht hatten, Selbstmord, indem sie den Kranichkamm leckten. Das in dem Kamm gespeicherte Gift war so stark, daß es einen kräftigen Mann in wenigen Minuten zu töten vermochte. Und doch hatten all diese Gifte den Organismus des Kranichs passiert, ohne ihm zu schaden. Wohl aus diesem Grund auch wurde der Kranich mit dem roten Kamm zu einem Symbol der Langlebigkeit.

Der Kranich

Angesichts der gefährlichen, überwiegend aus giftigen Amphibien und Insekten bestehenden Nahrung des Kranichs ist dies doch recht verblüffend. Indessen haben verschiedene Untersuchungen die Ursachen der Langlebigkeit des Kranichs zu klären vermocht. Zunächst wurde vermutet, daß die Verdauungsorgane des Kranichs stark genug seien, um tödliche Giftmengen zu verkraften und dann zu speichern, ohne daß andere Organsysteme angegriffen würden. Es stellte sich aber heraus, daß sich der Verdauungsapparat der Kraniche von dem anderer Vögel, die kein Gift vertragen, nicht wesentlich unterscheidet. Die alten Taoisten, die sehr gute Beobachter waren, schlossen daraus, daß etwas anderes die Tiere gegen die Gifte schützen mußte. Als diese Gelehrten erkannten, daß die einzigartige Körperhaltung des Kranichs – er steht auf einem Bein und hält das andere in seinen Bauch gefaltet – dem Vogel seine besonderen Eigenschaften verleiht, wurde die Kranich-Übung entwickelt.

Im Stehen faltet der Kranich ein Bein gegen den Bauch und übt dadurch Druck auf die Bauchmuskeln und die inneren Organe aus, was die Verdauung, die Atmung und den Kreislauf anregt und kräftigt. Auch wenn diese Stellung für den Menschen abgewandelt wird, bleibt sie durchaus wirksam. Da die Eingeweide des Menschen unwillkürlich funktionieren und so lokalisiert sind, daß man sie mit äußeren Übungen nicht erreichen kann, wird das Verdauungssystem erheblich profitieren, wenn die Haltung des Kranichs nachgeahmt wird. Der Mensch imitiert den Kranich, indem er auf einem Bein zu stehen übt und lernt, sein Zwerchfell einzusetzen, um die Speicherorgane und die Hohlorgane zu massieren.

Schon immer litten die Menschen an vielen akuten und chronischen Krankheiten des Abdomens, wie etwa Verstopfung, Durchfall, Geschwüre, Divertikulitis, Karzinome des Magens und der anderen Verdauungsorgane. All diesen Leiden liegt die gleiche Störung zugrunde: eine Schwäche eines oder mehrerer Teile des Verdauungstraktes. Ist ein Gewebe oder ein Organ schwach, dann ist es krankheitsanfälliger, und je ausgeprägter die Schwäche, desto auffälliger sind die Symptome. Der Verdauungstrakt wird durch unwillkürlich funktionierende Muskeln gesteuert. Folglich müssen wir einen Weg finden, diese Muskeln und Organe unter unsere Kontrolle zu bringen. Um Magen und Darm zu kräftigen, müssen wir sie zwingen, sich zu bewegen und zu arbeiten. Wenn wir einatmen, dehnen sich normalerweise unsere Lungen zum knöchernen Brustkorb hin. Bei der Kranich-Übung werden die Lungen bauchwärts geschoben, und weil die Eingeweide nicht ausweichen können, werden sie wie ein kleiner Ball nach vorne gegen die Bauchmuskeln gepreßt. Diese Bewegung hilft gegen Verstopfung, fördert die Aufnahme von Nährstoffen, stärkt den gesamten Verdauungstrakt und stimuliert gleichzeitig die Funktion der Lungen und des Kreislaufs. Weil die Darmbewegungen so kräftig und regelmäßig erfolgen, finden dann eindringende schädliche Keime kein günstiges Milieu, in dem sie sich einnisten und vermehren könnten. Und dann wird man auch nicht so leicht krank. Die Kranich-Übung steigert ferner die Durchblutung der Bauchorgane und Bauchmuskeln. Dadurch kann sie auch die Anhäufung von Cholesterin und Fett vermindern. Wegen des Effekts auf die Lungen wirkt diese Übung auch günstig bei Asthma, und da die Lungen mit der Haut eine funktionelle Einheit bilden, ist die Übung heilsam bei Hautleiden wie Ausschlägen und Entzündungen.

Eine häufige Ursache körperlicher Schwächen und Erkrankungen ist die falsche Atmung. Wir nutzen beim Atmen meist nur die obere Hälfte der Lungen und nur selten den unteren Teil. (Bei Leichenöffnungen kann man mitunter sehen, daß Mittel- und Unterlappen der Lungen überhaupt nicht beatmet wurden. Sie sind dann entweder nicht entfaltet oder verkümmert). Die verbrauchte Luft, die in den unteren Teilen der Lungen verbleibt, und die damit verbundene feuchte Wärme schaffen das günstige Klima, das Keime brauchen, um zu gedeihen. Neben Sauerstoff, Stickstoff, Kohlenstoff und anderen Bestandteilen enthält die Atemluft außerdem *Qi* oder Energie. Die Atemluft ist nicht nur unentbehrlich wegen des Sauerstoffs, den wir für unseren Stoffwechsel brauchen, sondern sie versorgt uns mit Energie, mit der elektrischen Kraft, ohne die wir sehr bald geschwächt wären und sterben würden. Zu

den schlechten Atemgewohnheiten gehört auch das schnelle Atmen. Eine derartige Atmung ist brutal; sie schädigt die zarten
Membranen und beschleunigt die Herzfrequenz. Sie verhindert
auch, daß wir aus der eingeatmeten Luft die benötigten Nährstoffe
erhalten. Daraus können zahlreiche Probleme entstehen, wie
Krankheit, Kopfschmerzen, Verdauungsstörungen, Verwirrtheit,
Mangeldurchblutung oder vorzeitiges Altern. (Der Alterungsprozeß wird durch erhöhte Herzfrequenz beschleunigt. Mit Streß und
Spannung nimmt die Herzfrequenz zu. Später prägen sich die Zeichen des Alters im Gesicht aus, da Streß und innere Spannung die
Zellernährung nachhaltig hemmen.)

Deswegen müssen wir schlechte Atemgewohnheiten korrigieren.
Durch die langsame Zwerchfellatmung, wie sie die Kranich-Übung
lehrt, werden die Lungen maximal erweitert und die Energie aus
der Einatmungsluft vollständig absorbiert, wobei gleichzeitig die
Lungen trainiert und die inneren Organe sanft massiert werden.
Die Kranich-Übung bewirkt überdies, daß gleichzeitig unsere
Kreislauffunktion gebessert und die Herzfrequenz verlangsamt
wird. (Ideal sind 45 Schläge pro Minute; auf diesen Wert sinkt die
Herzfrequenz während des Schlafs.)

Insgesamt soll die Kranich-Übung die Organe im Körperstamm
kräftigen. Obwohl das autonome oder unwillkürliche Nervensystem diese Organe reguliert, können wir lernen, durch die Kranich-
Übung die Energie zu harmonisieren und dadurch eine ausgegli-
chenere Funktion dieser Organe herbeizuführen.

Anleitung zur Kranich-Übung
Diese Übung kann stehend, sitzend oder auf dem Rücken liegend
praktiziert werden.

1. Zunächst reiben Sie die Handflächen kräftig gegeneinander.
   Dies erzeugt Wärme in den Händen und führt Energie aus
   Ihrem Körper in die Handflächen und die Finger.
2. Legen Sie die Handflächen zu beiden Seiten des Nabels auf den
   Unterleib.

3. Atmen Sie bei geschlossenem Mund durch die Nase ein.
4. Beginnen Sie langsam auszuatmen, während Sie den Bauch mit den Händen leicht nach innen drücken, so daß eine Kuhle entsteht. Durch diese Bewegung wird die Luft sanft aus den unteren Partien der Lungen gepreßt. (Die Hände wirken in diesem Fall wie das Bein des Kranichs.) Während dieser Übungsphase stellen Sie sich vor, daß sämtliche Luftpartikelchen und mit ihnen schädliche Mikroorganismen die Lungen verlassen.
5. Nachdem Sie vollständig ausgeatmet haben, atmen Sie langsam wieder ein. Der Bauch soll sich beim Einatmen wie eine Kugel vorwölben. Achten Sie darauf, daß sich der Brustkorb nicht dehnt, und benutzen Sie beim Atmen nur die unteren Bauchmuskeln.
6. Einmal vollständig ausatmen und einatmen entspricht einer Übungseinheit. Anfangs werden Sie während einer Übung wahrscheinlich nur zwei oder drei Übungseinheiten schaffen. Allmählich werden Sie sich aber auf bis zu zwölf Einheiten steigern.

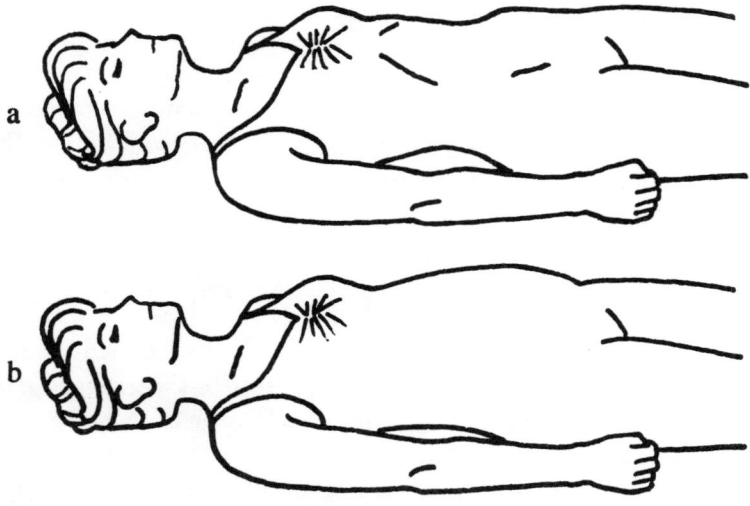

Abb. 46a und b: Die Kranich-Übung

ANMERKUNG A:
Forcieren Sie weder die Einatmung noch die Ausatmung. Mit zunehmender Übung werden Sie den Bauch bei langsamer Atmung ziemlich mühelos vorwölben und einziehen. Anfangs leiten die Hände Sie beim Erlernen der Übung. Wenn Sie die Bauchatmung beherrschen, brauchen Sie die Hände nicht mehr zu Hilfe zu nehmen. Sie müssen so langsam atmen, daß sich ein Haar vor der Nase weder beim Einatmen noch beim Ausatmen bewegt.

ANMERKUNG B:
Sobald Sie die Kranich-Übung beherrschen, können Sie die Schließmuskelkontraktionen, wie sie die Hirsch-Übung lehrt, mit der Kranich-Atmung kombinieren. Dadurch wirkt die Übung intensiver.

ANMERKUNG C:
Konzentrieren Sie sich immer vollkommen auf die Übung.

ANMERKUNG D:
Schwangere Frauen sollten die Kranich-Übung nicht machen, da das Vorwölben und Einziehen des Bauches unangenehme Gefühle im Leib auslösen kann.

Am besten ist es, wenn Sie die Kranich-Übung morgens machen und dabei das Gesicht möglichst der Sonne zuwenden. Spüren Sie beim Einatmen, wie die Energie der Sonne in Ihren Körper strömt, und wie ihn beim Ausatmen die Gifte und Abfallstoffe verlassen. Wenn Sie vor dem Schlafengehen üben, bewirkt der Kranich eine beruhigende, sanfte Massage der inneren Organe und stimmt Sie auf gesunden und erholsamen Schlaf ein.

Die Lungen profitieren ganz besonders von der Kranich-Übung. Da die Lungen eine der drei Filteranlagen des Organismus darstellen – sie filtern gasförmige Abfallstoffe und Kohlendioxyd –, müssen sie perfekt funktionieren, wenn der Mensch gesund bleiben soll. Der einfachste Weg zur Gesundheit der Atemwege und des Kreislaufs führt über Ernährung, Entspannung und richtige

Atmung. Die Kranich-Übung hilft uns, die Form der Atmung, die wir als Babys ganz natürlich beherrschten, wieder zu erlernen. Mit Ausnahme der Sänger haben die meisten erwachsenen Menschen die Fähigkeit der entspannten Bauchatmung eingebüßt.

Sie werden schließlich die Kranich-Atmung so beherrschen wollen, daß Sie einen einzigen Atemzug auf zehn Minuten ausdehnen können. Vielen Menschen fällt es schwerer, lang ein- als auszuatmen, doch mit zunehmender Übung werden Sie beides lernen. Bei diesem Prozeß lernen wir außerdem, jede Zelle unseres Körpers so zu kontrollieren, daß sie dem Geist gehorcht. Wenn Sie auf diese Stufe gelangt sind, fällt es Ihnen leichter, die nächste Stufe zu erreichen, bei der die geistige Bewegung dem Weg des Göttlichen folgt.

Wie die Hirsch-Übung müssen Sie auch die Kranich-Übung vollkommen beherrschen, da sie die Basis der später zu übenden Meditations- und Atemtechniken für Fortgeschrittene bildet.

Stehender Kranich

Die Übung gleicht der Kranich-Übung im Liegen, wird aber stehend absolviert. Sie verbessert den Gleichgewichtssinn, regt das Nervensystem an, kräftigt die inneren Organe und macht die Knie-, Sprung- und Hüftgelenke geschmeidiger. Außerdem steigert sie die Durchblutung der Beine und Füße und macht Sie weniger anfällig für Bein- und Fußkrämpfe, Krampfadern und kalte Füße.

1. Sie stehen aufrecht mit geschlossenen Füßen; Großzehen und Fersen berühren einander.
2. Nehmen Sie einen Fuß hoch und reiben Sie die Fußsohle an der Wade des anderen Beins.
3. Schieben Sie den Fuß nach und nach ruckweise am gegenseitigen Bein hoch, bis der Fuß an der Außenseite des Oberschenkels der Gegenseite ruht. Die Ferse liegt zum Becken hin, und die Zehen sind am Oberschenkel entlang zum Hüftgelenk gerichtet.
4. Massieren Sie nun die Fußsohle mit den Händen und kneten Sie die Zehen, um Fußnerven und -durchblutung anzuregen.

Abb. 47a und b: Kranich-Übung im Stehen

5. Dann heben Sie, während Sie einatmen, langsam die Arme seitlich über den Kopf und falten die Hände.
6. Atmen Sie ganz normal und bleiben Sie in dieser Haltung stehen, solange es Ihnen angenehm ist.
7. Lassen Sie die Arme sinken, stellen Sie die Beine wieder nebeneinander und atmen Sie dabei aus.
8. Machen Sie die Übung mit dem anderen Fuß.

Es kann sein, daß Sie bei dieser Übung anfangs aus der Balance
kippen, aber mit zunehmender Routine wird Ihnen diese Stellung
vertraut werden und Ihnen mühelos gelingen. Der verbesserte
Gleichgewichtssinn wird sich in Ihrem Alltag günstig auswirken.

Übung für das Sonnengeflecht

Die taoistischen Weisen glaubten, daß der menschliche Körper nicht von einem, sondern von zwei Gehirnen kontrolliert und gesteuert wird. Außer dem bekannten Gehirn, das sich im Kopf befindet, gibt es noch ein weiteres »Gehirn« im Bauch. Bekanntlich wird der ganze Körper von Nerven gesteuert. Doch immer, wenn von Nerven die Rede ist, denken wir unweigerlich an das Gehirn im Kopf und keinen Schritt weiter. Die alten Taoisten hingegen assoziierten das Nervensystem mit einem weiteren »Gehirn«, dessen Sitz sie im Bauch annahmen und das sie für ebenso wichtig hielten wie das Kopfhirn.

Die zeitgemäße anatomische Bezeichnung für dieses Nervenzentrum im Bauch lautet Solarplexus oder Sonnengeflecht. Das Sonnengeflecht ist eine Anhäufung von Nervenzellen in der Mitte des Leibes, genauer: unterhalb des Herzens und hinter dem Magen gelegen. Das Sonnengeflecht ist den Bauchorganen näher als das Kopfhirn, und seine Nervenfasern strahlen direkt in die Organe aus. Man darf behaupten, daß die Beziehungen zwischen Sonnengeflecht und Bauchorganen sogar unmittelbarer und enger sind als die zum Kopfhirn. Deswegen nennen die Taoisten das Sonnengeflecht auch »Bauchhirn«.

Dieses Bauchhirn ist dafür zuständig, daß die Funktionen der inneren Organe regelrecht ablaufen und untereinander im Einklang sind. Das Vorhandensein des Bauchhirns ist im Alltag deutlich erkennbar, wenn jemand Ärger, Glück, Verzweiflung, Trauer, Liebe, Haß oder andere Gefühle empfindet, die alle aus den inneren Organen hervorgehen. Gefühle entstehen, wenn ein Organ gestört ist oder nicht richtig funktioniert, aber sie werden im Sonnengeflecht wahrgenommen und treten später als physiologische Reaktionen in Erscheinung. Wenn ein Gefühl ausgelöst wird, muß das Sonnengeflecht die Harmonie zwischen den Organen wiederherstellen und Dysfunktionen der Organe ausgleichen – ein Kampf, der im Sonnengeflecht schmerzhaft empfunden werden kann.

Die Erzeugung und Wahrnehmung von Gefühlen ist nach Auffassung der Taoisten eine Funktion der Bauchregion, nicht aber des Kopfhirns. Das Kopfhirn ist wie eine Bibliothek, in der sämtliche Daten (Lebenserfahrung, Bildung, Wissen und so weiter) gespeichert sind. Modern ausgedrückt, funktioniert es genau wie ein Rechenzentrum.

Die Funktion des Sonnengeflechts beeinflußt alle Bauchorgane. Der Taoist verbindet Aufregung mit dem Herzen, Ärger mit der Leber, Sorgen mit Milz/Pankreas, Trauer mit den Lungen und Furcht mit den Nieren. Nach der Theorie der fünf Elemente schädigt hochgradige Erregung den Dünndarm, die Geschlechtsorgane, das Herz und die Blutgefäße; extremer Ärger schadet dem Nervensystem, der Leber und der Gallenblase; schwere Sorgen oder Grübeleien wirken nachteilig auf den Muskeltonus, den Magen und Milz/Pankreas; tiefe Trauer oder Traurigkeit auf Lungen, Dickdarm, Haut und Haare; extreme Furcht auf Knochen, Nieren und Harnblase. Dies bedeutet nicht, daß Gefühle schlecht für die Organe sind. Sie sind vielmehr gottgewollte Antagonisten, die das Sonnengeflecht bremsen. Wenn das Sonnengeflecht profitiert, dann wirkt sich dies auf den gesamten Funktionskreis einschließlich der Organe günstig aus. Wenn die inneren Organe gesund und im Einklang sind, werden natürlich auch die Gefühle ausgeglichen und friedlich sein. Friedliche Gefühle lassen sich nicht durch Gedanken oder Überlegungen vom Kopfhirn aus herbeizwingen. Eine friedliche Einstellung kommt aus innerem Frieden, nicht aus dem kühlen Denken.

Wenn das Sonnengeflecht gesund ist, können die Organe sich sofort von Streß und Anspannung erholen und wieder regelrecht funktionieren. Sobald aber das Gleichgewicht des Sonnengeflechts gestört ist, treten folgende Probleme auf: Schlaflosigkeit, Bluthochdruck, Herz-Kreislauf-Erkrankungen, Herzinsuffizienz, Herzinfarkt, Schlaganfall, chronische Bronchitis, Infektion des Zwölffingerdarms, Magengeschwüre, Gastroenteritis, Gastritis, Verstopfung, Durchfall, Absorptionsstörungen (Dünndarm), schmerzhafte Menstruationen und andere gynäkologische Probleme, Impotenz und dergleichen.

Wie kann das Sonnengeflecht aus dem Gleichgewicht geraten?

Nach der taoistischen Vorstellung von den zwei Gehirnen sind beim gesunden Neugeborenen die Funktionen des Bauchhirns ausgeprägter als die des Kopfhirns. Das Kopfhirn des Neugeborenen ist wie ein unbeschriebenes Blatt, ohne die Informationen, die Erwachsene für überlebensnotwendig halten, und doch leiden Säuglinge fast niemals an Krankheiten, die Erwachsene quälen oder das Leben kosten. Während sie durch Erziehung dressiert werden und Lebenserfahrung erwerben, entwickelt sich allmählich das Kopfhirn. In den Kulturen, die den Erwerb von Faktenwissen sehr hoch bewerten und folglich die permanente Entwicklung des Kopfhirns (oder der Ratio) stärker betonen als die innere Entwicklung (Gefühlsleben), werden die Funktionen des Bauchhirns allmählich vergessen oder unterdrückt. Folge dieser einseitigen Erziehung ist ein riesiger Wissensspeicher (ein immer größer werdendes Kopfhirn), aber auch eine ganze Reihe körperlicher und seelischer Probleme, die sich in den obengenannten modernen Krankheiten äußern. Anders ausgedrückt: Wenn der Mensch seine wahren Gefühle verleugnet, wird er fehlgeleitet, von den Funktionen seines Sonnengeflechtes abgeschnitten, und dies bewirkt, daß seine Organe funktionsuntüchtig werden und seine Lebensdauer sich verkürzt. Wesentliches äußeres Zeichen eines verkümmerten Solarplexus und der Folgeerscheinungen ist ein aufgetriebender Leib. Die Anhäufung von abgestorbenen Zellen, Stoffwechselprodukten und Fettgewebe weist darauf hin, daß der Solarplexus sich im Stadium der Atrophie befindet. Bei lebhaften, gesunden Kleinkindern wird man nie einen aufgetriebenen Bauch und die damit verbundenen Unpäßlichkeiten und Beschwerden antreffen.

Nicht das Gehirn, sondern das Sonnengeflecht ist der Sitz der wahren Gefühle. Das Gehirn speichert nur die Erinnerung an ein Gefühl. Wir werden fälschlicherweise gelehrt, unsere geistigen Kräfte – das heißt den Verstand – zu benutzen, um unsere Gefühle zu unterdrücken. Indem wir die Gefühle unterdrücken, lähmen wir auch die Funktion des Sonnengeflechtes. Nach einem physikalischen Gesetz ist an der Stelle des größten Druckes die Gefahr der Explosion am größten. Unterdrücken wir weiterhin unsere Gefühle, dann werden über kurz oder lang die körperlichen und seelischen Zeitbomben, die wir dadurch legen, explodieren, und wir werden alles verlieren, was wir so sehr erstrebt haben (den kühlen Kopf und die mutmaßlich damit verbundenen Erfolge). Wenn die Organe, die den Organismus lebendig erhalten, nicht mehr richtig funktionieren, geraten die im Gehirn gespeicherten Fakten durcheinander und verwirren sich, und die echte Weisheit und Intelligenz gehen verloren. Wenn wir unsere moderne Gesellschaft betrachten, erkennen wir, daß es unsinnig ist, das Gefühl mit dem Verstand zu unterdrücken. Diese Einstellung hat nämlich mehr Menschen als je zuvor körperlich und seelisch krank gemacht.

Nach dem Taoismus ist es keine Lösung, den Verstand zu benutzen, um die wahren Gefühle zu unterdrücken. Im 55. Spruch des *Tao-te-King* sagt LAOTSE sinngemäß, daß der Mensch, will er gesund sein und lange leben, lernen muß, dem neugeborenen Kinde gleich zu sein. Der entscheidende Punkt ist, daß das Bauchhirn entwickelt werden muß, um die Jugend wiederzuerlangen oder zu erhalten. Zumindest muß ein Gleichgewicht zwischen Kopf- und Bauchhirn hergestellt werden. Dies erreichen wir durch folgende Schritte:

1. Die Organe gemäß der Lehre von den fünf Elementen harmonisieren.
2. Das Bauchhirn kräftigen, damit es besser mit emotionalem Druck umgehen kann. Dies scheint den meisten pädagogischen und religiösen Prinzipien zu widersprechen, es ist jedoch eines der tiefsten Geheimnisse des Taoismus.

Die meisten Religionen und normalen pädagogischen Institutionen lehren den Menschen, seine Gefühle durch Denken, Logik und Vernunft zu unterdrücken. Krampfhaftes Überlegen scheint logisch, vernünftig und auf den ersten Blick objektiv zu sein und läßt sich unserem Kopfhirn leicht einprogrammieren. Wenn aber ein kompliziertes Problem auftaucht, ist diese Reaktionsweise der jeweiligen Situation oft nicht angemessen. Das Gehirn ist ratlos, verwirrt, und reagiert frustriert. Deswegen hört man auch so oft Menschen sagen, sie befänden sich in einem Konflikt zwischen Verstand und Gefühl. Wer das Richtige tun will, muß in sich hineinhorchen und sich von seinen wahren Gefühlen leiten lassen. Nach taoistischer Auffassung stellen sich die richtigen Gefühle – das heißt friedliche Gefühle – stets ein, wenn die inneren Organe gesund sind und harmonisch funktionieren. Wenn eines der Organe überaktiv ist, kann es schwierig sein, Frieden oder den richtigen Weg zu finden.

Dieses Buch enthält viele Übungen, die helfen können, die inneren Organe und somit Kopf- und Bauchhirn zu entwickeln und zu harmonisieren. Am unmittelbarsten aber erreichen Sie dieses Ziel mit der Kranich-Übung und ihren zahlreichen Modifikationen.

Manche Meditationslehrer bringen ihren Schülern bei, ihre Gehirnaktivität herunterzuschalten, um Streß und Spannung zu verringern. Dies läßt sich vorübergehend durch Meditation erreichen. Neuerdings haben viele Firmen Streß und Spannung als den Hauptfeind ihrer Mitarbeiter ausgemacht und ihnen Meditationsprogramme verordnet, damit sie gesund bleiben. Viele Menschen sind aber so sehr in ihren Ambitionen und Wünschen befangen – ihr Gehirn war zu lange auf Hektik programmiert –, daß sie außerstande sind, die Gehirnaktivität zu verlangsamen. Wenn diese Menschen in ein Meditationsprogramm aufgenommen und gezwungen werden, ihre Gehirnfunktionen zu verlangsamen, kann dies katastrophale Folgen haben. Wenn man dem Gehirn einen anderen Takt auferlegt, erzeugt das noch mehr Verwirrung, Fehleinschätzungen und Frustrationen und verschlimmert schließlich den Streß und die Spannung. Schlimmstenfalls kann dies in einer Schizophrenie münden.

Auch wenn richtig meditiert wird, um Streß und Spannung abzubauen, wird dadurch das Sonnengeflecht nicht automatisch gekräftigt, und es wird kein Gleichgewicht zwischen Kopfhirn und Bauchhirn erreicht.

Die Übung für das Sonnengeflecht ist die wirklich einzige nebenwirkungsfreie Methode, mit der das Sonnengeflecht gestärkt wird, und die gleichzeitig Streß und Spannung abbaut (nicht durch

Verlangsamung der Gehirnaktivität) und Kopf- sowie Bauchhirn harmonisiert. Die ursprüngliche taoistische Bezeichnung für die Sonnengeflecht-Übung lautet übersetzt »Das Feuer verbrennt das Rad«. Das Feuer bedeutet Gefühl, und das Rad entspricht dem Sonnengeflecht. Nach Auffassung der alten Gelehrten stärkt diese Übung die echten Empfindungen in der Bauchhöhle. Schürt man dieses »Feuer«, dann wird jede Krankheit, jedes Symptom in dieser Körperregion, wie Durchfall, Verstopfung, Flatulenz, Divertikulitis oder Krebs, »ausgebrannt«.

Wenn Sie vermeiden wollen, daß Ihr Gehirn überlastet wird, sollten Sie möglichst auf die ersten Warnzeichen achten, als da sind Kopfschmerzen, steifer Hals, verkrampfte Schultern, Verwirrtheit, Fehleinschätzungen, Vergeßlichkeit und Ablenkbarkeit. Kopfschmerzen deuten auf geistige Überforderung, was wiederum besagt, daß die Harmonie zwischen Kopfhirn und Bauchhirn gestört ist. Nacken- und Schultersteifigkeit weisen darauf hin, daß die dem Kopfhirn am nächsten gelegenen Nerven die Überlastung nicht verarbeiten können. Wenn die genannten Symptome auftreten, sollten Sie die folgende Übung machen. Sie lindert akute und chronische Beschwerden, die durch ein Ungleichgewicht zwischen Kopf- und Bauchhirn verursacht sind. Sie können überall und jederzeit üben.

Abb. 48: Das Sonnengeflecht

Abb. 49: Übung für das Sonnengeflecht

1. Sie sitzen oder stehen aufrecht und legen beide Hände auf den Magen. Schauen Sie geradeaus. Atmen Sie ein und spüren Sie, wie sich die Luft in Ihrem Magen ausdehnt.
2. Dann atmen Sie aus und drücken dabei mit beiden Händen den Magen nach innen hoch. Während Sie diese Bewegungen ausführen, drehen Sie langsam den Kopf mit dem Oberkörper soweit Sie können nach links. Die Augen folgen der Drehung nach links. Drehen Sie gleichzeitig das Becken nach rechts.
3. Atmen Sie ein und gehen Sie dabei in die Ausgangshaltung mit Blick geradeaus zurück. Lockern Sie langsam die Hände über dem Magen, bis sie ganz leicht der Haut aufliegen.
4. Atmen Sie wieder aus und drehen Sie dabei Oberkörper und Kopf langsam nach rechts. Die Augen folgen der Bewegung. Drücken Sie gleichzeitig den Magen nach innen oben und drehen Sie das Becken nach links.
5. Kehren Sie, während Sie einatmen, wieder in die Ausgangshaltung zurück und blicken Sie geradeaus. Wiederholen Sie diese Übung vier- bis 36mal.

ANMERKUNG A:
Wie oft Sie die Übung schaffen, hängt vom Zustand des Nackens
und der Schultern ab. Sind die Nacken- und Schultermuskeln steif
und schmerzhaft, sollte nur wenige Male geübt werden, bis sich der
Zustand gebessert hat. Dann dürfen Sie die Zahl der Übungen allmählich steigern.

ANMERKUNG B:
Konzentrieren Sie sich beim Üben auf den Sitz des Sonnengeflechtes unter dem Herzen und hinter dem Magen. Je stärker Sie sich
konzentrieren, desto mehr hilft Ihnen diese Übung.

Das Auflegen der Hände auf den Bauch fördert die Konzentration,
und die Kopfdrehung entspannt die Nerven in Nacken und Schultern sowie die Nervenzellen des Gehirns. Daraus können Sie erse-
hen, daß die Übung Kopf- und Bauchhirn in einer einzigen Bewegung harmonisieren soll.

Eines Tages konsultierte mich der Vizepräsident einer berühm-
ten Universität. Er zeigte die klassischen Symptome einer zerebra-
len Überforderung und litt an fast allen oben geschilderten Beschwerden. Er hatte sich bereits mehreren Bauchoperationen un-
terzogen, und seine Leber funktionierte nur noch zu fünfzig Prozent. Er schluckte ständig Tranquilizer und nahm außerdem Pillen
gegen Bluthochdruck und Herzbeschwerden, Schlaftabletten und
andere Medikamente; kurz: Er war eine wandelnde Apotheke. Er
sagte selbst, er fühle sich wie ein Zombie, körperlich und geistig
halb tot. Ich empfahl ihm die Übung für das Sonnengeflecht. Eine
Woche später suchte er mich erneut auf. Er gestand mir, zuerst
habe er der Einfachheit der Übung mißtraut, weil sein Zustand bereits seit vielen Jahren bestanden und sich in der letzten Zeit von
Woche zu Woche ständig verschlimmert hatte, aber trotzdem habe
er die Übung dann tapfer eine Woche lang gemacht. Nachdem
seine Symptomatik sich zur Hälfte gebessert hatte, war er bekehrt,
während sein Hausarzt nicht begreifen konnte, was geschehen war.
Ein paar Tage später rief dieser Arzt mich an und erkundigte sich,
mit welchen Spritzen oder Pillen ich bei dem Patienten einen sol-

chen Therapieerfolg erzielt hatte. Als ich ihm erzählte, was sein Patient praktizierte, sagte der Arzt:»Entschuldigen Sie bitte, . . . aber ich hätte das nie für möglich gehalten.« Zwei Monate später hörte ich, daß der Patient inzwischen munter wie ein Jüngling war und sogar mit einigen Studenten Fußball gespielt hatte. Zur Feier seines neugeschenkten Lebens gab er eine Party, zu der er mich einlud. Bei dieser Gelegenheit machte er mich mit den anderen Gästen bekannt, indem er meine Hand emporhob und sagte:»Dies ist mein Lebensretter!« Sieben Jahre später war er immer noch ganz gesund und hatte nie mehr irgendwelche Medikamente geschluckt.

Die Schildkröte
In den alten taoistischen Schriften ist die Geschichte einer Familie überliefert, die während eines Krieges in die Berge geflohen war. Dort verbargen sie sich in einer tiefen Höhle. Eines Tages ereignete sich ein Bergrutsch, der die Familie in ihrer Höhle verschüttete. Vergebens versuchten sie, sich durch Graben zu befreien. So blieb ihnen nur übrig zu hoffen, daß jemand sie entdecken und aus ihrer Zwangslage befreien würde. Monate vergingen, und die Familie rechnete angesichts ihrer schwindenden Lebensmittelvorräte mit einem baldigen Hungertod. Eines Tages entdeckten die Leute eine Schildkröte, die wohl von Anfang an mit ihnen in der Höhle gewesen sein mußte. Das Tier hatte sich so ruhig verhalten, daß man erst geglaubt hatte, es wäre ein Stück Felsbrocken. Nun aber betrachteten sie äußerst fasziniert das Tier und fragten sich, wie es solange hatte überleben können. In den folgenden Tagen beobachteten sie die Schildkröte und bemerkten, daß sie keine anderen Bewegungen machte, als den Kopf aus dem Panzer zu strecken und wieder zurückzuziehen. Nur manchmal hielt das Tier in der Bewegung inne, um mit der Zunge einen Tropfen Wasser aufzufangen, der von der Decke der Höhle herabfiel. Es hatte sonst keine Nahrung. Bald hatte die Familie nichts mehr zu essen. Den Hungertod vor Augen und ohne Aussicht auf konkrete Hilfe fingen sie an, die Bewegungen der Schildkröte nachzuahmen in der Hoffnung, daß

diese einfache Übung sie irgendwie am Leben halten würde. Jahre vergingen, bis die Familie entdeckt wurde und die Felsbrocken, die den Eingang zur Höhle verschlossen, weggeräumt wurden. Und bei näherer Untersuchung des Falles stellte sich nun heraus, daß achthundert Jahre vergangen waren, seit die Familie in der Höhle verschüttet worden war! Bald verbreitete sich die Kunde vom Überleben der Familie, und ihre Landsleute wunderten sich, als sie erfuhren, daß nur wenige Tropfen Wasser und die schlichte Nachahmung der Bewegungen einer Schildkröte das Leben dieser Familie über Jahrhunderte gerettet hatten.

Sie mögen diese Legende nicht glauben, und ich zitiere sie auch nur, um Sie zu ermutigen, die Schildkröten-Übung zu praktizieren. Es ist tatsächlich so, daß die Positur der Schildkröte die Nerven stimuliert.

Alle Nerven im Halsbereich, die zum Gehirn und zu den unteren Extremitäten führen, werden durch diese Übung gedehnt, stimuliert und mit Energie aufgeladen. Der Nacken bildet die Hauptverkehrsstraße für alle Nerven, die über das zentrale Nervensystem vom und zum Gehirn führen. Wenn es uns gelingt, diesen Komplex von Nerven zu beherrschen, können wir auch sämtliche Körperfunktionen steuern. Wir können einen Arm verlieren und dennoch am Leben bleiben, aber ohne Kopf sind wir lebensunfähig. Deswegen müssen wir begreifen, wie wichtig es ist, die Nackenregion zu trainieren; denn das steigert die Durchblutung und transportiert Ablagerungen ab, die sonst die Funktion der Nerven, Gewebe, Arterien und Venen beeinträchtigen würden.

Die Schildkröten-Übung dehnt die gesamte Wirbelsäule, führt dem Nacken Energie zu, kräftigt die Schultermuskulatur und beseitigt Müdigkeit, Steifigkeit und Schmerzhaftigkeit der Nacken- und Schultermuskeln. Außerdem wirkt sie anregend und kräftigend auf die Schilddrüse und die Nebenschilddrüsen und verbessert dadurch den gesamten Stoffwechsel. Wer die Schildkröten-Übung täglich macht, fühlt sich jünger und strahlt eine innere Schönheit aus, was allein auf der harmonischen Funktion der inneren Energiesysteme beruht.

Übungsanleitung zur Schildkröte

Sie können im Stehen oder im Sitzen üben. Die günstigsten Übungszeiten sind frühmorgens nach dem Aufstehen und unmittelbar vor dem Schlafengehen. Sie können die Übung auch immer dann machen, wenn sich der Nacken, die Schultern und die obere Rückenpartie verspannt oder hart anfühlen.

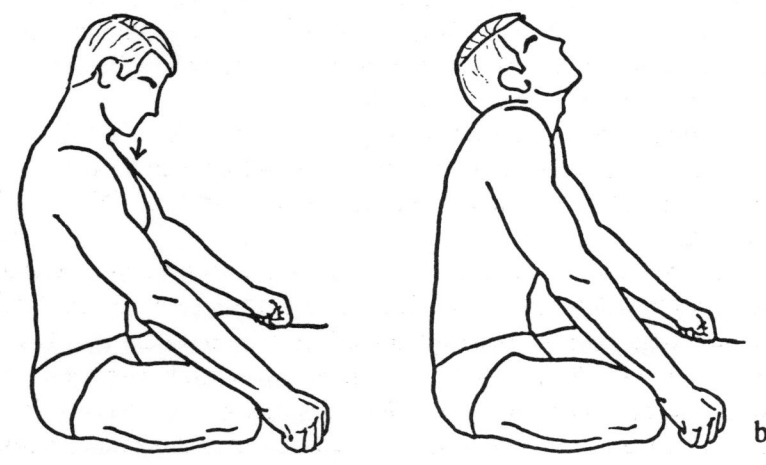

Abb. 50 a und b: Schildkröte

1. Drücken Sie Ihr Kinn gegen das Brustbein und strecken Sie gleichzeitig den Kopf nach oben. Atmen Sie dabei langsam ein. Sie spüren dabei im Nacken einen Zug nach oben, während die Schultern sich nach unten fallend entspannen.
2. Schieben Sie langsam den Kopf nach hinten, als wollten Sie mit dem Hinterkopf den Nacken berühren. Atmen Sie während dieser Bewegung langsam aus. Dabei wird das Kinn automatisch hochgezogen und die Kehle leicht gestreckt. Gleichzeitig werden die Schultern zu beiden Seiten des Kopfes hochgezogen, als wollten Sie mit ihnen die Ohren berühren.
3. Wiederholen Sie diesen Übungsablauf insgesamt zwölfmal und achten Sie darauf, daß Sie keine Bewegungen erzwingen.

ANMERKUNG A:
Vielleicht finden Sie es hilfreich, wenn Sie die Bewegungen der
Schildkröte mit der Atemtechnik der Kranich-Übung synchronisieren. Auch in diesem Fall atmen Sie aus, während Sie den Kopf in
den Nacken legen und das Kinn emporrecken. Üben Sie ganz
langsam.

ANMERKUNG B:
Blicken Sie, während Sie die Schildkröten-Übung machen, gerade-
aus in ein weiches oder gedämpftes Licht oder schließen Sie die
Augen. Der übrige Körper ist entspannt, die Finger sind um die
Daumen gelegt; die lockere Faust verhindert, daß die innere Ener-
gie durch die Finger abfließt.

ANMERKUNG C:
Denken Sie immer daran, sich auf Ihr Tun zu konzentrieren. Wenn
der Geist abschweift, führen Sie ihn sanft zurück.

Wenn Sie konsequent und geduldig üben, werden Sie durch bessere Gesundheit, emotionalen und spirituellen Gewinn reich belohnt. Falls Sie die richtige Haltung beim Üben einnehmen, spüren
Sie sofort, wie jegliche Verspannung und Müdigkeit im Nacken
und in der oberen Rückenpartie nachläßt.

Übungsfolge Hirsch, Kranich, Schildkröte
Wenn Sie jede der drei Grundübungen Hirsch, Kranich und
Schildkröte locker beherrschen, können Sie diese in einer einzigen
Übungsfolge vereinen. Dies geschieht, indem Sie die einzelnen
Komponenten miteinander kombinieren. Im Grunde wird die
Dehnung des Halses, wie die Schildkröte sie lehrt, mit der Atmung
des Kranichs und dem Schließmuskelverschluß und dem Handrei-
ben wie beim Hirsch synchronisiert (wobei man schließlich auf das
Reiben mit der Hand verzichten kann, um nur noch die Schließmuskeln zu kontrahieren). Wenn man das anfangs übt, mag es ver-
wirrend erscheinen, aber sofern man die einzelnen Übungen beherrscht hat, bevor man sie kombiniert, dauert es nicht lange, bis
man die kombinierte Übungsfolge durchführen kann.

Sowohl die einzelnen Übungen als auch die kombinierte Übungsfolge, sobald man sie beherrscht, sollten täglich praktiziert werden, und zwar am besten je einmal morgens und abends, um optimalen Nutzen daraus zu ziehen. Schon die regelmäßige Anwendung der drei Grundübungen ist ein Segen für die Gesundheit. Der Kranich wird Kreislauf und Verdauung stärken und stimulieren. Wenn diese beiden Funktionssysteme stark sind, dann haben Schwäche und Krankheiten kaum eine Chance. Der Hirsch stimuliert das physische und spirituelle Sein des Übenden. Er steigert die sexuelle Energie und harmonisiert das Drüsen- und Hormonsystem. Es heißt, daß ein Mensch mit starken Geschlechtsdrüsen nicht altert. Die Schildkröte führt den Nerven Energie zu und kräftigt Gehirn, Wirbelsäule und Halsregion. Ein robustes zentrales Nervensystem trägt wesentlich dazu bei, die geistige Energie im Gleichgewicht zu halten und schließlich den Frieden der Seele zu erlangen.

Jeder Mensch besteht aus drei Körpern: einem leiblichen, einem geistigen und einem spirituellen Körper. Im physischen Körper wohnen Grundbedürfnisse wie Sexualität, Gewalt, Hunger und Durst, der Spieltrieb. Der geistige Körper beherbergt Gefühle, Denken und Willen. Zum spirituellen Körper gehören Intuition, Gewissen und Erleuchtung – oder Kommunikation mit Gott.

Das harmonische Zusammenspiel dieser drei Kräfte vollzieht sich folgendermaßen: Die Funktionen des physischen Körpers realisieren die im geistigen Körper erdachten Entwürfe, die stets im Einklang mit den spirituellen Gesetzen formuliert werden. Eine Gesellschaft, die sich einer solchen Hierarchie von Einflüssen unterwürfe, wäre frei von allem Bösen und von jeglichem Übel. Oft ist jedoch das Gegenteil zutreffend. Seit Adam im Paradies von den verbotenen Früchten aß, hat sich die natürliche Ordnung verkehrt. Die körperlichen Bedürfnisse haben den Primat des Spirituellen zurückgedrängt, und der Geist ist zum Diener des Körpers geworden. Dabei herausgekommen ist ein Chaos.

Damit der Geist wieder einzieht, müssen wir daher zur natürlichen Ordnung zurückkehren. Die Übungen nach dem Hirsch, dem

Kranich und der Schildkröte können uns sanft und freundlich auf dem Weg dorthin begleiten, indem sie uns von den körperlichen Bedürfnissen befreien.

Die taoistischen Lehren sind sehr handfest. Sie zeigen uns, daß wir für unseren Seinszustand – den physischen, geistigen, seelischen und auch spirituellen – selbst verantwortlich sind. Um diese Wahrheiten zu verwirklichen, wurden die inneren Übungen entwickelt.

Vom richtigen Sitzen

Nach taoistischer Lehre gibt es jeweils eine richtige Art des Sitzens, Stehens, Gehens und Liegens. Die Menschen verschwenden im Alltag viel Energie durch körperliche Fehlhaltungen. Die folgenden Vorschläge zeigen einfache Möglichkeiten, sich so zu halten und zu bewegen, daß wir im täglichen Leben den natürlichen Fluß der Energie fördern, statt ihn zu hemmen.

Die richtige Sitzhaltung vermehrt die Energie und verbessert die Gesundheit bereits, während man sitzt. Am besten setzt man sich so, daß die Ferse des einen Fußes fest gegen den Damm drückt. Die Ferse drückt dann beim Mann gegen die Prostata, bei der Frau gegen die Klitoris. Das andere Bein kann ausgestreckt oder so über

a

Abb. 51 a und b: die richtige Sitzhaltung

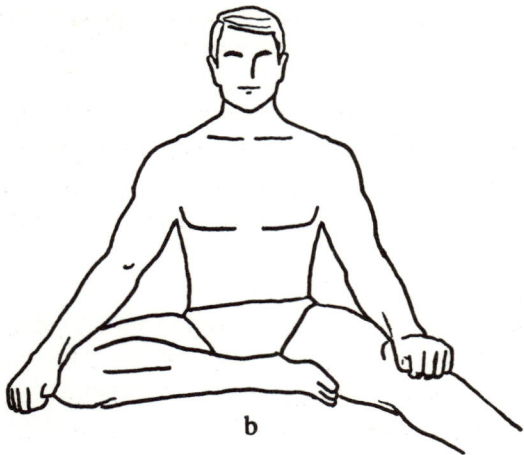

b

das angezogene Bein gelegt werden, daß ein halber Lotossitz dabei herauskommt. Falls Sie diese Haltungen unbequem finden, können Sie den Druck gegen den Damm mit Hilfe eines Tennisballs erzeugen. Achten Sie darauf, daß die Wirbelsäule immer möglichst gerade ist. In dieser Haltung können Sie auch die Schließmuskeln im Analbereich kontrahieren; Sie sollten sich aber klar sein, daß bei ständiger Kontraktion des Schließmuskels eine zu starke Spannung im Körper entsteht, die sich nachteilig auswirkt. Deswegen sollten Sie alle diese Übungen maßvoll betreiben. Wenn Sie von den inneren Übungen maximal profitieren möchten, dürfen Sie sich dabei niemals anstrengen oder gar überanstrengen.

Die beschriebene Sitzhaltung öffnet das Becken, so daß die Ferse bequem gegen den Damm gepreßt werden kann. Durch Überbeanspruchung der Geschlechtsorgane verlieren wir eine Menge Energie. Auch durch Inaktivität können die Sexualorgane geschwächt werden. Da die Sexualorgane zu den wichtigsten Drüsen unseres Körpers gehören, müssen sie geschützt und mit Energie aufgeladen werden. Diese Sitzhaltung verhindert, daß durch die »Energiepforte« (Prostata oder Klitoris) Energie verlorengeht, und befähigt Sie, zusätzliche Energie in Ihren Geschlechtsorganen aufzubauen.

Wenn Sie auf einem Stuhl oder einem Sofa sitzen, sollten die Oberschenkel nebeneinander parallel zum Boden liegen und die Wirbelsäule aufgerichtet sein. Für das normale Sitzen ist dies die gesündeste Haltung. Eine Sitzgelegenheit darf weder so hoch sein, daß Ihre Füße nicht bis zum Boden reichen, noch so niedrig, daß Ihre Knie die Oberschenkel überragen. Sich in ein Plüschsofa zu kuscheln, mag ja zunächst ganz bequem sein, aber es fördert eine schlechte Haltung und ist gewiß nicht gesund. Knochen und Gelenke sind dabei in einer Fehlstellung, die Wirbelsäule wird gestaucht, und die Energie kann nicht ungehindert durch die Wirbelsäule fließen.

Sie sollten die beiden in den Abbildungen 51 a und b skizzierten Sitzhaltungen immer dann einnehmen, wenn Sie die inneren Übungen machen – auch bei den Atem- und Meditationsübungen –, aber auch, wenn Sie am Schreibtisch arbeiten, sich mit jemandem unterhalten oder ein Buch lesen. Durch die richtige Sitzhaltung wird ein gesunder Strom von Energie durch den Körper gefördert und der Geist wach und reaktionsfähig erhalten.

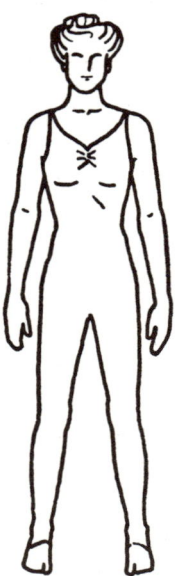

Abb. 52: Richtiges Stehen

Vom richtigen Stehen

Beim Stehen sollten die Füße parallel und schulterbreit auseinander sein. Das Gewicht sollte gleichmäßig auf beiden Füßen ruhen.lagert das Gewicht einseitig auf den Fersen, dann verschiebt sich der Schwerpunkt der Wirbelsäule, der Bauch fällt vor, es werden zu viele Nerven in den Fersen stimuliert, und das Gehirn wird träge. Die richtige Stellung dagegen hält Sie geistig wach und vermittelt Ihrem Körper ein Gefühl der Leichtigkeit.

Vom richtigen Gehen

Beim Gehen sollten Sie niemals hetzen, sonst baut sich eine unerträgliche Spannung in Ihnen auf, die bewirkt, daß das Herz zu schnell schlägt. Es ist vernünftiger, nur dann zu laufen, wenn es wirklich notwendig ist. Machen Sie sich früh genug auf den Weg, um unnötigen Streß und Spannung zu meiden. Streß ist vielleicht der größte Feind des Organismus. Wenn Sie sich in Betriebsamkeit stürzen, entstehen überflüssige Spannungen. Mit der Zeit kann dies uns schwach und krank machen bis hin zu Magen- und Zwölffingerdarmgeschwür und Krebskrankheit.

Sie sollten mit gleichmäßigen Schritten und nur mit den Beinen aus den Hüften heraus gehen, so daß Ihr Geist wach und friedlich bleibt. Bewegen Sie sich aufmerksam und bewußt. Gehen Sie nicht zu schnell und nicht zu langsam, sondern mit gleichmäßigem gemächlichem Tempo. Die Füße sollten parallel, Fersen und Zehen gerade ausgerichtet sein. Wenn Sie es richtig machen, haben Sie ein Gefühl, als würden Sie auf Wolken gehen: Sie bewegen sich harmonisch, leicht und locker.

Schlafhaltung

Die beste Schlafhaltung ist die Rückenlage. Viele Menschen bekommen freilich zunächst Alpträume, wenn sie versuchen, sich an diese Schlafhaltung zu gewöhnen. Nach kurzer Zeit jedoch verschwinden die bösen Träume. Die zweitbeste Schlafhaltung ist die rechte Seitenlage. Wenn Sie sich auf die linke Seite legen, drücken Lungen, Magen und Leber auf das Herz. Dieses zusätzliche Gewicht belastet das Herz und kann als ursächlicher Faktor zu Herzleiden beitragen. Vermeiden Sie auch, auf dem Bauch liegend zu schlafen. Diese Haltung bewirkt einen starken Druck auf Lungen, Herz und andere innere Organe, sie führt zu flacher Atmung und infolge der Verdrehung von Kopf und Hals häufig zu starken Nakkenverspannungen und -schmerzen.

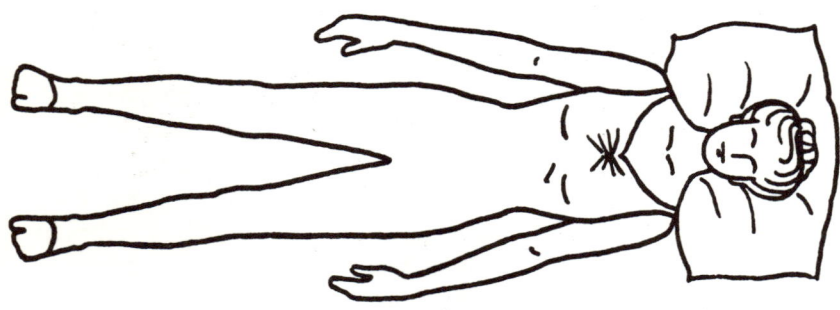

Abb. 53: Schlafhaltung

Schlafen Sie möglichst in einem luftigen Raum, am besten mit dem Kopf nach Norden und den Füßen nach Süden, damit Sie in derselben Richtung liegen, die der natürliche Energiefluß auf unserer Erde nimmt. Schlafen Sie nicht zu lange, denn das macht träge und führt zu Schwäche. Das gleiche bewirkt zuwenig Schlaf. Für den Durchschnittsmenschen genügen sieben bis acht Stunden Schlaf. Falls Sie mehr Schlaf brauchen, kann das daran liegen, daß Ihr Organismus durch fehlerhaftes Üben, falsche Ernährung oder ungesunde Lebensweise geschwächt ist.

Kopfmassage
Diese Übung ist hervorragend geeignet, um die Durchblutung der Kopfhaut zu steigern und Haarausfall zu verhindern, da die Haarfollikel infolge der vermehrten Durchblutung besser ernährt werden.

1. Drücken Sie die Fingerkuppen auf den Oberkopf, wie es die Abbildung 54a zeigt. Kratzen Sie nicht über die Kopfhaut, sondern schieben Sie die Haut vor und zurück, ohne die Finger vom Kopf abzuheben.

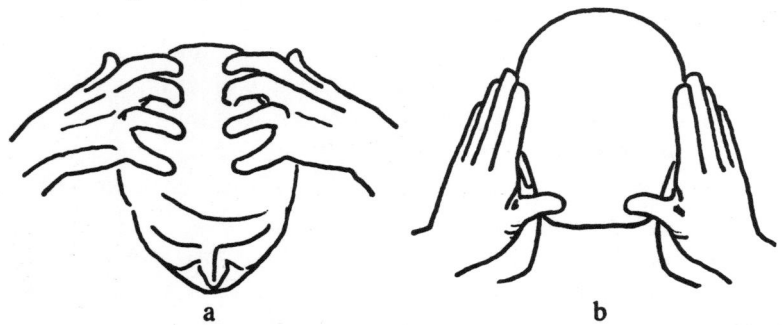

a   b

Abb. 54a und b: Kopfmassage

2. Drücken Sie die Daumen gegen die Punkte am Hinterkopf, wie es die Abbildung 54b zeigt. Drücken und reiben Sie gleichzeitig. Diese Übung beseitigt Spannungen und Müdigkeit im Bereich des Nackens und des oberen Rückens und lindert oder verhütet Spannungskopfschmerz.

Übungen für die Augen
Die Augen sind die Öffnungen zur Leber. Menschen mit Augenbeschwerden leiden meist an Leberstörungen und umgekehrt. Nach taoistischer Auffassung ist Ärger symptomatisch für Leberfunktionsstörungen. Menschen, die ihre Augen überanstrengen, sind oft zornig. Die inneren Übungen für die Augen stärken sowohl die Augen als auch die Leber und wirken daher sehr günstig bei Katarakt (grauem Star), Astigmatismus, Kurzsichtigkeit, Glaukom (erhöhtem Augeninnendruck) und Leberleiden.

Die Augen und insbesondere die Augenbewegungen verraten viel über die Intelligenz eines Menschen. Kluge Menschen haben große Augenbewegungen und einen hellwachen Blick. Geringe Augenbewegungen oder ein stumpfer Blick weisen auf ein mäßiges

Intelligenzniveau hin, das sich gleichwohl durch Stimulierung der Augen anheben läßt.

Auch eine schlechte Durchblutung, die man an dunklen Rändern unter den Augen erkennt, läßt sich durch Augentraining verbessern. Zu einer schlechten Durchblutung kommt es, wenn die Augenmuskeln längere Zeit inaktiv sind, also beispielsweise durch übermäßiges Fernsehen. Die ersten Anzeichen einer mangelhaften Durchblutung äußern sich oft als Frösteln, was darauf beruht, daß die Körpertemperatur über die Zimmertemperatur ansteigt und die Umgebung dann kälter ist als der Körper. Wie der Motor eines Autos braucht unser Körper Kühlwasser, das durch ihn fließt und ihn vor Überwärmung schützt. Bei träger Durchblutung steigt die Körpertemperatur. Dann »kocht« das Blut, es klebt an den Gefäßwänden und bildet Gerinnsel. Um zu verhindern, daß Gerinnsel entstehen, sollten – vor allem während des Fernsehens – Augenübungen und andere innere Übungen praktiziert werden.

Oft lindern die Augenübungen auch Tränensäcke oder Schwellungen unter den Augen, die auf Flüssigkeitsretention oder auf einen schlecht funktionierenden Stoffwechsel hindeuten.

1. Legen Sie die Daumen an den oberen inneren Rand der Augenhöhle (Abbildung 55 b). An den richtigen Punkten befinden sich spürbare winzige Einbuchtungen in der knöchernen Augenhöhle. Diese Punkte sind in der Abbildung 55 a mit dem Buchstaben A bezeichnet. Drücken Sie fest auf diesen Punkt. Wenn Ihnen das weh tut, liegt eine Blockierung vor. In diesem Fall massieren Sie den Punkt, indem Sie unter leichtem Druck zehn winzige Kreisbewegungen ausführen (Abbildung 55 b). Dann lockern Sie die Finger. Üben Sie insgesamt dreimal.

2. Legen Sie jetzt die Zeigefinger auf die kleinen Einbuchtungen in der Mitte des unteren Augenhöhlenrandes. Es ist Punkt B in der Abbildung 55 a. Fest drücken, aber nicht auf den Wangenknochen, und massieren; dabei bis zehn zählen. Loslassen. Insgesamt dreimal.

3. Dann legen Sie die Zeigefinger in der Mitte zwischen Punkt B und dem äußeren Augenwinkel an den Rand der Augenhöhle.

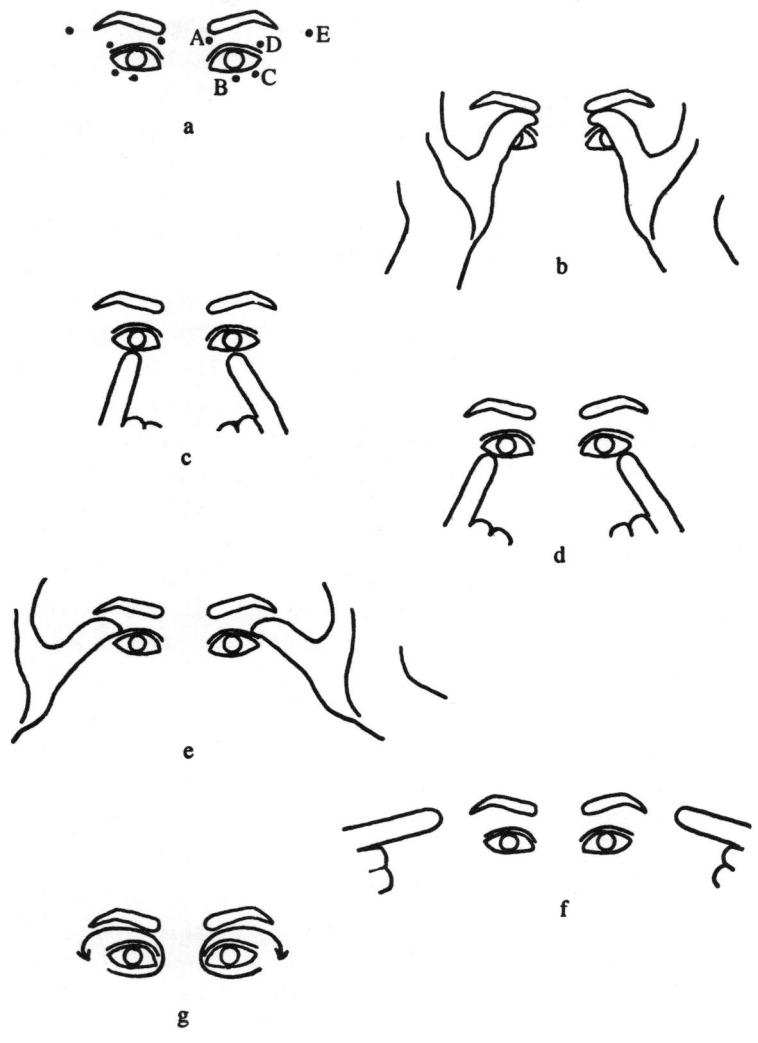

Abb. 55 a–g: Übungen für die Augen

Es ist der Punkt C in Abbildung 55 a. Machen Sie die Druckpunktmassage, und zählen Sie dabei bis zehn (Abbildung 55 d).
Loslassen. Insgesamt dreimal.

4. Legen Sie die Daumen oder Mittelfinger auf Punkt D. Er befindet sich zwischen äußerem und mittlerem Drittel am oberen
   Rand der Augenhöhle (Abbildung 55 a). Massieren Sie den
   Punkt mit leichtem Druck, während Sie bis zehn zählen (Abbildung 55 e). Loslassen. Insgesamt dreimal.

5. Legen Sie die Mittelfinger seitlich vom äußeren Ende der Augenbrauen in die kleinen Einbuchtungen am Schläfenbein (Abbildung
   55 f). Es ist der Punkt E in Abbildung 55 a. Massieren Sie unter
   Druck und zählen Sie dabei bis zehn. Loslassen. Insgesamt dreimal.

6. Auflegen der Hände. Reiben Sie die Hände schnell gegeneinander, bis sie warm sind. Dann legen Sie die Handflächen so auf
   die Augen, daß die Finger der rechten Hand leicht gekreuzt über
   denen der linken liegen, und zählen bis zehn. Drücken Sie nicht
   auf die Augäpfel. Machen Sie diese Übung dreimal. Spüren Sie,
   wie Wärme aus den Händen in die Augen übertritt.

7. Anschließend reiben Sie die Augen sanft mit den drei mittleren
   Fingern. Reiben Sie mit kreisförmigen Bewegungen am Rand
   der Augenhöhle entlang, indem Sie an der Nase seitlich vom inneren Augenwinkel beginnen, zur Nasenwurzel hoch, die
   Augenbrauen entlang zu den Schläfen, dann über den unteren
   Rand der Augenhöhle zurück zur Nase (Abbildung 55 g). Führen Sie jeweils zehn derartige Kreisbewegungen aus, dann machen Sie eine kleine Pause. Insgesamt dreimal.

ANMERKUNG A:
Wenn Sie in die entgegengesetzte Richtung reiben, schwächen Sie
die Augenmuskeln und bekommen Falten. Überhaupt sollten Sie
vor den Augenübungen immer eine natürliche lindernde Creme als
Gleitmittel in die Haut einklopfen.

ANMERKUNG B:
Falls Sie an grauem Star oder an erhöhtem Augendruck leiden,
sollten Sie die beschriebenen sieben Augenübungen täglich zwan-

zig Minuten lang absolvieren. Wenden Sie sie auch immer dann an, wenn Ihre Augen müde sind, denn diese Übungen revitalisieren den ganzen Körper innerhalb von Minuten. Es ist übrigens zweckmäßig, sie mit Übungen für die Leber zu kombinieren.

ANMERKUNG C:
Sie brauchen die Schmerzpunkte, die Sie ausgemacht haben, nicht mit starkem Druck zu bearbeiten. Schon ein ganz geringer Druck auf die Punkte genügt, um den Übungszweck zu erreichen, nämlich die normale Sehkraft wiederherzustellen.

ANMERKUNG D:
Zur Diagnose dienen die Punkte A und B (Abbildung 55). Wenn diese Punkte auf tiefen Druck schmerzhaft reagieren, ist mit den Augen und/oder im übrigen Organismus etwas nicht in Ordnung. Ist das Gewebe unter Punkt B geschwollen oder sind Augenränder vorhanden, deutet das auf Flüssigkeitsretention beziehungsweise mangelhafte Erholung hin.

Die folgenden Übungen empfehle ich Ihnen zusätzlich, weil sie die Augen und die Augenmuskeln kräftigen.

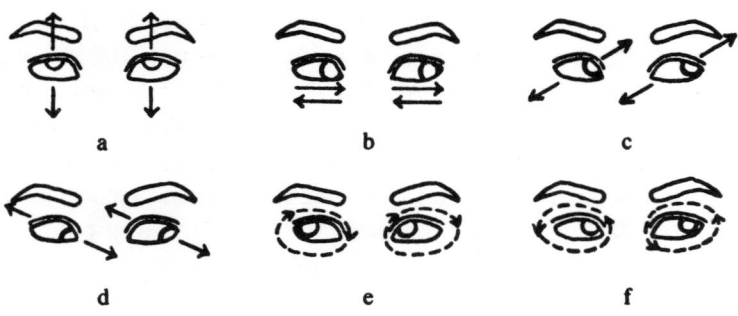

Abb. 56 a–f: Augengymnastik

1. Halten Sie Kopf und Nacken aufrecht. Die Augen blicken zunächst abwechselnd zur Decke und dann auf den Boden (Abbildung 56 a). Mehrere Male wiederholen. Augen dabei stets langsam und bewußt bewegen.

2. Jetzt blicken Sie abwechselnd nach rechts und nach links (Abbildung 56 b).
3. Dann schauen Sie abwechselnd nach rechts oben und links unten beziehungsweise nach links oben und rechts unten (Abbildung 56 c und d).
4. Rollen Sie mit den Augen im Uhrzeigersinn und dann in der Gegenrichtung (Abbildung 56 e und f). Wenn Sie langsam üben, brauchen Sie für diese Übungsfolge etwa zehn Minuten.
5. Beenden Sie diese Augengymnastik immer, indem Sie Ihre warmgeriebenen Hände auf die Augen legen, um Wärme und Energie auf sie zu übertragen.

Wenn Sie dieses Übungsprogramm für die Augen längere Zeit konsequent durchführen, werden Sie möglicherweise nie eine Brille benötigen.

Einem meiner Schüler und seiner Familie haben die Übungen für die Augen ganz besonders geholfen. Er bekam Probleme, nachdem er seinen Job in der Computerabteilung einer Telefongesellschaft in San Francisco gekündigt hatte, um eine bessere Stelle in San José anzunehmen. Während der dreimonatigen Einarbeitungs- und Probezeit wollte seine Frau, die als Krankenschwester in San Francisco arbeitete, ihre Stelle im Krankenhaus noch nicht aufgeben und umziehen. Außerdem hatte das Paar vier Kinder und ein Haus in San Francisco. Darum mußte der Mann täglich insgesamt drei Stunden durch dicksten Verkehr mit dem Autor zur neuen Firma und nach Hause fahren, mochte er noch so erschöpft sein. Sobald er daheim war, forderten seine Kinder ihr Recht. Er aber konnte den häuslichen Lärm nicht mehr ertragen, zog sich ins Schlafzimmer zurück, knallte die Tür hinter sich zu und brach auf dem Bett zusammen. Ihm graute vor der Zukunft, er mißachtete die Kochkünste seiner Frau, vernachlässigte seine familiären und ehelichen Pflichten. Bald kam es zu heftigen Auseinandersetzungen mit seiner ebenfalls genervten Frau. Schließlich kamen sie überein, sich scheiden zu lassen. Bevor sie die Scheidung einleiteten, konsultierten sie mich in meiner Praxis. Nachdem ich beiden aufmerksam zugehört hatte, war mir klar, daß sie sich immer noch sehr mochten und sich nur entzweit hatten, weil der dauernde Streß und die Anspannung sie überforderten. Deshalb riet ich den beiden, zwei Wochen mit dem Gang zum Rechtsanwalt zu warten; das war genügend Zeit, damit sich die Augenübungen auswirken könnten. Ich zeigte dem Mann, wie er die Übungen machen sollte, und empfahl ihm, auf den sicheren und wenig befahrenen Abschnitten seiner Fahrtstrecke zu üben. Das ging mit beiden Augen, wenn er mit der rechten Hand lenkte, während er mit der linken das linke Auge bearbeitete, und dann die Hände wechselte. Ungefähr einen Monat später besuchte mich das Paar und brachte mir ein Geschenk mit. Der Mann erzählte, die Augenübungen hätten in ihrem gemeinsamen Leben ein Wunder bewirkt. Seit er unterwegs die Übungen machte, kam er nicht mehr müde zu Hause an, sondern fühlte sich ganz munter. Er konnte mit seinen Kindern spielen, auf ihre Fragen eingehen und ihnen sogar bei den Schularbeiten helfen; er aß wieder mit Appetit; er kam seinen ehelichen Pflichten nach; und er konnte sich auf seine Arbeit konzentrieren und bestand die Probezeit glänzend. Er wurde anschließend fest angestellt, konnte sein Haus in San Francisco gut verkaufen und zog mit der Familie nach San José, wo auch seine Frau neue Arbeit fand. Die Kinder waren glücklich. Die Eheleute sagten, sie begännen ein neues Leben und liebten einander mehr als je zuvor.

Übungen für die Nase

Die Nase bildet die Öffnung zu den Lungen. In Symptomen wie Allergien, Triefnase und verstopften Nebenhöhlen manifestiert sich eine Schwäche im Bereich der Lungen. Um die Lungen zu kräftigen, sollte die Kranich-Übung praktiziert werden. Sie erzeugt einen Energiestrom, der degenerative Veränderungen in den Lungen rückgängig macht. Wir können dazu beitragen, daß die Lungen kräftig, die Nebenhöhlen gesund bleiben, indem wir darüber hinaus bestimmte Punkte an der Nase stimulieren. Diese Punkte liegen auf den Meridianen, die den Bereich der Nase mit Energie versorgen. Durch Druck auf diese Punkte sorgen wir dafür, daß ein kontinuierlicher Strom von Energie durch die Nasengänge und die Nebenhöhlen fließt.

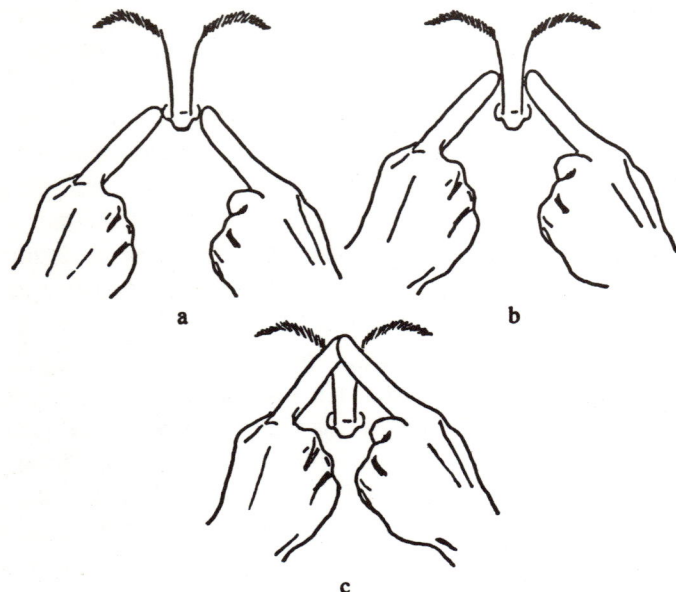

Abb. 57 a–c: Übungen für die Nase

Die Übung kann mehrmals täglich durchgeführt werden, so oft es eben notwendig ist, um Erkrankungen im Bereich der Nase und der Nebenhöhlen zu beheben. Wenn Sie jedoch wenig Zeit erübrigen können, genügt es, diese Übung unter Anwendung einer heilenden Kräutersalbe nur einmal, anschließend an das Augentraining, zu absolvieren.

1. Pressen Sie die Kuppen der Zeige- oder Mittelfinger fest gegen die nachstehend beschriebenen Punkte.
2. Zuerst drücken Sie etwa zehn Sekunden gegen die Punkte an der Nasenbasis rechts und links von den Nasenflügeln (Abbildung 57a). Danach reiben Sie diese Punkte kurz.
3. Nun bearbeiten Sie etwa zehn Sekunden lang die Punkte seitlich der Nasenmitte (Abbildung 57b). Anschließend kurz reiben.

4. Drücken Sie mit beiden Fingern gegen den Punkt über der Nasenwurzel (das dritte Auge; Abbildung 57 c). Danach kurz reiben.

5. Wiederholen Sie diese Übungsfolge insgesamt dreimal, indem Sie stets mit den Punkten seitlich der Nasenflügel beginnen und mit Druck auf den Punkt aufhören, der dem dritten Auge entspricht.

6. Reiben Sie mit gleichmäßig fließenden Bewegungen vom untersten über den zweiten und dritten Punkt aufwärts bis in die Mitte der Stirn. Insgesamt dreimal.

Während der gesamten Übung soll durchdringender, tiefer Druck angewandt werden. Anfangs sind die Punkte oft druckempfindlich oder etwas schmerzhaft. Dies weist auf eine Schwäche oder auf Blockierungen im Meridian hin. Machen Sie die Übung täglich, dann wird der Schmerz mit der Zeit verschwinden. Sehr wahrscheinlich werden Sie mit der Zeit feststellen, daß Sie seltener Erkältungen, Allergien und Nebenhöhlenbeschwerden bekommen.

Übung für die Ohren
oder »Das Schlagen der Himmelstrommel«

Ob tagsüber oder nachts – nie herrscht in unserer Umgebung völlige Stille. Vielleicht glauben Sie, während des Schlafs nichts zu hören, aber Ihre Ohren nehmen dennoch Reize auf. Nach der Lehre des Tao gibt es einen Weg, diese Reize auszuschalten. Die entsprechende Übung heißt »Schlagen der Himmelstrommel«.

Diese Übung stimuliert und besänftigt das Innenohr. Es ist sehr wichtig, daß Sie Ihre Ohren gesund erhalten, und wenn Sie diese Übung befolgen, werden Sie sich bis ins hohe Alter ein gutes Gehör bewahren. Viele Erkrankungen wie etwa Klingeln in den Ohren oder Schwerhörigkeit lassen sich durch diese Übung lindern oder heilen.

Die chinesische Medizin betrachtet die Ohren als Öffnungen zu den Nieren. Wenn Sie also Ohrenbeschwerden haben, kann das auf eine Nierenschwäche hinweisen. In diesem Fall müssen Sie die Übung für die Ohren mit der Nieren-Übung kombinieren.

Die Ohren liegen auf einer Linie mit der Zirbeldrüse und sind mit dieser Drüse verbunden, die bekanntlich das Zentrum der spirituellen Wahrnehmung ist. Das »Schlagen der Himmelstrommel« stimuliert die Zirbeldrüse, erhält sie gesund und führt ihr Energie zu. Vielleicht werden Sie beobachten, daß Sie nach der Übung innerlich ganz ruhig sind.

Machen Sie die Übung für die Ohren morgens anschließend an die Nasen-Übung. Danach können Sie sie tagsüber beliebig oft wiederholen. Wenn Sie an Ohrenbeschwerden leiden, schlagen Sie die Himmelstrommel immer wieder im Laufe des Tages, bis sich Ihr Zustand gebessert hat.

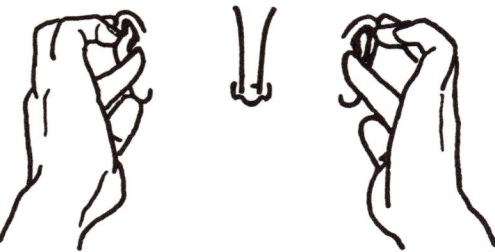

Abb. 58: Übung für die Ohren: »Schlagen der Himmelstrommel«

1. Drücken Sie mit den Zeigefingerkuppen auf die kleinen knorpeligen Erhebungen vor dem äußeren Gehörgang, so daß die Ohren von außen dicht verschlossen sind.
2. Klopfen Sie nun mit den Kuppen der Mittelfinger leicht gegen die Nägel der Zeigefinger. Wenn Sie es richtig machen, hören Sie ein metallisches Geräusch, ähnlich wie Trommelschläge. Klopfen Sie langsam und rhythmisch zwölf- bis sechsunddreißigmal.

Ergänzung: Wenn Ihre Finger nicht sehr gelenkig sind, üben Sie folgende Variante: Sie bedecken die Ohren mit den Handflächen und legen die Zeigefinger über die Mittelfinger, mit denen Sie rhythmisch am Übergang zwischen Kopf und Nacken gegen den Hinterkopf klopfen.

3. Nach einer kleinen Pause wiederholen Sie die Übung. Insgesamt dreimal.

ANMERKUNG:
Unmittelbar nachdem Sie die Gehörgänge verschlossen haben und bevor Sie anfangen zu trommeln, hören Sie ein Geräusch wie von einem Wasserfall. Das Ohr arbeitet nämlich noch. Wenn Sie die Übung einige Tage gemacht haben, hört das Geräusch auf und weicht einer besänftigenden Stille.

Übungen für den Mund
Außer den anderen Regionen des Gesichts müssen wir selbstverständlich auch Mund, Zähne und Zahnfleisch stimulieren, damit sie kräftig und gesund bleiben. Ständig gebrauchen wir den Mund, um zu reden, zu atmen, zu essen, zu trinken, zu küssen. Um diesen Bereich gesund zu erhalten und um Erkrankungen der Zähne und des Zahnhalteapparates, wie Gingivitis, vorzubeugen, sollten daher die Übungen für den Mund praktiziert werden.

Stimulation von Zunge und Speicheldrüsen
Die Zunge gilt als Öffnung für das Herz. Gefühle wie Haß, Liebe, Zuneigung und Ablehnung sitzen im Herzen und werden durch die Zunge stimuliert. Durch Zungenküsse erwacht im Herzen die Leidenschaft.

Speichel oder »himmlischer Tau« ist den Taoisten heilig und wird wegen seiner natürlichen Heilkraft mit Ehrfurcht behandelt. Speichel macht Bakterien im Mund unschädlich und kann wie eine Medizin angewandt werden. Man kann ihn auch zum Schutz gegen Infektionen benutzen. Wenn Sie sich schneiden und kein anderes Mittel greifbar ist, wirkt Ihr Speichel auf der Wunde wie eine Schutzschicht. Der Speichel reinigt die Wunde und zerstört Keime, die andernfalls zu einer Infektion führen könnten. Heute weiß man auch, daß der Speichel interessanterweise in der Zahnsubstanz die Bildung eines speziellen Hormons auslöst, das vorbeugend gegen Zahnfäule wirkt. Außerdem ist der Speichel ein wichtiger Faktor für die Verdauung und stellt mit dem Kauen den ersten Schritt bei der Zerlegung der Nahrung dar, bevor sie in den Magen gelangt.

Wenn die Nahrungspartikel gleichmäßig mit Speichel vermischt sind, können die Nährstoffe leichter aus dem Verdauungskanal absorbiert werden. (Diese Eigenschaft können Sie nutzen, indem Sie jeden Bissen so lange kauen, bis er breiförmig geworden ist.) Da der Speichel für den Menschen so wichtig ist, müssen die Drüsen, die ihn produzieren, geschützt werden.

Um das Herz gesund zu erhalten und die Funktionstüchtigkeit der Speicheldrüsen bis ins hohe Alter zu sichern, entwickelten die Taoisten die Übung zur Stimulation der Zunge und der Speicheldrüsen. Wörtlich aus dem Chinesischen übersetzt heißt die Übung: »Der rote Drache tanzt über dem Ozean, um den Wind, den Regen und die Wolken zu schaffen.« (Dabei bedeutet der rote Drache die Zunge, der Ozean den Speichel.) Dieser eine Satz beschreibt das Übungsziel, Mund und Zähne zu spülen und zu reinigen und das Herz anzuregen.

Machen Sie diese Übung nach den Mahlzeiten, beim Aufwachen, um Mundgeruch zu vertreiben, und bei anderen passenden Gelegenheiten.

1. Bewegen Sie die Zunge rollend im Mund, und führen Sie die Zungenspitze über das Zahnfleisch und die Zähne. Benutzen Sie die Zunge wie eine Zahnbürste.
2. Während Sie die Zunge im Mund bewegen, sezernieren die Speicheldrüsen Speichel. Schlucken Sie nicht, sondern sammeln Sie reichlich Speichel im Mund.
3. Bewegen Sie den Speichel im Mund, als würden Sie mit Mundwasser spülen. Spülen Sie gründlich Mund und Zahnfleisch einschließlich der Zahnzwischenräume.
4. Schlucken Sie den angesammelten Speichel langsam in drei gleichen Portionen, bis der Mund leer ist. Spüren Sie, wie das Schlucken den Speichel in den Magen befördert, wie sich der Magen mit der Energie des »himmlischen Taus« füllt.

Druckpunktmassage des Zahnfleischs
Auch oberhalb und unterhalb der Ober- und Unterlippe befinden sich Punkte, über die durch Druck die Meridiane stimuliert werden

können, die dem Mund, den Zähnen und dem Zahnfleisch Energie zuführen. Diese Übung sollte morgens, nach den Mahlzeiten und nach Belieben zwischendurch gemacht werden.

1. Behandelt werden die Punkte, die in Abbildung 59 eingezeichnet sind. Drücken Sie jeden Punkt fest und gleichmäßig und reiben Sie ihn anschließend kurz, um die jeweilige Stelle energetisch aufzuladen. Dreimal wiederholen.

Abb. 59: Druckpunkte für Zahnfleischmassage

Zähneklappen

Für eine geregelte Verdauung sind die Zähne unentbehrlich. Sie zerkleinern die Nahrung und vermischen die Nahrungspartikel mit dem Speichel zu einem Brei. Wir müssen unsere Zähne vor Karies schützen; denn wenn wir nicht imstande sind, gründlich zu kauen, können wir auch die Nahrung nicht vollständig verdauen. Dann werden nämlich die Nährstoffe aus der Nahrung ungenügend absorbiert, und dies führt zu einer Schwächung aller Verdauungsfunktionen. Das Zähneklappen trägt zur Gesunderhaltung der Zähne bei.

Normalerweise erschlafft der Körper nach Geschlechtsverkehr und Orgasmus wie auch nach dem Stuhlgang und ist dann für die Besiedlung durch krankmachende Keime besonders anfällig. In diesen Situationen hilft das Zähneklappen oder Zusammenbeißen der Zähne, den Körper zu schützen und die natürlichen Abwehrkräfte zu steigern.

Lockere Zähne und Kiefergelenkbeschwerden sind bei alten Menschen ein häufiges Problem. Öfteres Zähneklappen und Zusammenbeißen der Zähne tagsüber kräftigt die Kiefergelenke und erhält die Zähne gesund.

Morgens bewirkt die Übung, daß Sie rascher munter werden, und im Laufe des Tages hilft sie Ihnen, hellwach zu bleiben. Bei akuten Zahnerkrankungen ist die Übung nicht ratsam. Im Fall einer Zahnfehlstellung fragen Sie Ihren Zahnarzt, ob Sie die Übung machen dürfen.

1. Klappen Sie die Zähne 36mal auf und zu. Dies kräftigt die Zähne und das Zahnfleisch.

Abb. 60: Zähneklappen

Gesichtsreibung
Nach den Übungen, die einzelnen Partien des Gesichts Energie zuführen, müssen Sie auch die Gesichtshaut und die mimischen Muskeln stimulieren:

1. Reiben Sie die Hände kräftig gegeneinander.
2. Pressen Sie die Handflächen auf das Gesicht, so daß Sie spüren, wie die Wärme Ihrer Hände in die Haut übergeht und in die Muskeln eindringt. Erfühlen Sie, wie jede einzelne Zelle die Energie absorbiert.
3. Nun reiben Ihre Hände mit nach außen kreisenden Bewegungen über das Gesicht. Finger und Handflächen reiben aufwärts zur Nasenwurzel hin, über das dritte Auge und die Stirn zu Schläfen und Wangen, dann über Kinn und Mund und an der

Nase entlang wieder aufwärts. Wiederholen Sie die Gesichtsreibung beliebig oft.

ANMERKUNG:
Es kann zweckmäßig sein, zwischendurch die Übung zu unterbrechen und die Hände erneut gegeneinanderreiben, um dem Gesicht noch mehr Wärme und Energie zuzuführen. Machen Sie diese Übung immer dann, wenn Sie merken, daß die Gesichtsmuskeln ermüden. Dies beugt der Faltenbildung vor und bewirkt einen strahlenden Teint.

Übung für die Schilddrüse
Die Schilddrüse reguliert unseren Stoffwechsel. Indem wir die Schilddrüsenregion von außen massieren, führen wir der Drüse nötige Energie zu, damit sie normal funktionieren kann. Auf diese Weise wird der Stoffwechsel angeregt, so daß der Körper mehr Gifte und Toxine ausscheidet.

Auch die Verdauung und die Absorption von Nährstoffen werden verbessert. Dadurch werden Medikamente für die Schilddrü-

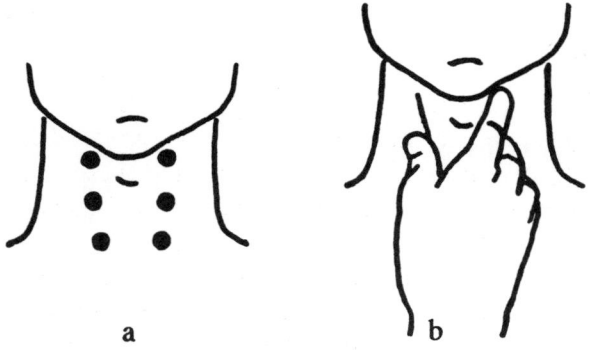

a   b

Abb. 61a und b: Übung für die Schilddrüse

senfunktion sowie Jod – deren Einnahme nicht unbedenklich ist –
weitgehend überflüssig.

1. Klopfen Sie ein gutes Hautöl in die vordere Halspartie ein.
   Drücken Sie mit den Zeigefingern sanft die in Abbildung 61a
   eingezeichneten Punkte rechts und links der Schilddrüse. Arbeiten Sie halsaufwärts. Schilddrüse niemals grob berühren.
2. Vordere Halspartie zwischen Daumen und Zeigefinger fassen
   (Abbildung 61b) und mit sanft schiebenden Bewegungen aufwärts streichen. Erst mit der einen, dann mit der anderen Hand
   üben.

Techniken der Schmerzlinderung
Diese einfache Übung lindert Schmerzen in der oberen Hälfte des
Rückens, in Schultern und Nacken. Sie sollten sie immer dann machen, wenn Sie Beschwerden im oberen Bereich der Wirbelsäule
haben. Dann brauchen Sie nicht mehr zu Aspirin zu greifen.

1. Setzen Sie sich im Schneidersitz auf den Boden.
2. Falls der Schmerz im rechten oberen Quadranten des Rückens
   sitzt, legen Sie den rechten Arm locker auf den rechten Oberschenkel. Spüren Sie den Schmerz links, soll der linke Arm ru-
   higliegen.
3. Strecken Sie den linken Arm vor, die Finger gestreckt, die
   Handfläche nach oben.
4. Fixieren Sie die Finger der linken Hand mit den Augen, während Sie den Arm langsam nach links emporheben. Atmen Sie
   dabei normal und heben Sie den Arm so hoch, wie Sie können.
5. Dann führen Sie den Arm langsam in die Ausgangsposition zurück.
6. Üben Sie diesen Bewegungsablauf insgesamt siebenmal.

Abb. 62: Übung zur Schmerzlinderung

ANMERKUNG:
Diese Übung lenkt vom Schmerz in der oberen Rückenpartie ab und führt der schmerzhaften Region heilende Energie zu. Konzentrieren Sie sich während der ganzen Übung fest auf die Hand, die Sie erheben. Wenn Ihre Gedanken abschweifen, führen Sie sie zur Hand zurück. Falls Sie die Atmung mit der Armbewegung synchronisieren möchten: Atmen Sie ein, während Sie den Arm heben, und aus, während Sie ihn abwärts führen.

Übungen für Hände, Arme und Oberkörper

Die folgenden Übungen sind mit *T'ai Chi Chuan, Kung Fu* und *Karate* eng verwandt. Sie kräftigen Arme und Hände, tonisieren die Armmuskeln und -nerven, verbessern die Durchblutung und führen dem Herz-, dem Lungen- und dem Kreislaufmeridian – das sind an der Vorderseite des Arms entlangziehende Hauptmeridiane – neue Energie zu.

Das Geheimnis dieser Übungen beruht darauf, daß sie die Energie im gesamten Arm und nicht bloß in der Muskulatur erhöhen. Dadurch, daß Sie sich auf den Energiestrom in den Armen und Händen konzentrieren, werden Ihre Arme gekräftigt und deswegen bei körperlicher Arbeit künftig weniger leicht ermüden. Die Übungen unterstützen die Heilung von Erkrankungen im Bereich der Arme einschließlich Arthritis, Bursitis und Tennisellbogen.

Isometrische Übung für Arme und Hände

Diese Übung können Sie sitzend, stehend oder in Rückenlage machen.

1. Heben Sie die rechte Hand mit der Handfläche nach außen vor die rechte Brust und Achselhöhle.
2. Schieben Sie die Hand langsam vom Körper weg und strecken Sie sie gerade vor und nach unten, dabei führt der Handballen. Halten Sie die Finger locker, atmen Sie normal und versuchen Sie zu spüren, daß Sie die Luft von sich wegdrücken.
3. Üben Sie diese Bewegung insgesamt siebenmal.
4. Wiederholen Sie die Übung siebenmal mit der linken Hand.

ANMERKUNG:
Verkrampfen Sie sich nicht beim Üben. Wenden Sie wenig Druck an und erfühlen Sie, wie Ihre Hände fest, aber dennoch weich und warm und voll Energie sind. Konzentrieren Sie sich immer voll auf die jeweilige Übung, sonst können Sie die Energie nicht so stimulieren, daß sie ungehindert durch den Arm, das Handgelenk und die Hand strömt.

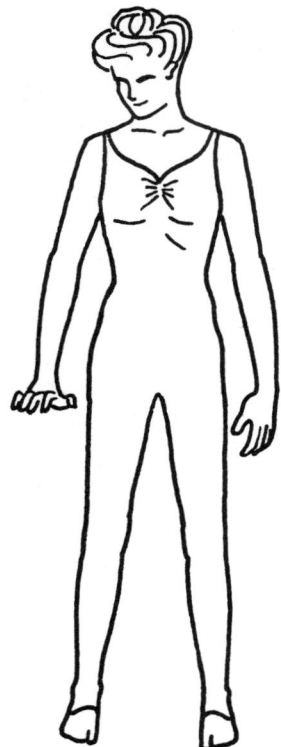

Abb. 63: Isometrische Übung für Arme und Hände

Energiesteigernde Übung für Hände und Arme
Wie die vorhergehende soll auch diese Übung Arme und Hände
mit Energie aufladen und kräftigen. Diese eher bescheidene, aber
sehr dynamische Übung wird leicht unterschätzt, wirkt sich aber,
wenn sie praktiziert wird, außerordentlich günstig aus. Sie fördert
auch die Heilung von Beschwerden in den Schultern, den Armen
und Händen und lindert Schmerzen bei Tennisellbogen, Bursitis
und Arthritis. Machen Sie diese Übung bei allen Arten von
Schmerzen in den oberen Gliedmaßen so lange, bis die volle Beweglichkeit wiederhergestellt ist.

1. Legen Sie sich bäuchlings auf den Boden, die Unterarme schulterbreit auseinander und parallel leicht vorgestreckt, die Handflächen flach auf dem Boden. Während der ganzen Übung sollen Unterarme und Ellbogen Bodenkontakt behalten. Heben Sie Brust und Kopf empor, atmen Sie dabei normal. Lassen Sie die Beine locker und üben Sie einen leichten, aber gleichmäßigen Druck auf die Arme aus.

2. Verharren Sie vollständig konzentriert einige Sekunden in dieser Haltung.

3. Entspannen Sie sich geistig und drehen Sie den Kopf nach hinten, um auf die rechte Ferse zu schauen. Fühlen Sie, wie beim Einatmen die Luft über den rechten Fuß eindringt, durch das Bein aufwärts, dann durch den Körper und durch den rechten Arm bis in die Fingerspitzen strömt.

4. Lassen Sie beim Ausatmen die Luft in umgekehrter Richtung durch den Arm, den Rumpf, das rechte Bein und über den rechten Fuß wieder nach außen strömen.

5. Drehen Sie den Kopf nach der anderen Seite und üben Sie jetzt das Atmen über die linke Körperhälfte – Fuß, Bein, Rumpf, Arm und zurück.

6. Üben Sie die gesamte Bewegungsfolge jeweils siebenmal.

Abb. 64: Energiesteigernde Übung für Hände und Arme

ANMERKUNG:
Sie müssen sich vollständig auf die Übung konzentrieren, wenn
diese erfolgreich sein soll. Falls Ihre Gedanken abschweifen, fangen Sie von vorne an. Zunächst werden Sie außerstande sein, dem
Energiestrom durch Ihren Körper fühlend zu folgen, aber wenn Sie
konsequent üben, werden Sie eines Tages spüren, wie die Energie
durch Ihren Fuß eintritt, durch das Bein zieht und Arm und Hand
erreicht. Das Einströmen der Energie fördert die Heilung von
Schmerzen und Beschwerden in den Armen und Schultern.

Durch die Kombination von Atmung und tiefer Konzentration
stimulieren Sie die Meridiane, die in den Beinen und Armen verlaufen und die oberen Gliedmaßen mit Energie versorgen. Diese
Übung steigert nicht nur den Zustrom von Energie zum Oberkörper, sondern verbessert auch die Durchblutung.

Übung für die Lungen

Diese Übung fördert die Heilung der verschiedensten Atemweg-
erkrankungen, sogar eines Schnupfens. Sie kräftigt die Atemwege
insgesamt sowie die Haut, die oft als »dritte Lunge« bezeichnet
wird.

Das Training der Lungen ist für die Gesundheit ganz unerläßlich. Erst wenn die Lungen sich maximal entfalten und maximal
zusammenfallen, können sie vollständig mit Energie gefüllt werden
und krankmachende Keime abwehren. (Babys werden mit diesem
Wissen geboren; denn sie trainieren ihre Lungen oft durch
Schreien. Sobald diese Babys aber lernen, ihre Gefühle zu unterdrücken und still zu sein, baut sich innerer Druck auf. Dies könnte
der Redensart »die Guten sterben jung« zugrunde liegen, da die
»Guten« ihre Gefühle und Reaktionen unter Kontrolle halten. Die
»Bösen« dagegen – also jene, die sich nicht beherrschen und ihren
Gefühlen freien Lauf lassen – leben ohne inneren Druck und leben
deshalb länger.) Gesunde Lungen können die vielen krankmachenden Faktoren, die sie ständig aus der Atemluft herausfiltern, viel
besser unschädlich machen. (Die Nase ist zwar ebenfalls ein her-
vorragender Filter, aber sie kann nicht jedes mikroskopisch kleine

Teilchen zurückhalten.) Zigarettenraucher, deren Lungen noch gesund sind, werden daher ziemlich viel husten. Husten ist ein gutes Zeichen, da es zumindest bedeutet, daß die Lungen versuchen, Giftstoffe loszuwerden.

Um den Gesundheitszustand der Lungen und des übrigen Körpers beurteilen zu können, mißt man zweckmäßig die Dauer der Einatmung und der Ausatmung. Es deutet auf einen schlechten Gesundheitszustand, wenn jemand länger ausatmet als einatmet, weil dann mehr aus dem Organismus hinaus- als in ihn hineingelangt. Dauert das Einatmen länger, ist dies ein günstiges Zeichen, da mehr Energie aufgenommen wird.

Schnarchen ist ein Beispiel für falsche Atmung, die durch ungünstige Schlafhaltung zustande kommt. Durch die richtige Schlafhaltung wird die Nasenatmung begünstigt.

Noch wichtiger ist es für Asthmatiker, durch die Nase zu atmen. Die Nase funktioniert nicht nur als Luftfilter, sondern sie erwärmt auch die Luft auf Körpertemperatur, bevor sie auf das empfindliche Lungengewebe trifft. Ist die eingeatmete Luft zu kalt, werden die Bronchien gereizt, und es kann zu einem Anfall von Asthma kommen. Die Bronchien sind verzweigte röhrenartige Gebilde, die den größeren Teil der Lungen bilden und in deren Innenseite Flimmerhärchen (Zilien) hineinragen. Werden die Zilien durch Schleim oder kalte Luft flachgelegt, dann ziehen sich die Bronchialäste zusammen und blockieren die Passage der Luft in die Lungen, was das Auftreten von Asthma begünstigt.

Passionierte Jogger und Geher sowie Soldaten, die frühmorgens, wenn es kühl ist, ihr Training absolvieren, bekommen leichter Asthma. Asthmatiker sollten, wenn sie denn bei Kälte ins Freie müssen, zum Schutz gegen die kalte Luft unbedingt eine Atemmaske tragen. Außerdem sollten sie die Heilung der Zilien unterstützen, indem sie diese gezielt mit Wirkstoffen aus Heilkräutern behandeln. (Normale Heilnahrung ist nicht wirksam.) Und selbstverständlich sollten sie die Übung für die Lungen machen.

1. Sie stellen die Füße parallel und schulterbreit auseinander. Der Rücken ist gerade, das Kinn leicht zur Brust geneigt, der Kopf erhoben, als würden Sie den Nacken emporstrecken.
2. Verschränken Sie die Hände hinter dem Rücken und atmen Sie dabei ganz tief aus.
3. Nun atmen Sie langsam ein, dehnen die Lungen und drücken die verschränkten Hände vom Rücken weg. Das Kinn bleibt gegen die Brust geneigt. Sie atmen bei dieser Übung nur in den Brustkorb.
4. Lassen Sie beim Ausatmen die Hände los, und führen Sie die gestreckten Arme vor den Körper. Heben Sie die Arme zum Kopf empor, hinter dem Rücken abwärts und dann wieder nach vorne, so daß eine gleichmäßige kreisförmige Bewegung entsteht. Während des Bewegungsablaufs bleiben die Finger gestreckt.

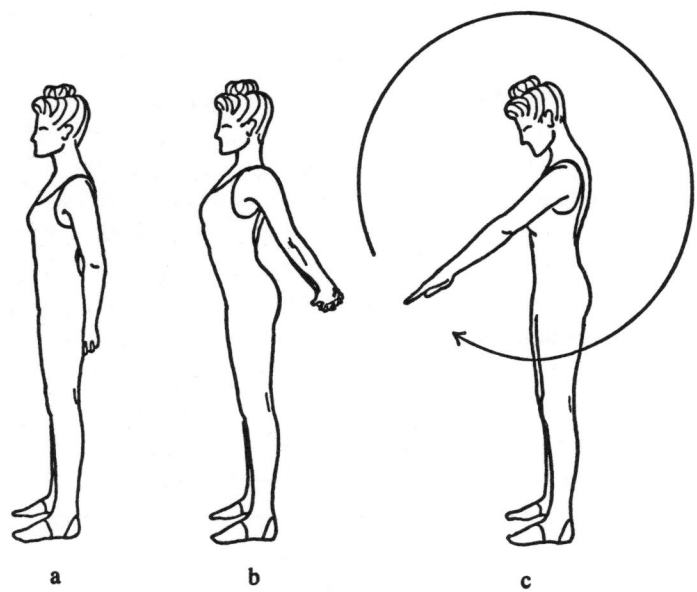

a   b   c

Abb. 65 a–c: Übung für die Lungen

5. Verschränken Sie die Finger hinter dem Rücken und beginnen Sie die Übung erneut mit dem Einatmen.
6. Üben Sie den gesamten Bewegungsablauf siebenmal.

ANMERKUNG:
Spüren Sie, wie beim Einatmen der Luft frische Energie in die Lungen eindringt und das Gewebe kräftigt. Beim Ausatmen sollen Sie sich bewußt machen, wie schädliche Keime, verbrauchte Luft und Giftstoffe die Lungen verlassen.

Übungen für das Herz
Die folgenden Übungen sorgen dafür, daß das Herz kräftig und gesund bleibt; denn sie lindern und verhüten Herzleiden und Herzbeschwerden. Um das Herz müssen wir uns besonders kümmern; schließlich arbeitet dieses zentrale Organ unermüdlich vom Augenblick seiner Entstehung, bis der Tod den Besitzer ereilt. Dem Herzen ist keine Ruhepause vergönnt.

Neben den folgenden Übungen kennt der Taoismus auch Methoden, um Patienten mit Angina pectoris zu helfen. Reiben und kneifen Sie bei einem echten Angina-pectoris-Anfall den kleinen Finger. Dort mündet nämlich der Herzmeridian. Falls das Herz momentan aussetzt, kneifen Sie einen Punkt in der Mitte über der Oberlippe. Legen Sie den Zeigefinger zwischen Oberlippe und Zähne, den Daumen von außen dagegen und pressen Sie das Gewebe zwischen Daumen und Finger ganz fest zusammen. Mit diesem Handgriff sind schon Menschen wiederbelebt worden, die infolge eines Herzanfalls klinisch tot waren. Mehrere Krankenschwestern berichteten mir, daß es ihnen gelungen sei, vom Arzt für tot erklärte Patienten mit Hilfe dieses Griffs wieder ins Leben zurückzurufen. Das Krankenhaus habe kopfgestanden, und alle hätten an ein Wunder geglaubt. Leider waren die Ärzte nicht davon zu überzeugen.

Abb. 66: Druckpunkt über der Oberlippe

Energiespendende Übung für das Herz
Diese Übung stärkt das Herzmuskelgewebe und die zugehörigen
Blutgefäße.

1. Sie sitzen oder stehen bequem und halten die gestreckten
   Hände in Schulterhöhe vor die Brust. Die Fingerspitzen sollen
   möglichst dicht beieinanderliegen, ohne sich jedoch zu berühren.
2. Die Augen fixieren die Fingerspitzen oder sind halb geschlossen.
3. Nun versuchen Sie zu spüren, wie ein Strom von Energie zwischen den Fingerspitzen von einer Hand in die andere fließt.
4. Halten Sie die Arme vor sich, solange Sie dies können, ohne
   sich anzustrengen, und konzentrieren Sie sich dabei auf das
   Strömen der Energie.
5. Entspannen Sie die Arme ein paar Minuten und wiederholen
   Sie dann die Übung. Insgesamt dreimal.

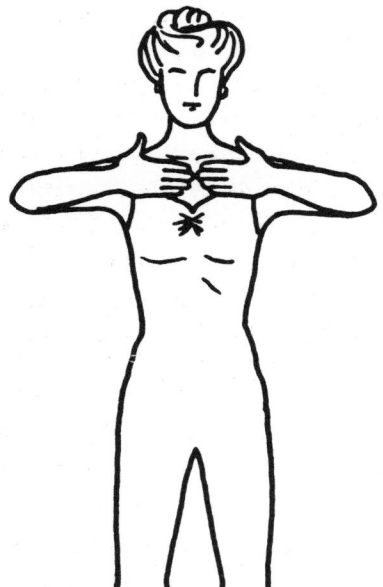

Abb. 67: Energiespendende Übung für das Herz

Diese Übung erzeugt einen Energiestrom, der über die Finger der rechten Hand eintritt, durch die Brust und ins Herz zieht und dann durch den linken Arm, die Hand und die Finger geht. Während die Energie durch das Herz strömt, kräftigt sie den Herzmuskel und die zugehörigen Blutgefäße. Falls Sie anfangs diesen Energiestrom nicht wahrnehmen können, fassen Sie sich in Geduld und üben Sie fleißig weiter. Sie werden sehr bald ein kribbelndes Gefühl in den Fingerspitzen bemerken. Mit der Zeit werden Sie den vollständigen Kreislauf der Energie durch Arme, Oberkörper und Herz spüren können. Und dann wissen Sie, daß Ihr Herz kräftiger wird.

Kräftigung der Herznerven
Die Herznerven werden gekräftigt, indem Sie regelmäßig die erste der zwölf Übungen für die Nerven praktizieren.

Heilende Übung für das Herz
Diese Übung befreit Gehirn und Herz von krankmachenden Faktoren, indem sie dem Übenden hilft, sich zu entspannen und Streßwirkungen auf das Herz abzubauen. Sie kann außerdem Herzleiden und Herzbeschwerden bessern.

Je nach Schwere des Leidens kann die heilende Übung für das Herz morgens, mittags und abends durchgeführt werden. Üben Sie einmal täglich, wenn Sie ein schwaches Herz haben. Bei Herzpalpitationen oder Angina pectoris sollten Sie mindestens zweimal täglich üben. Nach einem Herzanfall muß die Übung mindestens dreimal täglich absolviert werden. Die Übung ist auch vorbeugend geeignet, um ein starkes Herz gesund zu erhalten.

1. Legen Sie sich auf eine feste Unterlage, so daß nur Ihre linke Körperseite den Boden berührt. Die Übung darf nur in linker Seitenlage praktiziert werden.
2. Strecken Sie den linken Arm am Körper entlang, so daß die Hand dem linken Knie zugewandt ist. Der linke Arm wird fest gegen die darüberliegende Brust und Herzregion gedrückt. Das

linke Bein soll gestreckt, das rechte leicht gebeugt sein. Der rechte Arm liegt locker gebeugt vor dem Oberkörper auf dem Boden, die gestreckte Hand leicht oberhalb des Kopfes. Kopf und Gesicht sind locker und entspannt. Der linke Arm soll einen geringen Druck auf das Herz ausüben, so daß dieses während der Übung kontrahiert bleibt. Dies schützt das Herz vor einer Überreaktion.

3. Schließen Sie die Augen und atmen Sie langsam alle Luft aus Ihren Lungen. Spüren Sie, wie mit der Ausatmungsluft Krankheit, Schwäche und Schmerzen Ihr Herz verlassen.

4. Atmen Sie dann langsam ein und spüren Sie, wie frische, reine Energie in Ihr Herz gelangt, es stärkt und revitalisiert.

Abb. 68: Kräftigung der Herznerven

ANMERKUNG A:
Stellen Sie sich während des Einatmens vor, daß ein Nebel oder warmer Dampf in Ihr Herz zieht und jede einzelne Faser durchdringt. Spüren Sie beim Ausatmen, wie Schwäche und Krankheit mit dem Dampf aus Ihrem Herzen weichen. Sie möchten Ihr Herz gründlich spülen. Während der gesamten Übung sollte sehr langsam und nur durch die Nase ein- und ausgeatmet werden.

ANMERKUNG B:
Soll diese Übung wirksam sein, müssen Sie sich mit der ganzen Kraft Ihres Geistes darauf konzentrieren. Wenn Sie merken, daß Ihre Gedanken abschweifen, beginnen Sie von vorne.

Kräftigende Übung für den Bauch
Diese Übung kräftigt die Hohlorgane und die Speicherorgane des
Bauchraums. Sie strafft die Bauchmuskeln und normalisiert Störungen wie Verstopfung und Durchfall. Außerdem verbessert sie
die Körperhaltung und stärkt die Wirbelsäule.

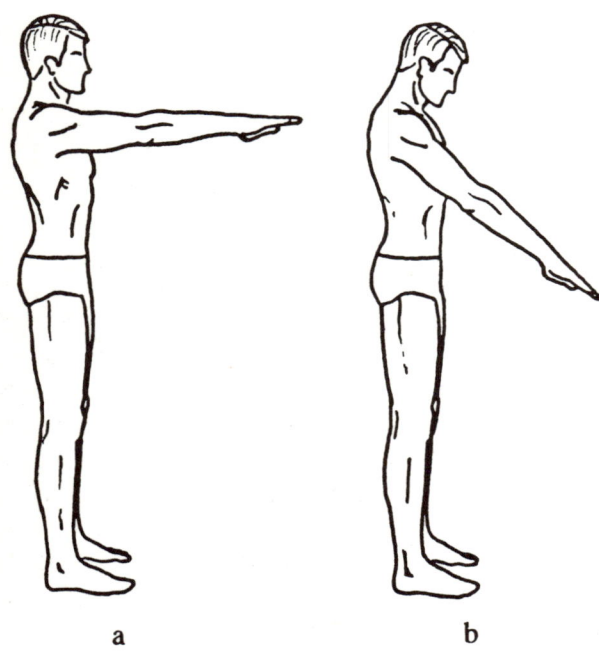

a   b

Abb. 69a und b: Kräftigende Übung für den Bauch

1. Sie stehen aufrecht und strecken die Arme etwa in Schulterhöhe
   vor.
2. Atmen Sie ganz tief ein, damit die Lungen sich mit Luft füllen
   und der Brustkorb sich dehnt.
3. Atmen Sie langsam aus und benutzen Sie dabei nur die Bauch-

muskeln, um die Luft aus den Lungen zu pressen. Senken Sie beim Ausatmen die Arme langsam seitlich herab und spannen Sie die Bauchmuskeln an, so fest Sie können.

4. Dann heben Sie die Arme wieder in die Grundstellung empor und atmen erneut ein.

5. Insgesamt siebenmal üben.

Übung zur Gewichtsreduktion
Vermutlich wissen Sie schon, daß starkes Übergewicht gesundheitsschädlich ist. Ohne moralisch zu werten, bedeutet dies, daß Fettsucht ein Widerspruch zu den natürlichen Gesetzen des Heilens ist.

Das Blut, das normalerweise zum Kopf und ins Gehirn transportiert wird, bleibt beim Übergewichtigen in der Bauchhöhle, weil es die Verdauungsorgane bei ihrer Mehrarbeit unterstützen muß. Wegen des größeren Anteils von Fettgewebe und der meist auch verminderten Durchblutung der Arterien und Venen muß das Herz mehr arbeiten (und wird wegen dieser starken Überlastung massiv geschwächt und kollapsgefährdet). Die Fette und Lipide im Blut führen mit der Zeit zu einem Bluthochdruck. Starkes Übergewicht macht außerdem körperlich und geistig müde und träge, da der ganze Organismus überfordert wird. Infolge der erhöhten Belastung der Wirbelsäule bestehen meist gleichzeitig auch Kreuzschmerzen. Wenn der Leibesumfang größer ist als der Brustumfang, so eine Redensart, sollte man sich vorsorglich schon einen Sarg kaufen.

Die Übung zur Gewichtsreduktion senkt das Gewicht auf ein gesundheitlich vertretbares Maß und trägt dazu bei, den Rücken kräftig und gesund zu erhalten.

Denken Sie beim Üben immer daran, nichts zu erzwingen und nicht die eigenen Kräfte zu überfordern. Üben Sie geduldig und ausdauernd.

Erster Teil der Übung

1. Stellen Sie sich aufrecht an eine Wand, so daß Fersen, Gesäß, obere Rückenpartie und Kopf die Wand berühren.
2. Während Sie durch die Nase einatmen, strecken Sie sich und ziehen möglichst stark den Bauch ein, so daß sich der Brustkorb maximal weiten kann. Lassen Sie die Arme seitlich herabhängen. Sie spüren, wie Ihre Schultern breit werden und sich gegen die Wand pressen.
3. Atmen Sie möglichst schnell durch den Mund aus. Blasen Sie die Luft ganz aus den Lungen und drücken Sie den Bauch heraus. Wenn Sie es richtig machen, strafft sich dann der ganze Körper, während Sie ausatmen.
4. Üben Sie dieses Ein- und Ausatmen sieben- bis zwölfmal.

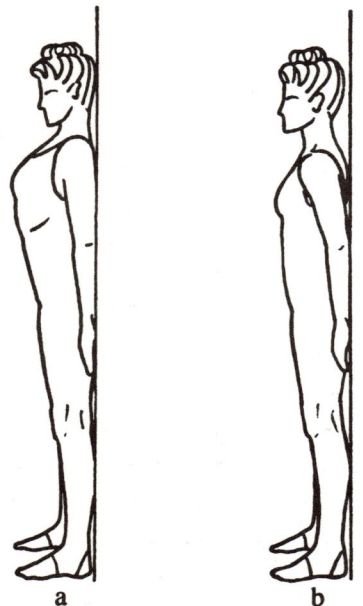

Abb. 70 a und b: Erster Teil der Übung

Sie werden feststellen, daß durch konsequentes Üben die gesamte Bauchmuskulatur straffer und kräftiger wird und die Spannkraft zunimmt. Überflüssiges Fett, Wasser und Gewebe werden abgebaut, und der Bauch verschwindet.

Zweiter Teil der Übung

1. Treten Sie von der Wand weg und heben Sie die Fersen möglichst hoch, so daß Sie auf den Zehen und den Zehenballen stehen.
2. Halten Sie den Rücken kerzengerade und beugen Sie ganz leicht die Knie, als wollten Sie sich auf einen Stuhl setzen. Die Arme sind in einem Winkel von 45 Grad vom Körper ausgestreckt.
3. Bleiben Sie zehn bis zwanzig Sekunden, nach Möglichkeit noch länger, in dieser Haltung und atmen Sie dabei gleichmäßig.

Abb. 71: Zweiter Teil der Übung

ANMERKUNG:

Anfangs werden Sie es nicht schaffen, den Rücken geradezuhalten und die Fersen ordentlich hochzuheben. Wenn Sie jedoch fleißig üben, wird es Ihnen bald gelingen, die Fersen senkrecht und die Oberschenkel parallel zum Boden zu stellen und den Rücken geradezuhalten.

Diese Haltung kräftigt und tonisiert Oberschenkel, Waden und Knöchel. Sie stärkt die Bauchmuskeln und verbessert die Durchblutung der Beine und des Rumpfes und kräftigt außerdem den Rücken und das Nervensystem. Überdies stimuliert sie den Blasen-, Gallenblasen- und Magenmeridian. Da diese Meridiane an den Beinen entlang verlaufen, reduziert diese Übung auch Wasseransammlungen und Übergewicht und senkt den Blutdruck. Sie sollten bei einer Sitzung stets beide Teile der Übung machen, da sie harmonisierend wirken und einander ergänzen.

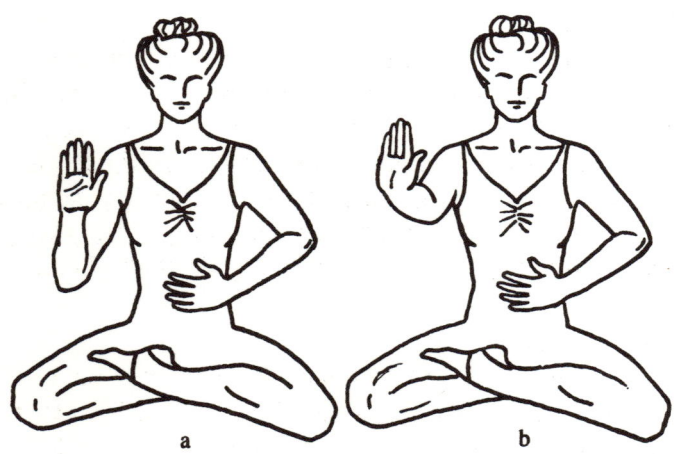

a   b

Abb 72a und b: Heilende Übung für den Magen

Heilende Übung für den Magen

Diese Übung wirkt lindernd bei Magenschmerzen, Ulzera, Übersäuerung, Blähbauch, Verdauungsschwäche und Magenkrebs. Sie lenkt die Aufmerksamkeit vom Magen ab.

1. Setzen Sie sich aufrecht und bequem auf einen Stuhl, die Oberschenkel parallel zum Boden und die Füße flach nebeneinandergestellt. Der Rücken wird geradegehalten.
2. Legen Sie die linke Handfläche knapp oberhalb der Taille etwas links von der Mitte auf die Magengegend.
3. Nun atmen Sie ein und drücken dabei die rechte Hand mit der Handfläche in Schulterhöhe von sich weg, wobei Ihre Augen die Fingerspitzen konzentriert fixieren. Während Sie Hand und Arm vorstoßen, haben Sie das Gefühl, als würden Sie einen schweren Gegenstand mit dem Handballen von sich wegschieben. Während des gesamten Übungsablaufs sollen die Augen bewußt der Bewegung der rechten Hand folgen.
4. Während Sie anschließend ausatmen, führen Sie die rechte Hand langsam zur Brust zurück.
5. Üben Sie diesen Bewegungsablauf siebenmal nacheinander.

ANMERKUNG:
Während Sie die Hand von der Brust wegdrücken, sollen Sie erfühlen, wie sich ein Strom von Energie aus Ihrem Magen ergießt. Die rechte Hand zieht die Energie heraus. Sie spüren dann, wie über die linke Hand frische Energie in den Magen absorbiert wird. Damit die Übung wirksam ist, müssen Sie sich intensiv darauf konzentrieren. Üben Sie bitte ganz langsam und synchronisieren Sie dabei exakt Atmung, Geist und die Bewegung Ihrer Hand.

Übung für die Leber

Außer den Lungen verfügt der Organismus über zwei weitere wichtige Filtersysteme: die Nieren und die Leber. Die Leber filtert Giftstoffe aus dem Körper. Die Übung für die Leber sorgt dafür, daß dieses Organ richtig funktioniert.

Wie bei allen Übungen sollen Sie sich auch bei dieser Übung total konzentrieren. Es hilft, wenn Sie spüren können, wie die Energie durch Ihren Brustkorb strömt. Wenn Sie sich auf die Übung konzentrieren, haben Sie mehr davon und können Körper und Geist besser in Einklang bringen. Üben Sie morgens, nachdem Sie die Übung für die Nieren absolviert haben.

1. Setzen oder legen Sie sich bequem hin. (Halten Sie sich dabei an die Anleitung zum richtigen Sitzen und Liegen.)
2. Legen Sie die rechte Hand flach an den äußeren Rand des rechten Rippenbogens.
3. Führen Sie die Hand unter leichtem Druck am Rippenbogen entlang zur Mitte des Brustkorbs. Reiben Sie aufwärts zum Brustbein hin und dann abwärts am linken Rippenbogen entlang nach außen.
4. Diese Streichmassage von rechts nach links entspricht einer Übungsrunde. Insgesamt 36mal üben.

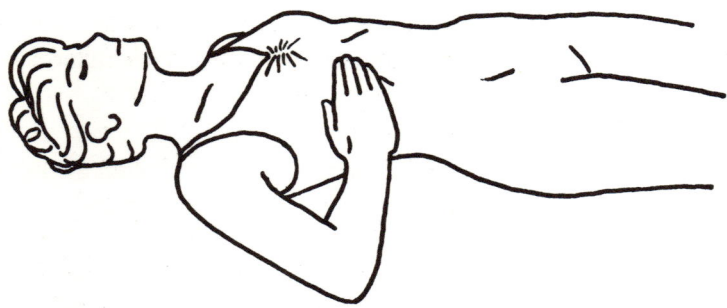

Abb. 73: Übung für die Leber

ANMERKUNG A:
Die massierende Hand sollte mit dem Handballen leichten Druck ausüben. Die Leber liegt ziemlich dicht unter der Haut unterhalb des rechten Rippenbogens. Der Druck, den die über den Brustkorb reibende Hand ausübt, stimuliert nicht nur den Energiestrom, sondern ebenso die Durchblutung der Leber.

ANMERKUNG B:

Sie können auch mit der linken Hand arbeiten. In diesem Fall beginnen Sie am linken äußeren Rand des Rippenbogens und reiben mit leichtem Druck in umgekehrter Richtung zur rechten Seite hin. Da der Magen ziemlich dicht unter der Haut etwas links unterhalb des Brustbeins liegt, bewirkt diese massierende Bewegung mit der Hand, daß die Energie kontinuierlich zum Magen hin flutet.

Machen Sie diese Übung ebenfalls 36mal. Sie können auch abwechselnd erst die Übung mit der rechten und dann die mit der linken Hand machen, das zählt als eine Übungsrunde, und dann so weiter üben, bis Sie auf insgesamt 36 Runden kommen.

Wenn Sie beide Teile der Übung regelmäßig machen, fördert dies das harmonische Zusammenspiel zwischen dem Hohlorgan Magen und dem Speicherorgan Leber. Die Energie soll zwischen beiden Organen hin- und herfluten, damit sie unbehindert zusammenarbeiten.

Bei einer Vortragsreise demonstrierte ich kürzlich diese Übung und animierte meine Zuhörer zum Mitmachen. Dabei fiel mir eine Dame auf, die sich mit offensichtlichem Genuß in die Übung versenkte. Diese Dame rief mich mehrere Wochen später aus einer anderen Stadt in meiner Praxis an und bat um einen Termin. Als sie kam, erklärte sie zu meiner großen Überraschung, sie habe die Reise zu mir nur gemacht, um mir zu danken. »Wofür?« wollte ich wissen. »Für die Leber-Übung«, erklärte sie. »Mein Leben lang habe ich Ärger mit meiner Leber gehabt. Und als Sie bei Ihrem Vortrag die Übung für die Leber demonstrierten, sagte ich mir, daß ich nichts zu verlieren hätte, und begann regelmäßig zu üben. Zwei Wochen später sagte mir mein Arzt bei der routinemäßigen Gesundheitsuntersuchung, meine Leberwerte hätten sich um sechzig Prozent gebessert, und er könne sich das nicht erklären. Und deswegen habe ich Sie aufgesucht. Nur um Ihnen zu danken!«

Übung für die Nieren

Diese Übung stimuliert die Nebennieren und die Nieren, die oberhalb des Darmbeins rechts und links der Wirbelsäule in der Lendenregion liegen. An Kreuzschmerzen ist häufig eine Nierenschwäche schuld. Zur Nierenschwäche können zwei Faktoren beitragen, nämlich überreichliche Zufuhr von Flüssigkeit und langes Stehenmüssen. Die folgende Übung wirkt kräftigend, energiesteigernd und heilend auf die Nieren und Nebennieren. Und ganz nebenbei lindert sie auch Kreuzschmerzen und kräftigt die Augen; denn zwischen Nieren und Augen besteht ja nach taoistischer Auffassung eine enge Beziehung. Im übrigen bleibt Ihre Haut durch die Übung wunderbar geschmeidig, weil sie die Eigenschaft der Nieren, Giftstoffe aus dem Körper zu eliminieren, maximiert; außerdem führt sie dem Drüsensystem große Energie zu und fördert dadurch die sexuelle Erlebnisfähigkeit. Die Übung kann stehend oder liegend gemacht werden.

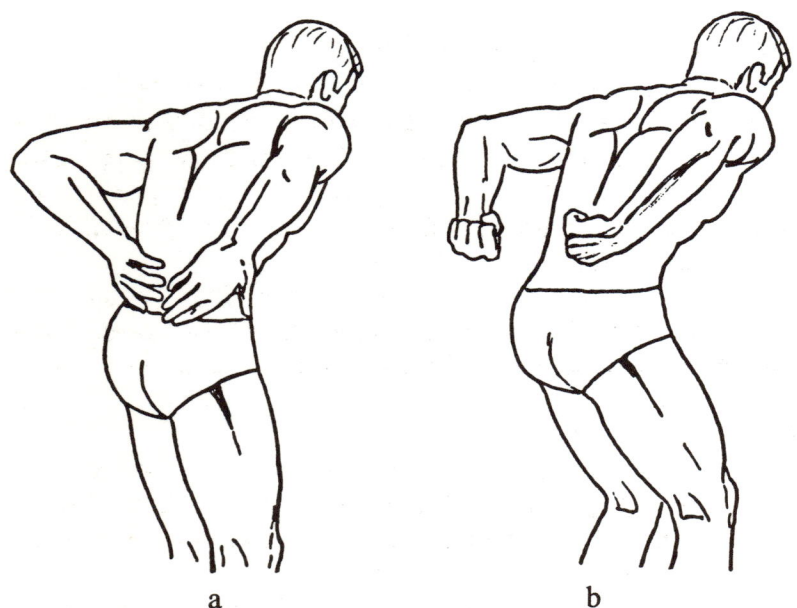

a   b

Abb. 74a und b: Übung für die Nieren

1. Reiben Sie Ihre Hände kräftig gegeneinander, damit die Energie in die Handflächen und in die Finger strömt.
2. Legen Sie die Handflächen ins Kreuz. Halten Sie dabei (wenn Sie stehend üben) den Oberkörper leicht vorgeneigt. Spüren Sie, wie Energie und Wärme aus Ihren Händen in den Rücken und in die Nieren strömen.
3. Massieren Sie die Lendenregion, indem Sie mit den Handflächen auf und ab reiben und anschließend zu kreisförmigen Bewegungen übergehen.
4. Ballen Sie die Hände zu Fäusten (die Finger umfassen die Daumen) und klopfen Sie die Lendenregion ein paar Sekunden sanft mit den Handrücken.
5. Übungsablauf mit Reibungen und Klopfungen insgesamt dreimal wiederholen.
6. Diese Übung sollte morgens gemacht werden und immer dann, wenn Kreuzschmerzen auftreten.

Übungen für die Kreuz- und Lendenregion
Schmerz ist keine eigentliche Krankheit, sondern in der Regel ein Hinweis auf eine bestehende oder entstehende Erkrankung. Der Kreuzschmerz macht da keine Ausnahme. Lumbago, unphysiologische Lordose, Fehlstellung von Bandschreiben und andere Krankheiten im Bereich des Rückens schränken die Beweglichkeit ein und erzeugen unnötige Schmerzen. Die Übungen für die Lendenwirbelsäule kräftigen den Rücken, die Bauchmuskulatur, die Wirbel, das Kreuzbein und die Nieren. Tägliches konsequentes Üben kann Kreuzschmerzen lindern und beseitigen.

Erster Teil der Übung
1. Sie setzen sich bequem auf den Boden und ziehen die Knie an die Brust. Legen Sie die Hände um die Unterschenkel, möglichst so, daß jeweils eine Hand den Ellbogen des anderen Arms umfaßt.
2. Nun atmen Sie ein, richten dabei die Wirbelsäule auf und heben den Kopf.

3. Beim Ausatmen machen Sie den Rücken krumm, so daß sich
   der Unterbauch wie eine Kugel wölbt – als würden Sie gleich
   einen Purzelbaum rückwärts machen. Den Kopf drücken Sie
   runter gegen die Knie.
4. Diese Bewegung des Aufrichtens und Zusammenkrümmens
   üben Sie insgesamt siebenmal. Sieben ist die Zahl der Schöpfung, und diese Übung beschert Ihnen einen neuen Rücken.
   Führen Sie alle Bewegungen langsam aus und konzentrieren Sie
   sich dabei voll auf Ihr Kreuz.

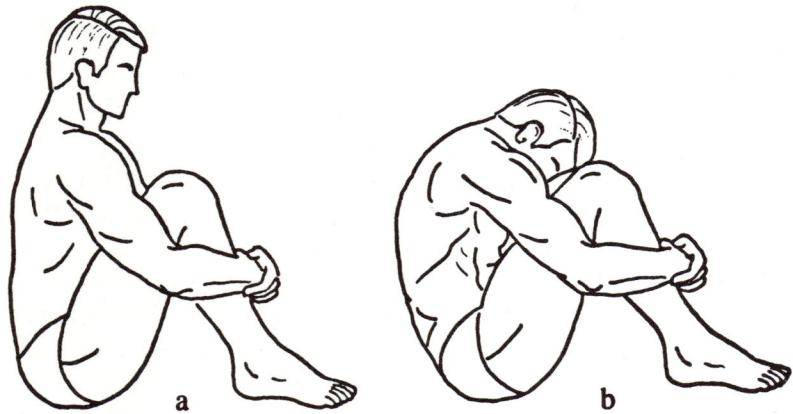

Abb. 75a und b: Übungen für die Kreuz- und Lendenregion, erster Teil

Zweiter Teil der Übung
Für diesen Teil der Übung legen Sie sich auf den Rücken.
1. Legen Sie die Hand unter Ihr Kreuz und spüren Sie die Höh-
   lung am unteren Teil der Wirbelsäule.
2. Schieben Sie den Steiß hoch und drücken Sie Ihr Kreuz möglichst fest gegen den Boden.
3. Lassen Sie den Rücken locker und beginnen Sie die Übung erneut aus der Ausgangsposition.
4. Üben Sie diesen Bewegungsablauf insgesamt siebenmal, das ergibt eine Übungsrunde.

Abb. 76: Übungen für die Kreuz- und Lendenregion, zweiter Teil

Die Sonne begrüßen

Die Sonne ist eine positive, energiespendende Kraft, die wir nutzen können, um Körper und Geist zu reinigen. Nur mit Hilfe des Sonnenlichtes kann unsere Haut Vitamin D bilden, einen für die Gesundheit unentbehrlichen Nährstoff. Schon immer haben die Menschen die tonisierende Wirkung von Luft und Sonne gegen viele körperliche Leiden und Beschwerden eingesetzt.

Die Übung »Die Sonne begrüßen« bewirkt, daß der Körper außen und innen gebadet, von Krankheit und schädlichen Keimen befreit und von einem Gefühl der Gesundheit durchströmt und durchglüht wird.

Normalerweise reinigen wir, wenn wir uns waschen, Mund und Zähne und den übrigen Körper, denken aber meistens nicht eigens daran, die unteren Körperöffnungen gründlich zu säubern. Diese Nachlässigkeit kann eine Anhäufung von Keimen am After bewirken, die zur Schwächung des Gewebes und eventuell zu Hämorrhoiden, Polypen und schlimmstenfalls zu Darmkrebs führt. Die Sonne ist eine stets vorhandene und jedem zugängliche Quelle der Energie, in der wir uns baden können, um uns von allen Krankheiten und Schwächen zu befreien und wieder ein adäquates Energieniveau herzustellen.

1. Stellen Sie sich mit dem Rücken zur Sonne hin.
2. Beugen Sie sich weit vor, damit das Licht der Sonne in die

Analöffnung eindringen kann. (Um ein optimales Ergebnis zu erzielen, sollten Sie die Übung nackt machen.)

3. Spüren Sie, wie die Wärme des Sonnenlichtes die Gewebe durchdringt.

ANMERKUNG:
Sie können diese Übung auch liegend durchführen; achten Sie dann aber besonders darauf, daß die Körperöffnungen im Intimbereich im Licht der Sonne baden.

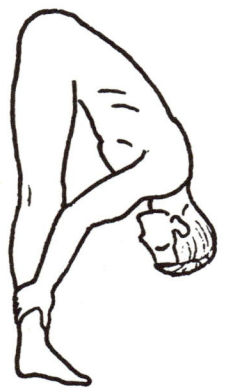

Abb. 77: Die Sonne begrüßen

Übung für Unterleib und Geschlechtsorgane
Die ersten Anzeichen des Alters äußern sich oft als Kälte- und Taubheitsgefühl in Beinen und Füßen infolge der verschlechterten Extremitätendurchblutung, als Gelenksteifigkeit und Mangel an sexueller Energie. Die folgende Übung soll diese und andere degenerative Veränderungen im Unterkörper rückgängig machen und dadurch den Organismus verjüngen. Die Körperhaltung beim Üben steigert die Durchblutung der Zehen, Füße und Beine und der Bauchorgane. Sie lockert das Becken und die Knie- und Fußgelenke, kräftigt die Nerven der unteren Rumpfhälfte und stimu-

liert die Nieren-, Leber- und Milz/Pankreas-Meridiane, die an der Innenseite der Beine empor und zu den Geschlechtsorganen ziehen. Die Übung greift heilend ein bei sexuellen Störungen wie Impotenz, vorzeitigem Samenerguß und anderen Problemen. Sie ist außerdem sehr hilfreich bei Menstruationsbeschwerden, beispielsweise bei krampfartigen Schmerzen und extrem starker Periodenblutung. Außerdem eignet sich die Übung hervorragend für Schwangere, da sie das Becken öffnet und die Entbindung erleichtert.

1. Setzen Sie sich auf den Boden und beugen Sie die Knie, so daß die Fußsohlen vor dem Körper aneinanderliegen.
2. Reiben Sie die Fußsohlen gegeneinander, bis sie warm sind, und legen Sie sie dann aneinander.
3. Reiben Sie die Zehen zwischen Ihren Fingern, um die Durchblutung der Füße zu steigern.
4. Ziehen Sie mit aneinandergelegten Fußsohlen die Fersen möglichst dicht an das Becken heran.
5. Nun nähern Sie langsam Ihre Knie dem Boden, indem Sie die Ellbogen gegen die Oberschenkel drücken, während Sie mit den Händen die Zehen umfassen. Drücken Sie die Knie nicht mit Gewalt herab, sondern lassen Sie einfach die Muskeln locker.
6. Reiben Sie mit den Handflächen die Innenseite der Oberschenkel, indem Sie von den Knien aufwärts zum Becken hin massieren. Das stimuliert die Leber-, Nieren- und Milz/Pankreas-Meridiane.
7. Üben Sie diese Massage insgesamt siebenmal.
8. Anschließend klopfen Sie die Innenseite der Oberschenkel locker mit den Fäusten. Dadurch stimulieren Sie die Durchblutung und den Weg der Energie in den Beinen und den Geschlechtsorganen.
9. Wiederholen Sie die Übungsfolge, solange es Ihnen angenehm ist.

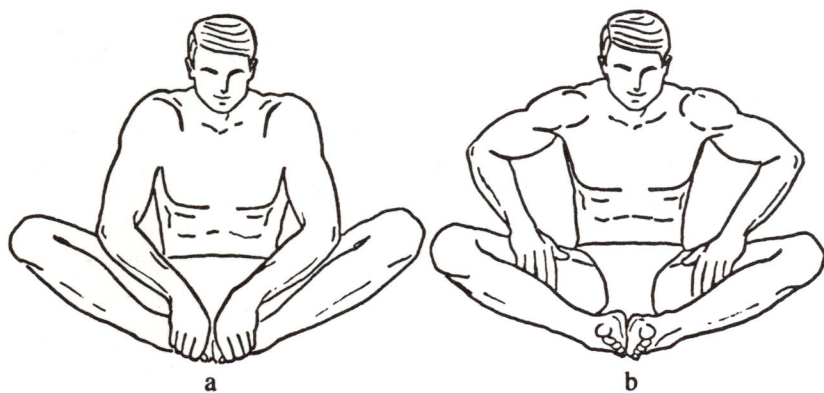

Abb. 78 a und b: Übung für Unterleib und Geschlechtsorgane

Dehnungsübungen und Wackeln mit den Zehen
Während des Schlafs, aber auch während jeder längeren Phase der Inaktivität häufen sich infolge der verminderten Durchblutung Giftstoffe in den Muskeln an, was unter anderem zu Steifigkeit führt. Man sagt oft, daß das Alter in den Zehen beginnt, da ältere Menschen häufig an schlechter Durchblutung und kalten Füßen leiden. In diesem Fall müssen wir unseren Körper morgens beim Aufstehen dehnen, um die Giftstoffe leichter abzubauen und eine normale Durchblutung der Muskeln und anderer Gewebe wiederherzustellen. Dann werden wir nämlich schneller wach und munter. Wenn Sie Tiere beobachten, etwa eine Katze, werden Sie feststellen, daß diese sich beim Erwachen zuerst ausgiebig recken und strecken. Sie gehorchen damit einem Naturgesetz, dem auch wir uns unterwerfen müssen.

1. Bevor Sie morgens aufstehen, strecken und dehnen Sie noch im Bett Arme, Beine, Rücken und Füße. Rekeln Sie sich einfach nach Herzenslust, wie es Ihnen gerade einfällt, und ohne festes Schema. Bevor Sie dann aufstehen, entspannen Sie sich noch kurz im Liegen.

2. Jetzt müssen Sie die Zehen bewegen und stimulieren. Wackeln Sie ein paarmal mit den großen Zehen vor und zurück. Deren Bewegung stimuliert sämtliche Nerven Ihres Körpers.
3. Wackeln Sie zwölfmal mit den Zehen. Achten Sie darauf, sich voll auf die Zehenbewegungen zu konzentrieren, damit die Übung gleichzeitig meditativ wirkt. Auf diese Weise ziehen Sie größeren Nutzen aus der Übung.

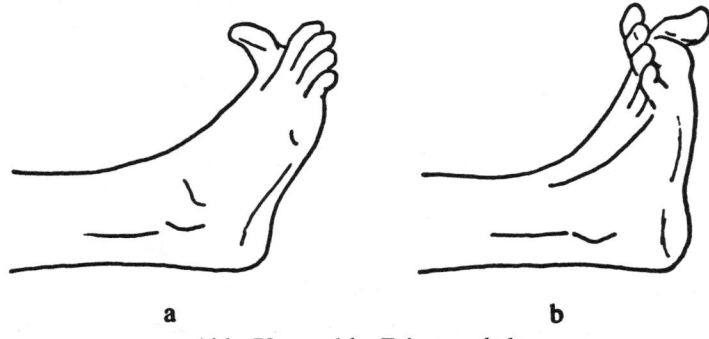

a   b
Abb. 79a und b: Zehenwackeln

Dies deckt sich übrigens mit der modernen Reflexlehre. Die verwandten Disziplinen der Reflexlehre und der Reflexzonentherapie kennt und praktiziert man in China seit über sechstausend Jahren.

Beim Zehenwackeln wird die Leber gekräftigt und stimuliert und den Geschlechtsdrüsen Energie zugeführt. Über die Füße stimulieren Sie durch diese Übung auf einen Schlag den ganzen Organismus.

Entspannung der inneren Organe
Bei den Vierbeinern hängen die inneren Organe frei in der Bauchhöhle und werden dadurch stets ausreichend durchblutet. Die inneren Organe des Menschen hingegen sind als Folge des aufrechten Gangs übereinandergeschichtet. Deswegen müssen wir dafür sorgen, daß diese Organe sich entspannen und entfalten können, damit sie richtig gut durchblutet werden. Und wieder müssen wir uns die Tiere zum Vorbild nehmen. Am besten üben Sie morgens, nachdem Sie sich gerekelt und mit den Zehen gewackelt haben.

1. Knien Sie sich auf Ihre Matratze oder auf den Boden und stützen Sie sich mit Zehen, Unterschenkeln, Knien und Händen gegen die Unterlage. Es ist eine Art Hundestellung, der Kopf ist
   leicht erhoben und der Brustkorb parallel zum Boden. Bleiben
   Sie einen Augenblick in dieser Haltung, damit sämtliche inneren Organe und das umgebende Gewebe gut durchblutet werden können.
2. Dann lassen Sie das Gesäß langsam auf die Fersen sinken und
   neigen die Stirn zum Boden hin. Schieben Sie die gestreckten
   Arme von sich weg. Schließen Sie die Augen und bleiben Sie
   einige Sekunden in dieser Haltung. Dann richten Sie sich wieder in kniende Stellung auf.
3. Sie können auch Ihre Atmung mit dem Bewegungsablauf der
   Übung koordinieren, indem Sie beim Aufrichten einatmen,
   beim Niedersinken ausatmen. Wie immer Sie auch üben, atmen
   Sie ruhig und natürlich.
4. Üben Sie insgesamt siebenmal.

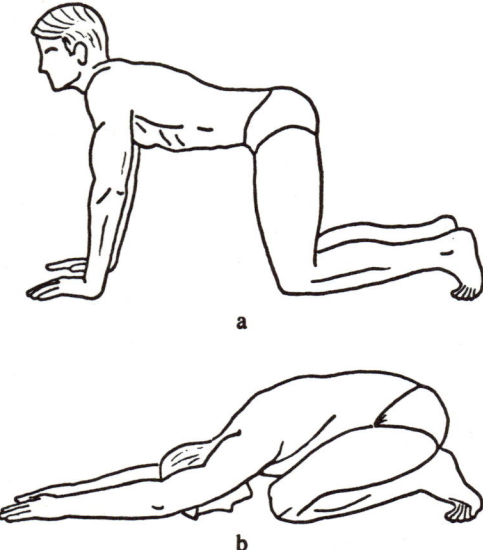

Abb. 80 a und b:
Entspannung der
inneren Organe

a

b

Bei dieser Übung werden Magen und Darm besonders reichlich durchblutet, so daß eine intensivere Verdauung und Entgiftung stattfindet. Das Niedersitzen auf den Fersen zwingt das Blut, durch Herz, Lungen und Hirn zu strömen. Danach fließt es ungehindert zum Herzen zurück, das dadurch entlastet wird. Während des gesunden Schlafs ist die Blutzufuhr zum Kopf gedrosselt. Wenn wir mit dieser Übung den Tag beginnen, strömt das Blut ins Gehirn, und wir fühlen uns gleich frisch, munter und lebendig.

Menschen, die an erhöhtem Blutdruck leiden, sollten diese Übung erst machen, wenn sich ihr Blutdruck durch das Praktizieren der anderen inneren Übungen normalisiert hat. Da durch die Umkehrhaltung eine große Blutmenge zum Kopf transportiert wird und infolgedessen der Blutdruck stark ansteigt, kann diese Übung für Hochdruckpatienten gefährlich sein.

Auch gesunde Menschen sollten sich Zeit nehmen, wenn sie diese Übung praktizieren. Das Gehirn sollte nämlich nicht zu schnell einem erhöhten Druck ausgesetzt werden. Gewöhnen Sie die Arterien, Venen und Kapillaren des Kopfes allmählich an die vermehrte Durchblutung, die diese Übung herbeiführt. Üben Sie zunächst nur ein- oder zweimal hintereinander und steigern Sie im Laufe von einigen Wochen auf siebenmal.

Meridianmassage an Armen und Beinen

Die Energie kreist über feinste Kanäle, die sogenannten *Meridiane,* durch den Körper. Wenn man die Techniken der Atem- und Kontemplationsübungen im System der inneren Übungen beherrschen will, muß man zunächst etwas über die Meridiane wissen und ihre lebenswichtige Funktion verstehen, alle Zellen des Organismus mit Energie zu versorgen.

»Das Werden des Menschen, die Entstehung, die Ursachen und die Heilung von Krankheiten: Jeglicher Theorie und Behandlung liegen die zwölf Meridiane zugrunde. Der Meridian entscheidet über Leben und Tod. Über den Meridian können die hundert Leiden behandelt werden.« NEI CHING

Dr. KIM BONG HAN von der Universität der nordkoreanischen
Hauptstadt Pjöngjang kam nach eingehenden experimentellen Untersuchungen zu dem Schluß, daß diese Energiebahnen tatsächlich
existieren. Er berichtet, daß die Meridiane eine Art histologisches
Substrat haben, das vor Dr. Kims Untersuchungen den Wissenschaftlern entgangen war. Diese hatten in den Meridianen nui
imaginäre Linien gesehen. Kim entdeckte, daß sich Struktur und
Funktion des Meridiansystems grundsätzlich vom Lymph-, Kreis-
lauf- und Nervensystem unterscheiden.

Die Meridiane sind symmetrisch und bilateral angeordnete Kanäle, deren Durchmesser zwanzig bis fünfzig Millimikron beträgt.
Sie befinden sich unter der Hautoberfläche und haben eine hauch-
dünne membranartige Wand, die eine transparente, farblose Flüssigkeit enthält. Jeder der Hauptmeridiane verzweigt sich in feinste
untergeordnete Äste, die teils angrenzenden Gebieten Energie zuführen, teils an die Oberfläche der Haut vordringen. Die Stellen,
an denen diese Äste die Hautoberfläche erreichen, entsprechen
den Akupunkturpunkten, die Sie von den Akupunkturtafeln kennen. Oft treffen mehrere Äste aus verschiedenen Hauptmeridianen
in einem einzigen Punkt (Konfluenzpunkt) zusammen. Wenn man
diesen Punkt stimuliert, kann man die Energie in mehreren Bahnen gleichzeitig beeinflussen. Die Meridiane sind von Blutgefäßen
umgeben, die an den Abzweigungen aus den Hauptmeridianen besonders reichlich vorkommen. (Die kleinen Hautblutungen, über
die manche Patienten nach der Akupunktur berichten, sind ein
Hinweis, daß der Akupunkteur den Punkt an der Hautoberfläche
knapp verfehlt und eines oder mehrere der vielen Blutgefäße in der
Umgebung dieses Punktes getroffen hat.)

Die Wissenschaftler entdeckten nach vielen Experimenten, daß
die Meridiane Leitungen für Elektrizität sind. Dies hatte die Erfin-
dung eines Gerätes zur Folge, das die Punkte aufspürt, an denen
die Verästelungen der Meridiane die Hautoberfläche erreichen
(zum Beispiel Elektroakupunktur nach VOLL: Hautwiderstands-
messung). Derzeit untersuchen chinesische Wissenschaftler sehr
intensiv die Qualität der Impulse, die sich entlang den Meridianen

fortpflanzen, während viele westliche Forscher daran arbeiten, mögliche Beziehungen zwischen den Meridianen und dem autonomen Nervensystem herauszufinden.

Das Meridiansystem als physiologische Struktur liefert den Nachweis, daß viele der energetischen Prinzipien, die lange Zeit als rein hypothetisch galten, tatsächlich existieren. Da das Meridiansystem durch Forscher wie Dr. Kim experimentell nachgewiesen wurde, können wir jetzt folgern, daß die wesentliche Funktion dieses Systems darin besteht, die allen Lebensäußerungen zugrunde liegende, alles durchdringende, aber unsichtbare Energie zu übertragen. Da die Struktur der Meridiane feiner ist als die kleinsten elektronenoptisch nachweisbaren Strukturen des Organismus, liegt der Gedanke nahe, daß die Meridiane durchaus das »fehlende Glied« oder den Übergang zwischen reiner Energie und ihren ersten mikroskopisch erkennbaren Manifestationen darstellen könnten.

Zwar kommt das Verdienst, die Existenz des Meridiansystems als erster wissenschaftlich bewiesen zu haben, wahrscheinlich Dr. Kim zu, doch fand Sir THOMAS LEWIS in England bereits 1937 stichhaltige Hinweise für die Existenz der Meridiane. In einem Beitrag zum *British Medical Journal* vom Februar 1937 berichtete er, daß er ein »unbekanntes Nervensystem« entdeckt habe, das weder dem sensiblen noch dem sympathischen Nervensystem zuzuordnen sei. Das neu entdeckte System, so der Bericht, bestünde nicht aus Nerven, sondern aus einem Netz unglaublich winziger Linien. Zwar wurde Lewis' Bericht von den Kollegen kaum beachtet, doch stellt er in der westlichen Welt die erste konkrete Beschreibung des physiologischen Systems dar, dessen Existenz den Taoisten bereits vor Tausenden von Jahren bekannt war.

Der Begriff *Meridian* ist der Geographie entlehnt und bezeichnet eine Linie, die eine Reihe fester Punkte miteinander verbindet. Es gibt zwölf Hauptmeridiane. Jedem der fünf »festen« und der sechs »hohlen« Organe sowie dem Perikard (Herzbeutel, hier als Meister des Herzens oder Kreislaufmeridian bezeichnet) ist ein Hauptmeridian zugeordnet. (Die Vorstellung von sechs »hohlen«

Organen verwirrt viele, denen die taoistische Philosophie fremd ist. Die fünf festen Organe oder Speicherorgane sind Herz, Milz/Pankreas, Lungen, Nieren und Leber. Die sechs Hohlorgane sind Dickdarm, Harnblase, »Drei-Erwärmer«-Funktionskreis – ein alter Begriff für das innere Drüsensystem –, Gallenblase, Dünndarm und Magen. Der Kreislaufmeridian vertritt das Blutgefäßsystem.)

Jeder der Hauptmeridiane hat einen Eintritts- und einen Austrittspunkt. Die Energie gelangt am Eintrittspunkt in den Meridian, strömt den Meridian entlang, verläßt ihn durch den Austrittspunkt und dringt in den Eintrittspunkt des nächsten Meridians ein. Der Austrittspunkt eines Meridians ist mit dem Eintrittspunkt des folgenden Meridians durch eine untergeordnete Bahn verbunden. Die Fließrichtung der Energie entlang einem Meridian bleibt konstant und ändert sich nicht, nachdem die Energie durch den Eintrittspunkt gelangt ist (siehe Abbildungen 83–96).

Die Meridiane verbinden die Speicherorgane und die Hohlorgane miteinander und führen ihnen die belebende Energie zu, die durch den Meridiankreislauf zirkuliert. Betrachtet man die Abbildungen, auf denen der Verlauf der Hauptmeridiane dargestellt ist, könnte man sich natürlich fragen: »Müßte man aus dem, was ich bis jetzt erfahren habe, nicht logischerweise folgern, daß der Energiestrom in einem festen oder hohlen Organ, wenn es mit einem der Hauptmeridiane verbunden ist, im Krankheitsfall blockiert und unterbrochen wird?« Die Antwort lautet: Nein, denn es gibt außer den zwölf Hauptmeridianen noch acht außerordentliche Meridiane, welche die Hauptmeridiane entlasten, wenn in ihnen die Energie zu sehr ansteigt oder überhandnimmt.

Die acht außerordentlichen Meridiane oder »Wunder«-Meridiane kann man geradezu als »Lebensretter« bezeichnen, sorgen sie doch dafür, daß der Energiekreislauf intakt bleibt, auch wenn eines der festen oder hohlen Organe erkrankt und dadurch den Kreislauf der Hauptmeridiane blockiert. Nach taoistischer Lehre wirken die acht außerordentlichen Meridiane wie die Dränage der Kanäle und Gräben, die sich manchmal entlang größeren Flüssen finden (diese entsprechen natürlich den Hauptmeridianen). Falls aus irgendwelchen Gründen der Fluß zuviel Wasser führt und über die Ufer zu treten droht, sollen die Seitenkanäle den Überhang an Wasser ableiten. Deswegen ist der Energiestrom entlang den acht außerordentlichen Meridianen nicht konstant, sondern wird durch den Anteil an überschüssiger Energie im Hauptmeridian bestimmt.

Die Meridiane oder Energiekanäle, die Leber, Bauchspeicheldrüse und Nieren regulieren, treffen sämtlich an der Innenseite der Oberschenkel zusammen. Diese drei Meridiane sollen die obere Körperhälfte mit Energie versorgen. Wenn wir diese Bahnen richtig massieren, können wir den ganzen Körper einschließlich der Geschlechtsorgane stimulieren, da diese Meridiane auf ihrem Weg in den Oberkörper das Becken passieren. Ganz ähnlich verlaufen die Meridiane von Gallenblase, Harnblase und Magen an der Außenseite der Beine abwärts. Durch die Massage dieser Meridiane werden die mit ihnen verbundenen Organe und Gewebe stimuliert.

Aufsteigende Massage

Wenn wir die Innenseite der Oberschenkel aufwärts massieren, regen wir die Durchblutung der unteren Körperhälfte an. Menschen, die durch ihren Beruf gezwungen sind, den ganzen Tag sitzend oder stehend zuzubringen, neigen zu Beinkrämpfen und zu Krampfadern. Dies ist dadurch bedingt, daß das Blut in den Füßen und Beinen versackt und eine ordentliche Durchblutung verhindert. Durch Stimulation der Meridiane in den Beinen können wir die gesunde Durchblutung fördern und dadurch späteren Beinleiden vorbeugen.

Die folgende Übung können Sie im Stehen, im Sitzen oder im Liegen machen.

1. Legen Sie die Handflächen in Knöchelhöhe an die Innenseite der Beine.
2. Streichen Sie langsam an der Innenseite der Beine über die Knie und Oberschenkel aufwärts bis zu den Genitalien.

3. Machen Sie diese aufwärts streichenden Massagebewegungen insgesamt zwölfmal.

ANMERKUNG:
Üben Sie gleichmäßigen Druck mit den Händen aus, so daß Sie während der Beinmassage ein leichtes Wärmegefühl empfinden. Atmen Sie während der ganzen Übung normal. Sie können die Übung auch machen, indem Sie sich darauf beschränken, vom Knie abwärts zu massieren; denn das ist der wichtigste Teil der Übung.

Absteigende Massage
Durch die absteigende Massage der Beinaußenseite werden Erkrankungen wie Bluthochdruck, Wasserretention und Fettsucht (die alle mit dem Gallenblasen-, Harnblasen- und Magenmeridian zusammenhängen) gebessert oder verhütet. Auch Entzündungen der Schleimbeutel und der Gelenke (Bursitiden und Arthritiden) können geheilt oder zumindest zum Stillstand gebracht werden. Die folgende Übung kann stehend, sitzend oder liegend absolviert werden. Im Stehen hat sie den Vorteil, daß die Achillessehnen, die Sehnen der Knie und der Waden gedehnt werden und daß den Zehen Energie zugeführt wird.

1. Legen Sie die Handflächen oben an die Außenseite der Oberschenkel.
2. Reiben Sie mit einer gleichmäßigen Bewegung an der Außenseite der Beine über die Knie und Waden abwärts bis zu den Knöcheln.
3. Machen Sie diese Streichmassage insgesamt zwölfmal. Atmen Sie während der Übung ganz normal.

Diese Bewegung fördert die Ableitung von Energie aus dem Körper. Deswegen hilft sie auch bei Übergewicht, Wasserretention und Bluthochdruck. Am besten üben Sie frühmorgens; denn diese Zeit ist besonders gut geeignet, dem Körper Energie zuzuführen.

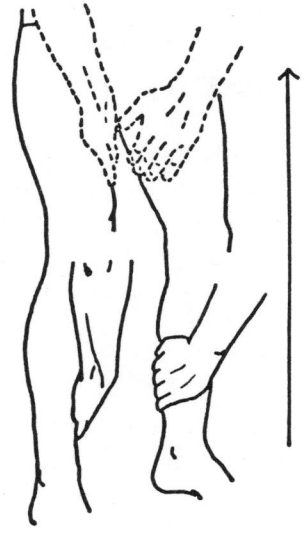 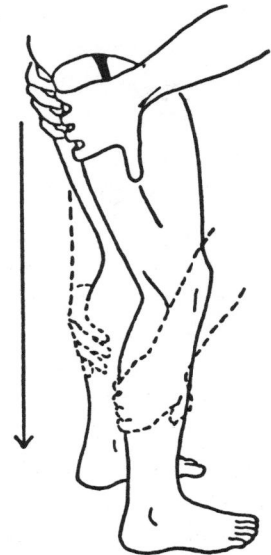

a) Aufsteigende Meridiane   b) Absteigende Meridiane

Abb. 81 a und b: Meridianmassage: Beinreibungen

Selbstmassage der Arme

Sie können nicht nur die Beine, sondern auch die Arme massieren. Die Massage der Innenseite des Arms stimuliert den Herz-, Lungen- und Kreislaufmeridian, die der Außenseite bis zu den Schultern regt den Drei-Erwärmer, den Dickdarm- und Dünndarmmeridian an.

1. Umfassen Sie mit der linken Hand die Innenseite des rechten Oberarms.
2. Reiben Sie mit einer gleichmäßigen Bewegung der Hand an der Innenseite des Arms über die Armbeuge abwärts bis zu den Fingerspitzen.
3. Legen Sie die linke Hand über die Finger der rechten und reiben Sie gleichmäßig vom Handrücken an der Außenseite des Arms über den Ellbogen aufwärts bis zur Schulter.
4. Machen Sie diese Massagebewegungen insgesamt zwölfmal.

5. Nun üben Sie umgekehrt, indem Sie mit der rechten Hand den linken Arm bearbeiten: zuerst an der Innenseite abwärts, dann aufwärts an der Außenseite des Arms. Auch diese Übung insgesamt zwölfmal machen.

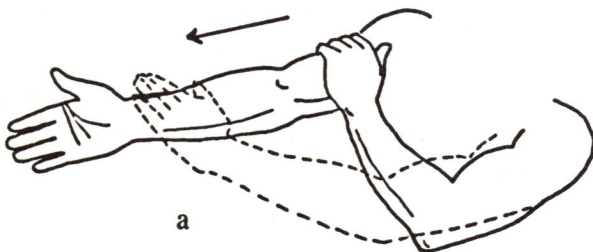

Abb. 82a und b: Meridianmassage: Armreibungen

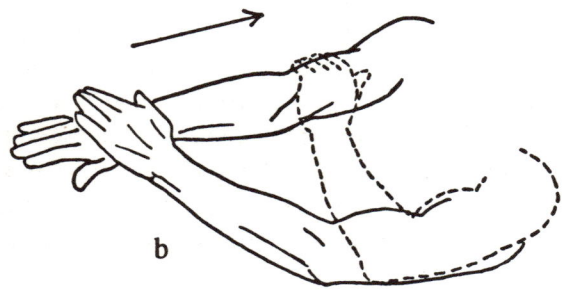

Die Wirksamkeit der inneren Übungen beruht darauf, daß der Kreislauf des Energieflusses in den Meridianen optimiert wird. Jede Übung soll einen ganz bestimmten Meridian oder, wie bei der Meridianmeditation, das gesamte Meridiansystem stimulieren. Indem wir die inneren Übungen und speziell die Meridianmassage erlernen, können wir unserem Körper helfen, die Energie zu regulieren, von der alles Leben abhängt. Diese Energie können wir dann nutzen, um uns oder andere zu heilen und um auf dem Weg zu anhaltender Gesundheit und spirituellem Wachstum voranzuschreiten – und vielleicht sogar zur Unsterblichkeit zu gelangen.

DRITTER TEIL

Intensiver leben:
Übungen für Fortgeschrittene

7. Das Tao der Meditation, der Kontemplation und des Atmens

Neben den körperlichen Übungen entdeckten die alten Taoisten einzigartige Meditations- und Atemtechniken, beispielsweise die Meridianmeditation, die Reinigung des Gehirns und spezielle Atemübungen. Diese Techniken praktizierten sie, um die Energie im Körper zu mehren, einen beständigen und ungehinderten Energiestrom in den Meridianen zu fördern und innere Schwäche- und Krankheitszustände erkennen zu können. Sie entdeckten außerdem Techniken der inneren Versenkung, etwa die Meditation über den Polarstern, die Kontemplation über Kerzenlicht und Sonne sowie Konzentrationsübungen, die angewandt wurden, um Energien gezielt in eine bestimmte Richtung zu lenken, zum Beispiel auf einen neuen Job oder wirtschaftliche Sicherheit, oder um Geist und Seele zu befrieden.

Die Taoisten entwickelten meditative Atemtechniken, die den Strom der Samenessenz umwandeln. Diese Form der Vitalenergie wird dann nicht freigesetzt, um Nachwuchs zu zeugen und dadurch verlorenzugehen, sondern sie wird im Körper zurückgehalten und in reinigende, positive Lebenskraft umgewandelt. Bei diesen als *unsterblicher Atem* (kleiner und großer himmlischer Kreislauf) bezeichneten Techniken handelt es sich um komplizierte Methoden, die in dem Übenden eine alchimistische Veränderung erzeugen sollen, um ihn auf die höchste Stufe der Selbstverwirklichung und zur Unsterblichkeit zu führen.

Alle taoistischen Übungen – die körperlichen, meditativen, kontemplativen Verfahren und die Atemtechniken – zielen auf die Einheit von Seele, Geist und Leib. Gelingt es dem Menschen, Geist, Körper und Seele für immer zu vereinen, dann wird er niemals sterben, denn der Tod ist die Trennung des Leiblichen vom Geistig-Seelischen. Vereinigung ist der Weg Gottes und des Lebens, Trennung aber ist der Weg Satans oder Tod. Wer sich diese Grundsätze zu eigen macht, wird die wahre Lehre von der Lüge unterscheiden können. Die wahre Lehre ist lebensfördernd, wogegen die Irrlehren Geist-Seele und Körper voneinander trennen. Wer die inneren Übungen praktiziert, wird sofort erkennen, daß diese der wahren Lehre entsprechen; denn sie beseitigen die Disharmonien zwischen Seele, Geist und Körper und führen zur vollkommenen Einheit, zum Einssein im Tao.

Bei allen inneren Übungen wird der Übende zunächst angehalten, aktiv zu sein, indem er seinen Körper und seine Konzentrationsfähigkeit trainiert. Dieses Bemühen befähigt den Übenden, durch Tun zum Tao zu gelangen – oder in einen Zustand des Aktivseins ohne Aktivität. Die Atem- und Meditationstechniken der inneren Übungen bewirken dann, daß die zweite Stufe, die des Nicht-Tuns, realisiert wird.

Nach taoistischer Auffassung wird das Tao in drei Stufen erreicht. Die erste Stufe ist *you wei,* das bedeutet »Tun« oder geduldiges Üben. Durch unbeirrbare Hingabe an das Ziel gelangt man zur nächsthöheren Stufe *wu wei,* ein chinesischer Begriff für »Nicht-Tun«. Auf dieser Stufe erfahren wir die Macht des Nicht-aktiv-Seins. Doch um zum Tao zu gelangen, müssen wir lernen, daß jedem Zustand der Passivität auch Aktivität innewohnt. Dann können wir die höchste Stufe *wu bu wei* erreichen, auf der alles Tun ohne Absicht zum Tun geschieht.

Die inneren Übungen bereiten den Menschen auf die höchste Seinsstufe jenseits von Zeit und Raum vor, auf der er eins wird mit dem Universum.

Übt man das Lernen, so nimmt man täglich zu.
Übt man den rechten Weg, so nimmt man täglich ab.
Man nimmt ab und immer weiter ab
und kommt so zur Tatlosigkeit.
Man tut nichts – und dabei ist nichts getan.
Man erobert die Welt stets durch Ungeschäftigkeit.
Langt man nach ihr aber voll Geschäftigkeit,
so reicht das nicht zu, die Welt zu erobern.

Tao-te-King, Achtundvierzigster Spruch
(Übersetzung von JAN ULENBROOK)

Meditation über die Meridiane

Die Meditation über die Meridiane bedient sich der im Körper vorhandenen Energiebahnen und versetzt den Übenden in den Stand, den Blick nach innen zu wenden und körperliche Schwächen zu entdecken, als würde er sie wirklich mit den eigenen Augen sehen. Wenn Sie diese Technik erst beherrschen, werden Sie bestens gerüstet sein, Ihre physische Gesundheit richtig zu beurteilen.

Die moderne Apparate- und Labordiagnostik (Röntgen, CAT, Blut- und Harnanalyse usw.) ist nützlich, um bestimmte Krankheiten, speziell entzündlicher Art, nachzuweisen, doch tut sie sich schwer, degenerative Erkrankungen im Bereich des Nervensystems und Störungen des Energiekreislaufs zu diagnostizieren, die unmerklich die Organe und Gewebe schwächen und auf Dauer zu komplizierten medizinischen Problemen führen. Oft werden diese Probleme erst entdeckt, wenn es zu spät ist. Schwäche *ist* der erste Schritt zur Krankheit. Wenn wir keine Schwächen haben, können wir uns keine schwere Krankheit zuziehen. Durch die Meridianmeditation können wir in unsere Energiebahnen eindringen und jede Krankheit rechtzeitig aufspüren. Wenn wir bei der Meridianmeditation zum Beispiel eine Blockierung der Energie entdecken, können wir die verschiedenen Heilweisen anwenden, die uns zu Gebote stehen, beispielsweise die inneren Übungen, Heilkräuter, Tui-Na und dergleichen mehr.

Die Meridianmeditation kann auch benutzt werden, um die Ursachen einer Schwäche zu entdecken, die man zunächst an einer anderen Stelle des Körpers lokalisiert glaubte. Ich kann dies am eigenen Beispiel illustrieren: Vor einiger Zeit quälte mich ein chronischer, trockener Husten, der die Rachenschleimhaut dermaßen reizte, daß ich kaum sprechen konnte. Erst tippte ich auf eine Lungenerkrankung und behandelte die vermeintliche Ursache meines Leidens mit den entsprechenden Heilkräutern. Als darauf die Reizung weiterbestand, vermutete ich, daß irgendwas anderes nicht in Ordnung sei. Die Meridianmeditation ließ mich erkennen, daß die Ursache des Problems nicht in den Lungen lag, sondern im Herzen, dem Organ, das die Lungen fördert. Nachdem ich die Heilkräuterrezeptur auf die Behandlung des Herzens umgestellt hatte, ließ der Husten vom folgenden Tag an nach. Die Meridianmeditation kann auch vorbeugend angewandt werden. Sie ermöglicht dem Übenden, Schwächen zu erkennen, *bevor* sie sich zu schweren Krankheiten auswachsen. Eine Krebskrankheit zum Beispiel braucht viele Jahre, bis sie sich manifestiert. Die innere Beobachtung über die Meridianmeditation kann dazu beitragen, den Ausbruch der Krankheit zu verhindern. Diese Methode der Eigendiagnose hilft uns somit, alle Krankheitszeichen zu erkennen, *bevor* die Krankheit sich im Körper ausbreiten kann.

Die Meridianmeditation ist auch ein System der Selbstheilung. Indem wir über Stellen unseres Körpers meditieren, an denen die Energie blockiert ist, können wir dort wieder einen ungehinderten Energiefluß herstellen. Die Meridianmeditation wurde seit Tausenden von Jahren zu diesem Zweck praktiziert und hat in hohem Maße zur körperlichen und spirituellen Entwicklung vieler taoistischer Gelehrter beigetragen.

Die Meridianmeditation wird in drei Stufen erlernt:
1. Sie prägen sich den Verlauf der Meridiane ein;
2. Sie lernen, die Energiebahnen zu fühlen;
3. Sie lernen, die zwölf Hauptmeridiane gleichzeitig nachzuzeichnen.

1. Zunächst müssen Sie den exakten Verlauf der Meridiane auswendig lernen. Zu diesem Zweck sollten Sie sich eine gute Akupunkturtafel kaufen. Lernen Sie dann jeweils die einzelnen Meridiane in der Reihenfolge, wie sie auf der Tafel dargestellt sind. Der erste Meridian ist der Lungenmeridian. Um sich den Verlauf einzuprägen, massieren Sie den Meridian über seine gesamte Länge sanft mit dem Daumenballen oder mit den Kuppen der Zeige- und Mittelfinger. Folgen Sie dabei der Richtung des Energieflusses. Massieren Sie aufwärts, wo die Energie aufwärts fließt, und abwärts, wo sie abwärts fließt.
2. Nachdem Ihnen die Meridianverläufe und die Richtungen des Energieflusses geläufig sind, üben Sie, das Fließen der Energie in den Meridianen zu erfühlen. Die richtige Vorgehensweise ist, zuerst eine bequeme Sitzhaltung oder Lage einzunehmen. Am besten setzen Sie sich auf ein weiches Kissen. Die Wirbelsäule soll aufgerichtet sein, so daß das Kreuzbein und die Wirbel in Taillenhöhe eine gerade Linie bilden. Schultern und Rücken sollen entspannt sein; die Schultern hängen dann automatisch leicht nach vorne. Dies ermöglicht eine maximale Entfaltung der Lungen. Beugen Sie die Daumen in die Handflächen und legen Sie die Hände auf die Oberschenkel. Verbannen Sie alle abschweifenden Gedanken aus Ihrem Geist und konzentrieren Sie sich vollkommen auf Ihren Lungenmeridian. Vielleicht beginnen Sie zweckmäßigerweise damit, wie bei der ersten Stufe den Verlauf des Lungenmeridians mit den Fingern nachzuzeichnen. Achten Sie nun genau auf das subjektive Gefühl, das Sie bei diesem Vorgehen wahrnehmen. Dann versuchen Sie, während die Hände auf den Beinen liegenbleiben, den Energiestrom zu spüren, der über den Lungenmeridian am Arm ab-

wärts fließt. Allmählich werden Sie lernen, sogar die winzigsten
Energieströmungen im Meridianverlauf wahrzunehmen. Diese
Meditationstechnik üben Sie dann auch in der richtigen Reihenfolge mit dem Dickdarmmeridian und den nachgeordneten
Meridianen. Nach einigen Sitzungen werden Sie allmählich
spüren können, wie die Energie in den Meridianen entlang-
fließt.

3. Wenn Sie das Fließen der Energie in den einzelnen Hauptmeri-
dianen erfühlen können, üben Sie, mehrere Meridiane gleichzeitig zu aktivieren, zum Beispiel alle Meridiane, die durch
Kopf und Rumpf oder durch die untere Körperhälfte verlaufen.
Dazu nehmen Sie zuerst die für die zweite Stufe beschriebene
Haltung ein. Leeren Sie Ihren Geist von allen abschweifenden
Gedanken und konzentrieren Sie sich vollständig auf die Meridiane in Ihrem Kopf. Zeichnen Sie die Meridiane mit der Hand
nach. Dies sollten Sie langsam tun und dabei sehr genau auf
Ihre subjektiven Empfindungen achten. Erfühlen Sie die Ener-
gieströme. Üben Sie so lange, bis Sie noch die winzigsten Ener-
giebewegungen im Kopf spüren. Üben Sie in der gleichen Weise
mit allen Meridianen im Rumpf und in der unteren Körperhälfte.

ANMERKUNG A:

Es wird gelegentlich vorkommen, daß eine Blockierung der Energie Sie hindert, dem Energiestrom in dem Meridian, den Sie gerade nachzeichnen, weiter zu folgen. Sie können beispielsweise
spüren, wie im Arm die Energie über den Lungenmeridian abwärts
strömt, aber am Ellbogen steckenbleibt. Dann wissen Sie, daß dort
irgendeine Blockierung besteht. Beginnen Sie dann erneut, vom
Oberarm abwärts dem Energiestrom zu folgen. Falls er wieder
blockiert ist, versuchen Sie es so lange immer wieder, bis der Energiestrom ungehindert fließt. Unter Umständen klappt es erst nach
mehreren Anläufen und dauert einige Wochen, bis diese Anfangs-
hürde genommen ist. Sobald Sie aber den gleichmäßigen, freien
Strom der Energie spüren, können Sie sicher sein, daß Sie eine

Schwäche oder eine Krankheit bei sich verhütet oder kuriert haben. Wenn die Energie während einer Übungssitzung nach mehreren Versuchen noch nicht richtig fließt, arbeiten Sie mit den nächstfolgenden Meridianen weiter. Zum Schluß oder bei der nächsten Sitzung widmen Sie sich dann wieder dem blockierten Meridian.

ANMERKUNG B:
Üben Sie stets vollkommen konzentriert. Wenn der Geist abschweift, fangen Sie bitte ganz von vorne an. Versuchen Sie nicht, den Prozeß zu beschleunigen. Erfühlen Sie erst, wo die Energie hinströmt, und lassen Sie sich nicht dabei stören. Schließlich wird es Ihnen gelingen, den Energiefluß ganz unmittelbar wahrzunehmen.

Schon nach drei Monaten werden Sie durch die Meridianmeditation imstande sein, den Energiefluß in den einzelnen Meridianen wahrzunehmen. Die bewußte Wahrnehmung der im Körper kreisenden Energie befähigt Sie, unter allen Umständen das Energiegleichgewicht in Ihrem Körper zu erhalten. Krankheiten aber können sich nur in einem Körper einnisten, wenn die Energie in seinen Meridianen unregelmäßig fließt.

Bevor wir zu unserem Weg durch das Universum aufbrechen, müssen wir erst unsere innere Welt erfahren. Durch die Meridianmeditation lernen Sie, im Mikrokosmos Ihrer Person Geist und Körper zu vereinen. Erst dann eröffnet sich Ihnen der Weg zur Erkenntnis des universalen Makrokosmos, der jenseits unserer augenscheinlichen Grenzen liegt – zum Einswerden im Tao.

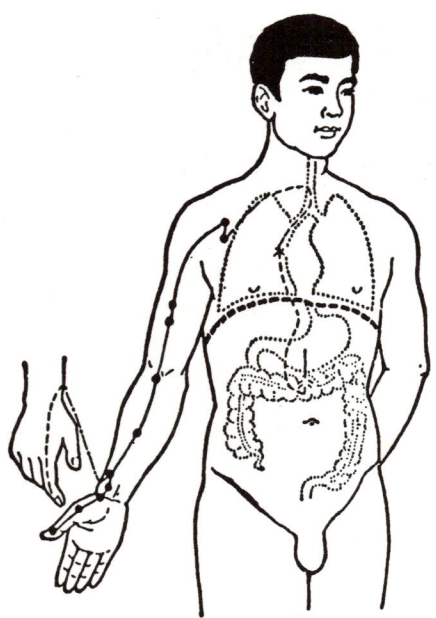

Abb. 83: Lungenmeridian

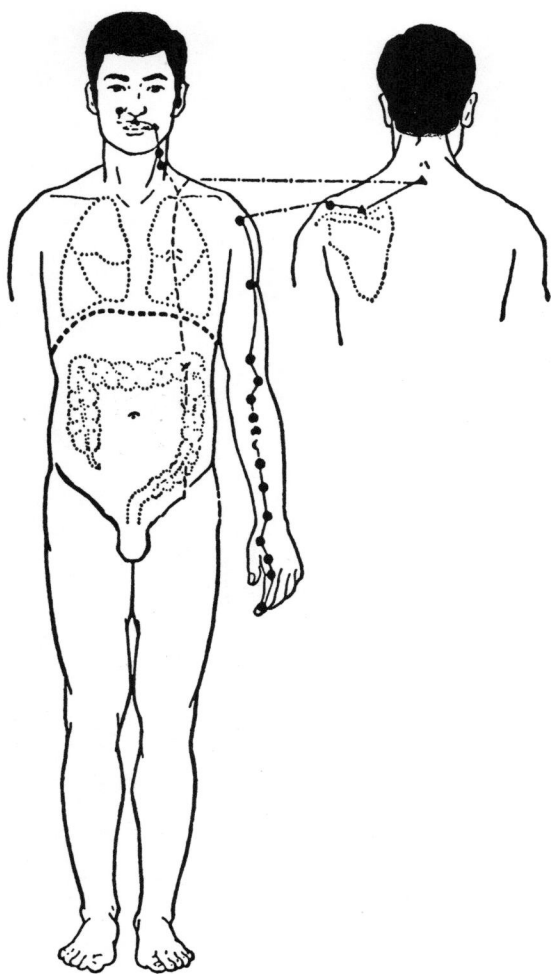

Abb. 84: Dickdarmmeridian

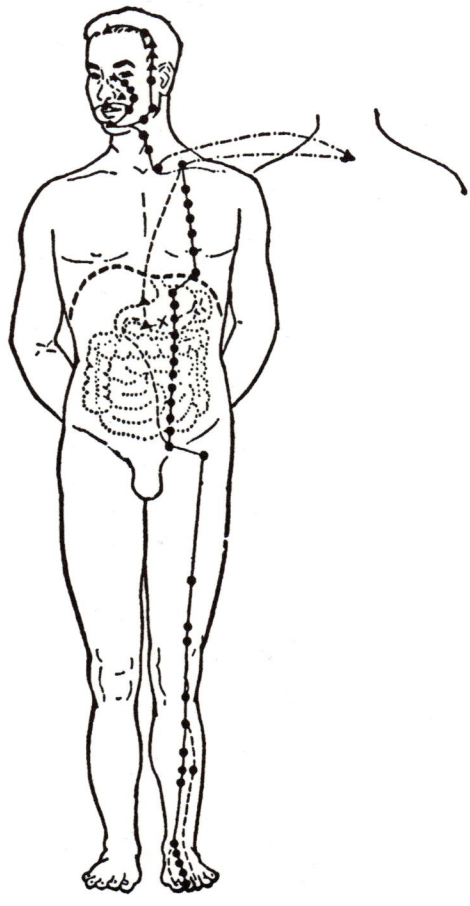

Abb. 85: Magenmeridian

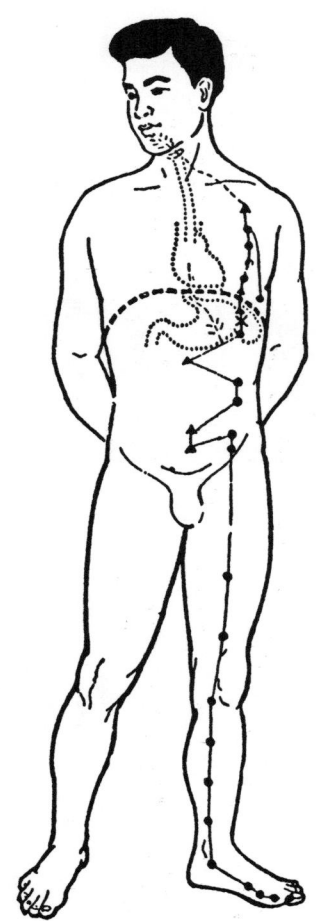

Abb. 86: Milz/Pankreas-Meridian

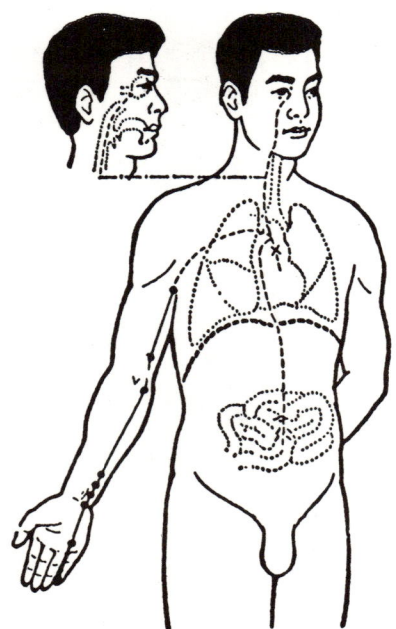

Abb. 87: Herzmeridian

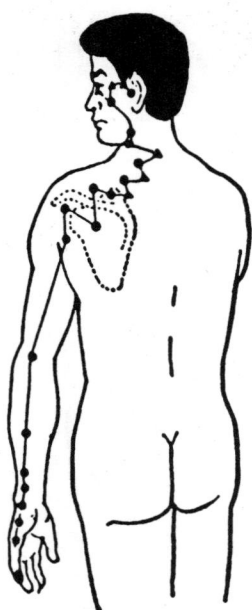

Abb. 88: Dünndarmmeridian

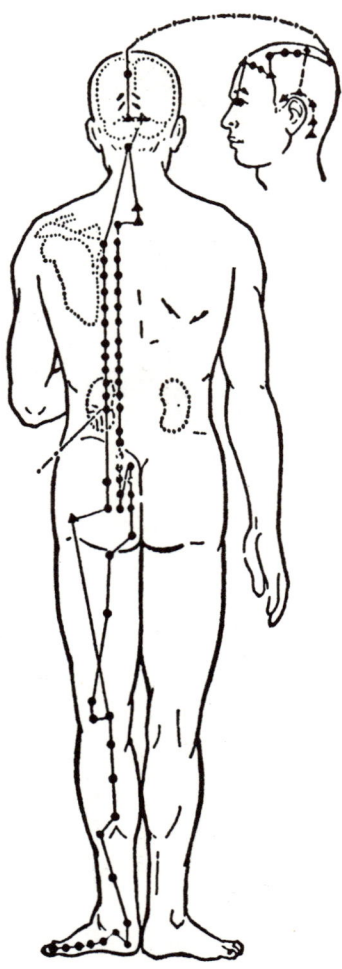

Abb. 89: Blasenmeridian

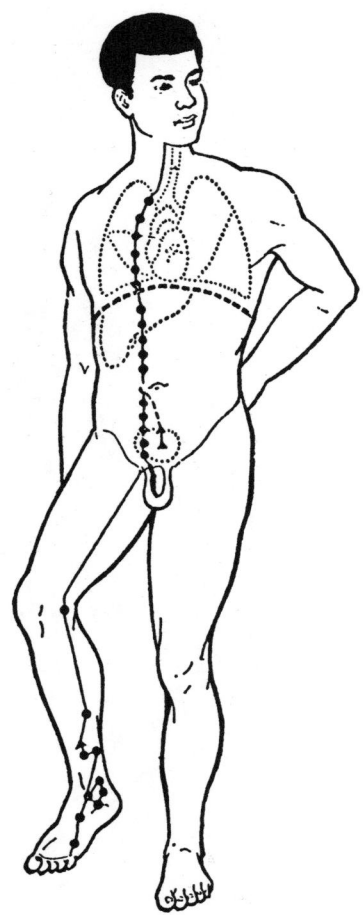

Abb. 90: Nierenmeridian

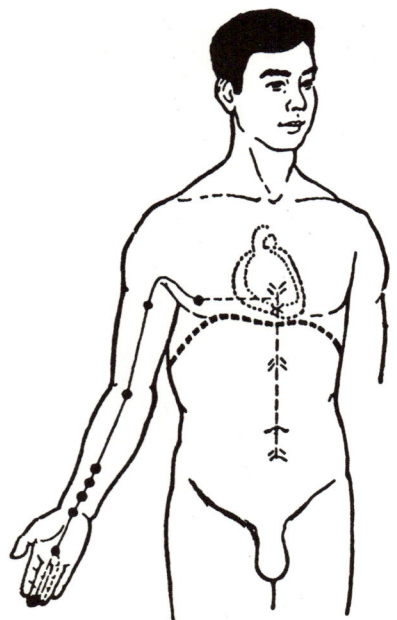

Abb. 91: Kreislaufmeridian

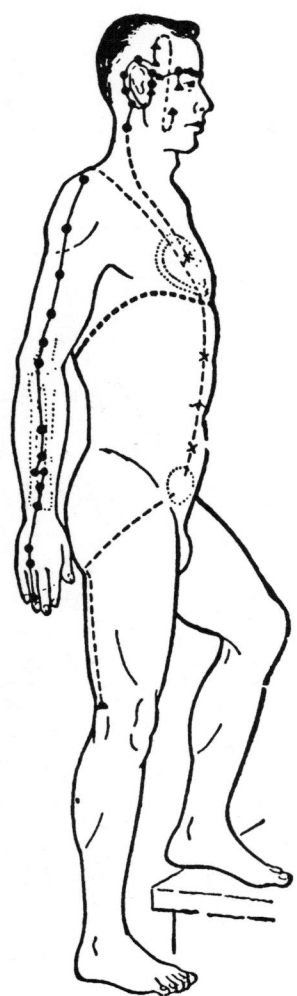

Abb. 92: Drei-Erwärmer-Meridian

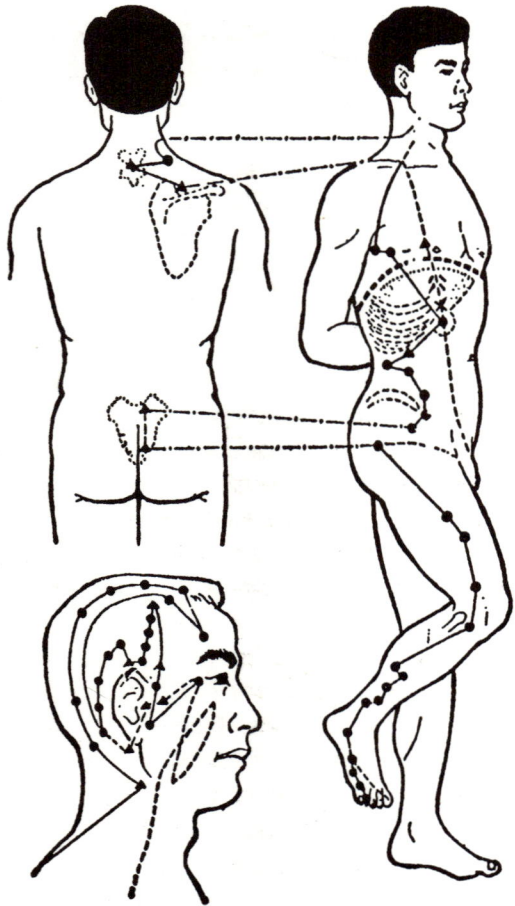

Abb. 93: Gallenblasenmeridian

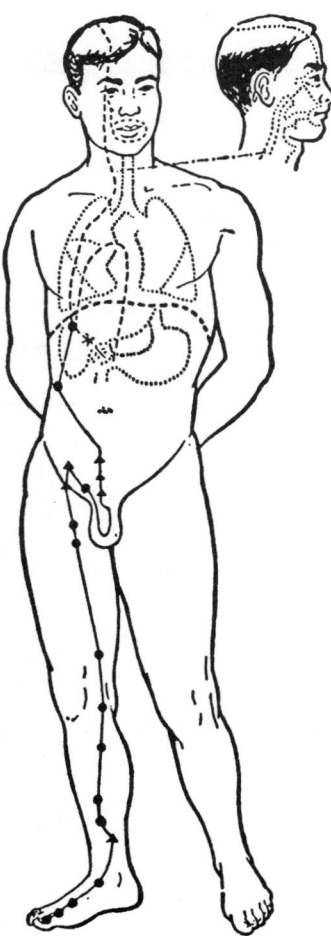

Abb. 94: Lebermeridian

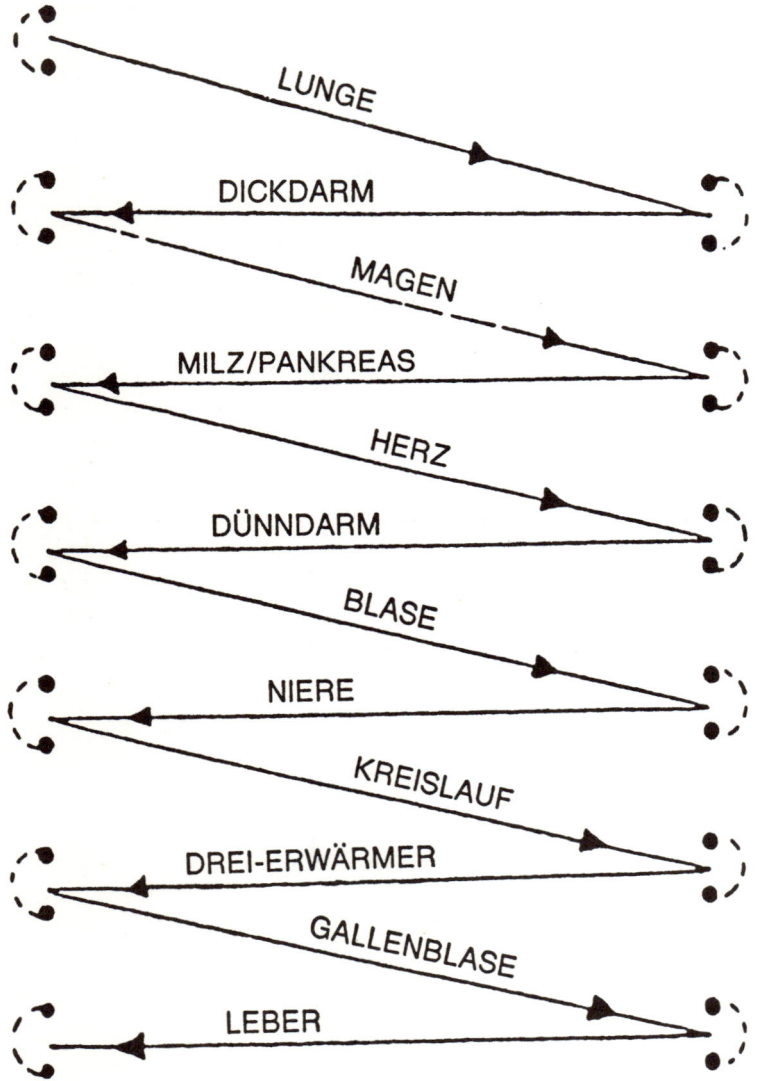

Abb. 95: Anordnung der Hauptmeridiane im Energiekreislauf

Meditations- und Kontemplationsübungen

Die Polarsternmeditation, die Kontemplation über Kerzenlicht, Sonne oder Mond sowie Konzentrationsübungen können zu praktischen Zwecken, aber auch kurativ ausgeübt werden. Die kontemplativen Übungen helfen, wenn jemand einen Job oder Geld benötigt, wenn es ihm an Intelligenz oder an Liebe mangelt. Wer beispielsweise einen neuen Job finden will, sollte sich vorstellen, daß das Licht, das (über die Augen) in den Kopf eindringt, der neue Job *ist*. Alle Wünsche und Hoffnungen sollen in die Meditation eingebracht werden. Man braucht nicht einmal exakt zu wissen, welcher Art eine neue Tätigkeit sein soll. Wenn man fähig ist, richtig zu meditieren und zu erfühlen, wie das goldene Licht durch den Körper flutet, dann wartet der neue Job irgendwo nur darauf, daß man zugreift. Genauso kann man sich auf meditativem Wege den Wunsch nach Geld, Intelligenz, Glück und Liebe und jeden anderen Wunsch erfüllen. Die Erfüllung kann man auch über die Konzentrationsübung erlangen, die den Geist stärkt und ihn trainiert, Schwächen zu überwinden, die den Erfolg vielleicht fernhalten.

Man muß die inneren Übungen wie auch die Atem- und Meditationstechniken am eigenen Leib erleben, um sie begreifen und ihre einfachen, aber tiefgreifenden Wirkungen schätzen zu können. Die alten Taoisten waren sehr praktische Menschen. Wenn etwas funktionierte, machten sie es sich zunutze; wenn nicht, verwarfen sie es. Und dieses System der inneren Übungen hat sich immerhin seit mehr als sechstausend Jahren bewährt!

Meditation über den Polarstern

Der Polarstern ist ein Leitstern am Firmament. Seit undenklichen Zeiten hat er Reisenden geholfen, sich zu orientieren und an ihr Ziel zu gelangen. Der Polarstern galt als »König«, »Herrscher« oder »höchster Ort« und wurde wegen seiner prächtigen purpurfarbenen Aura auch »Purpurrose« genannt. Da er unverrückbar seinen Platz am Himmel einnimmt und zur Erde herabschimmert, ist er stets ein zuverlässiger Führer. So ist es denn nicht erstaunlich, daß die Taoisten den Polarstern seit Tausenden von Jahren in eine

Meditationsübung eingebunden haben, die sie zu Heilzwecken und mit anderen Zielen anwandten. Die günstigste Zeit für diese Meditation ist abends, wenn man den Polarstern hell erstrahlen sieht. Sie können aber auch tagsüber meditieren, indem Sie sich einfach vorstellen, daß der Stern über Ihnen leuchtet. Allerdings müssen Sie während der Meditation das Gesicht stets dem Polarstern zuwenden. Dann kann Ihr Körper die elektromagnetische Energie, die der Stern aussendet, leichter empfangen.

1. Zunächst setzen Sie sich nieder, das Gesicht zum Polarstern gewandt. Sie finden ihn leicht am Himmel, indem Sie zuerst das Sternbild des Großen Wagens aufsuchen.
2. Setzen Sie Ihre Vorstellungskraft ein und erfühlen Sie, wie das Licht des Polarsterns auf Sie herabkommt und Ihren Oberkopf im »Treffpunkt aller Punkte« (Konfluenzpunkt) berührt. Dieser Punkt liegt auf dem Scheitel in der Mitte der Verbindungslinie zwischen den Ohren.

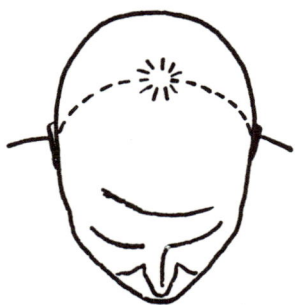

Abb. 96: Der »Treffpunkt aller Punkte«

3. Spüren Sie, wie in diesem Punkt die Energie der »Purpurrose« mit Ihrer Vitalenergie zusammentrifft, und stellen Sie sich vor, daß dort ein goldenes Feuer entbrennt. Die Meridiane Ihres

Körpers beginnen transparent und golden zu schimmern. Erfühlen Sie, wie das goldene Licht Ihren ganzen Körper bis hinunter zu den Zehen durchdringt.

ANMERKUNG:
Vielen fällt diese Übung sehr schwer, da man sich total darauf konzentrieren muß, wenn sie gelingen soll. Falls Ihre Gedanken abschweifen oder wenn Sie gestört werden, fangen Sie von vorne an. Zwingen Sie sich aber niemals, zu meditieren. Sollten Sie es nicht schaffen, die Übung erfolgreich zu Ende zu führen, hören Sie auf und versuchen Sie es ein anderes Mal. Schließlich wird es Ihnen doch gelingen. Sobald Sie erst imstande sind, konzentriert zu meditieren und zu erfühlen, wie das goldene Licht in Ihren Körper eindringt, werden Sie vielleicht entdecken, daß manche Stellen in Ihrem Körper dunkel erscheinen, während der Rest goldfarben schimmert. Die dunkle Stelle in Ihrem Körper weist auf eine Krankheit hin. Lassen Sie das Licht des Polarsterns in diese dunkle Zone eindringen, bis auch sie transparent ist und golden leuchtet. Dann werden Sie mit Energie aufgeladen und von Ihren Leiden geheilt.

Wann immer Sie sich krank fühlen, sollten Sie diese Übung machen, um Ihr Leiden buchstäblich wegzuschwemmen. Die Wirkung ist gewiß; denn »Du bist, was du denkst«. Sie werden außerdem feststellen, daß diese Meditation erfrischend, heilend und kräftigend wirkt.

Kontemplation über Kerzenlicht, Sonne und Mond
Falls der Polarstern nicht sichtbar ist, können Sie für die Übung auch eine Kerze zu Hilfe nehmen. Ebenso können Sie die Sonne oder den Mond als Quelle des goldenen Lichtes nutzen, das Sie mit Ihrem Körper absorbieren wollen. Allerdings sollten Sie dabei bedenken, daß die Sonne zu heiß und der Mond zu kalt sein könnte. Durch die Kontemplation mit Hilfe des Lichtes einer

Kerze, der Sonne oder des Mondes können Sie sich zunächst unmittelbare Linderung verschaffen. Dagegen kann es mehrere Monate dauern, bis Sie die Meridianmeditation beherrschen. Für die Kontemplation eignen sich die frühen Morgenstunden vor Sonnenaufgang oder kalte Tage.

1. Fixieren Sie eine brennende Kerze beziehungsweise eine andere Lichtquelle.
2. Schließen Sie die Augen und befördern Sie das Licht in Ihren Kopf. Erfühlen Sie, wie sich Ihr Kopf mit goldenem Licht füllt.
3. Erfühlen Sie anschließend, wie sich das Licht allmählich im Hals, in den Schultern, im Rumpf und im ganzen Körper ausbreitet.

ANMERKUNG A:
Wenn Sie sich in das Licht der Kerze oder des Mondes versenken, sollten Sie bequem sitzen und das Gesicht gegen Norden gewendet haben. Nicht nach Norden sollten Sie bei der Kontemplation der Sonne blicken und auch nicht länger als zehn Minuten in der Sonne sitzen; denn die Sonne sendet starkes Licht aus, und die magnetischen Kräfte der Erde fließen von Norden nach Süden.

ANMERKUNG B:
Die beste Lichtquelle ist eine brennende Kerze. Es ist ratsam, das Kerzenlicht nicht durch eine Glühbirne zu ersetzen.

ANMERKUNG C:
Falls während der Kontemplation eine Blockierung auftritt, öffnen Sie die Augen, versenken Ihren Blick in die Kerzenflamme und beginnen von vorne. Tun Sie dies, bis Sie Ihren ganzen Körper mit durchscheinendem Licht zu füllen vermögen. Wer Sie in diesem Zustand betrachtet, wird den Eindruck haben, daß von Ihrem Körper ein Leuchten ausgeht. Mit zunehmender Erfahrung bei dieser Übung werden Ihnen vielleicht einige dunkle Flecken auffallen, die nicht von Licht durchdrungen sind. Dies sind kranke Zonen, die

geheilt werden können, wenn Sie sich darin üben, sie mit Licht zu erfüllen.

Konzentrationsübung

Soll das Leben gelingen, dann müssen wir unseren Geist bilden, um seine Gaben richtig nutzen zu können. Wie oft haben Sie schon gehört und gelesen, daß Konzentration auf ein Ziel der Hauptgrund dafür ist, daß manchen Menschen alles gelingt! Die alten Taoisten waren sich des Zusammenhangs zwischen Konzentration und dem Gelingen eines Vorhabens sehr wohl bewußt und schufen die folgende Übung, um die Konzentrationsfähigkeit zu steigern.

Bei dieser Übung müssen Sie sich auf einen von drei Punkten konzentrieren: den sogenannten *Ying-Tang-Punkt* (er liegt auf der Stirn zwischen den Augenbrauen, in Höhe des dritten Auges), den *Shan-Chung-Punkt* (über der Thymusdrüse) oder den *Chi-Hai-Punkt* (etwa 3,5 cm unterhalb des Nabels). Sie können diese Punkte anhand der Abbildung 97 oder unter Zuhilfenahme einer Akupunkturtafel aufsuchen. Auf der Akupunkturtafel sind es die Punkte 17 und 6 auf dem *Jenn-Mo-Meridian* (= Ren Mai = Dienergefäß = Konzeptionsgefäß). Auf den Tafeln finden Sie jedoch nicht den Punkt *Ying Tang,* da es sich um einen außerordentlichen Punkt auf dem *Jenn-Mo-Meridian* handelt. Manchmal werden die drei Punkte auch, von oben nach unten, *oberer Tan-t'ien, mittlerer Tan-t'ien* und *unterer Tan-t'ien* genannt. (Tan-t'ien sind die sogenannten Zinnoberfelder. Der Zinnober ist wesentlicher Bestandteil des Elixiers der Unsterblichkeit.)

Immer wenn Sie ein bißchen Zeit für sich haben, können Sie diese Übung im Liegen, im Sitzen oder im Stehen durchführen.

1. Für die Übung im Sitzen lassen Sie sich mit gekreuzten Beinen auf dem Boden oder einer Matte nieder.
2. Nun konzentrieren Sie sich auf einen der drei in Abbildung 97 dargestellten Punkte. Am häufigsten wird zu diesem Zweck der Punkt *Chi Hai* gewählt. Konzentrieren Sie sich, indem Sie nur an diesen Punkt denken und alle abschweifenden Gedanken

Abb. 97: Die Akupunkturpunkte *Ying Tang, Shan Chung* und *Chi Hai*

verbannen. Konzentrieren Sie sich, bis Sie spüren, wie der Punkt warm wird.
3. Brechen Sie die Übung ab und denken Sie nicht mehr daran, sobald Sie die Wärme spüren können. Dann nämlich ist Ihnen diese schwierige Übung gelungen, und Sie können Ihre Konzentrationsfähigkeit auf andere Bereiche Ihres Lebens lenken.

ANMERKUNG:
Lassen Sie sich nicht entmutigen, wenn Ihnen die ersten Versuche mißlingen. Diese Übung ist schwierig, und bei manchen dauert es mehrere Wochen, bis das Wärmegefühl eintritt. Sobald Sie aber die Wärme spüren können, sollten Sie die Übung vergessen. Wenn Sie nämlich weiterüben, um das Wärmegefühl zu empfinden, kann das ernste Schäden verursachen.

Wie schwierig diese Übung ist, erweist sich auch an den vielen mentalen Hilfsmitteln, die benutzt werden, um das Konzentrieren zu erleichtern. Manche empfehlen die Kombination mit Atemübungen – in diesem Fall stellt man sich bildlich vor, daß die Atemluft zu dem Punkt strömt, auf den man sich konzentrieren will, und den Bereich erwärmt. Andere raten, den betreffenden Punkt zu manipulieren oder sich vorzustellen, daß in ihm ein Feuer brennt. Sobald man jedoch die Schwierigkeit überwunden hat und die Wärme empfindet, füllt sich das Herz mit Freude. Leider macht dieses Hochgefühl manche Menschen, vor allem die abergläubischen und ungebildeten, selbstgefällig und verführt sie dazu, die Übung zu mißbrauchen. Was lediglich eine einfache Stoffwechselreaktion des Körpers ist (die Konzentration auf einen festen Punkt bewirkt, daß dieser stärker durchblutet wird, und die vermehrte Aktivität in diesem Bereich erzeugt das Wärmegefühl), wird als Walten der Götter oder Erzeugung göttlicher Kräfte gedeutet. Und die Fähigkeit, eine solche Empfindung auslösen zu können, bläht das Ich dieser irregeleiteten Menschen enorm auf.

Bedauerlicherweise erkannten geschäftstüchtige Sektenführer in dieser Denkart schon früh eine Chance, die unbedarften Massen zu manipulieren, und erfanden eine Variante der ursprünglichen Übung. Die Variante ermutigt dazu, sich ständig zu konzentrieren, um Wärme (= Energie) in der Nabelregion zu erzeugen und diese Energie unmittelbar an jede Stelle des Körpers zu lenken. Diese Sektenführer konnten sich, indem sie arglose Menschen diese Übung lehrten, eine große Gefolgschaft sichern. Ihren Anhängern versprachen sie, daß die ständige und ritualisierte Anwendung dieser und nur dieser Übung ihnen göttliche Kräfte verleihen werde, die sie sogleich gegen alle todbringenden Einflüsse und gegen alle Krankheiten unempfindlich und gleichzeitig mächtig und unsterblich machen würden. Immer wenn die Anhänger einer psychologischen Unterstützung bedurften, erzeugten sie daher Wärme (Energie) im Leib und lenkten diese bewußt unmittelbar in ihre Sexualorgane oder an andere Stellen im Körper, um sich zu »heiligen«, sich in Hochstimmung zu versetzen, voller Energie zu fühlen oder um »unsterblich« zu werden (auch wenn sie keine Ahnung hatten, welche Art von Energie sie da manipulierten). Die schlimme Folge war, daß viele infolge fehlender ärztlicher Betreuung an Geisteskrankheiten oder organischen Leiden starben, die durch diese fehlgeleitete Einflußnahme auf empfindliche Funktionen des Körpers verursacht waren. Andere beteiligten sich an Machenschaften und Aufständen, die von den Sektenführern angezettelt wurden (sie waren ihren Anführern für die verheißene Unsterblichkeit so dankbar, daß sie deren Wünsche freiwillig erfüllten).

Durch die Analyse historischer Belege läßt sich nachzeichnen, wie eine einfache Übung zur Ursache von allgemeinem Chaos und weitverbreiteten Geisteskrankheiten unter den Armen und Ungebildeten werden konnte. Aus den Zeugnissen geht hervor, daß die abgewandelte Übung zu Appetitverlust, Halluzinationen, unkontrollierter Motorik und Zittern am ganzen Körper (Nervenschädigung), zu Impotenz, Unfruchtbarkeit, vorzeitigem Altern, Krebs, Schizophrenie und sittlichen Entgleisungen (Inzest, Promiskuität, Mord und dergleichen mehr) führte. Die Sektenmitglieder waren wie wandelnde Zeitbomben, und da ihr Zustand unheilbar war, zwang das Gesetz die örtlichen Behörden, sie hinzurichten.

Wie mit einer Atombombe muß man auch mit einem mächtigen Geist behutsam umgehen. Zuviel Konzentration kann das innere Gleichgewicht stören. Da nach taoistischer Auffassung das Gleichgewicht den Schlüssel zu geistiger und körperlicher Gesundheit darstellt, kann alles, was im Übermaß betrieben wird, ein Ungleichgewicht verursachen und weicht daher von der wahren Lehre ab. Die wahre Lehre besagt, daß die Konzentrationsübung in zwei Schritten erlernt wird:

1. KONZENTRIEREN
2. VERGESSEN

Wahrscheinlich sind Sie bereits mit einem solchen Prozeß vertraut. Als Sie zum Beispiel radeln lernten, mußten Sie sich total darauf konzentrieren, die Balance zu halten, sonst wären Sie gestürzt. Sobald Sie dann aber so flott radeln konnten, wie Sie gehen können, vergaßen Sie natürlich, sich zu konzentrieren. Andernfalls wären Sie schwer gestürzt, wenn Sie in Ihrem fortgeschrittenen Stadium ständig daran gedacht hätten.

Atemübungen

Neben der normalen, spontanen Ein- und Ausatmung gibt es noch viele andere Formen der Atmung. Eine davon, die Kranich-Atmung, wurde bereits beschrieben. Weitere lernen Sie in den folgenden Übungen kennen. Alle diese Übungen wirken in vielfältigster Weise gesundheitsfördernd und erhöhen die Belastbarkeit bei großen körperlichen Anstrengungen, wie beispielsweise Ballett, Gymnastik und dergleichen, um fünfzig Prozent.

Erweiterte Kranich-Atmung I

Da die Atemluft bei dieser Übung langsam durch die Lungen und in den Magen wandert, ermöglicht sie einen gründlichen Gasaustausch in den Zellen dieser beiden Organe. Bei der normalen flachen Atmung erfolgt im allgemeinen kein so gründlicher Austausch von Sauerstoff und Kohlendioxyd.

Diese Übung kann morgens oder abends im Stehen, im Sitzen oder im Liegen gemacht werden.

1. Sie atmen zunächst langsam aus. Dabei ziehen Sie so stark den Bauch ein, daß die Luft aus dem Magen und den Lungen entleert wird. Sie stellen sich vor, daß jedes kleinste Luftbläschen aus Magen und Lungen entweicht.
2. Nachdem Sie vollständig ausgeatmet haben, atmen Sie langsam ein und weiten die Lungen so, daß sich der Brustkorb nach allen Richtungen dehnt. Achten Sie darauf, daß der Magen sich nicht weitet, er soll stramm eingezogen bleiben. Während des ersten Teils der Übung dürfen Sie nur die Brustmuskeln benutzen.
3. Wenn sich die Lungen mit Luft gefüllt haben, halten Sie eine

Weile den Atem an, um zu verhindern, daß Luft aus den Lungen aus- oder in sie einströmt, und lassen den vollständigen Gasaustausch stattfinden.

4. Jetzt lassen Sie langsam den Brustkorb zusammensinken, damit die Lungen kollabieren. Dabei wölben Sie gleichzeitig den Magen langsam wie eine Kugel vor. Dieser Bewegungsablauf preßt die Luft aus den Lungen in den Magen.

5. Nachdem Sie den Atem eine Zeitlang im Bauchraum gehalten haben, ziehen Sie langsam den Magen ein und lassen die Luft direkt über den Mund ausströmen. Die Übung wird Ihnen anfangs vielleicht ein bißchen schwierig erscheinen, doch mit zunehmender Erfahrung wird es Ihnen immer besser gelingen, den Atem zu lenken.

6. Eine Übungsrunde besteht aus einer vollständigen Einatmung mit anschließender Ausatmung. Anfangs werden Sie während einer Sitzung allenfalls zwei bis drei Übungsrunden schaffen. Sie werden sich aber schließlich auf etwa zwölf Runden steigern. Denken Sie immer daran, daß die Übung langsam gemacht werden muß.

ANMERKUNG:
Schwangere Frauen sollten diese Übung unterlassen, da das kräftige Vorstrecken und Einziehen des Bauches unangenehme Empfindungen im Leib auslösen kann.

Diese Übung bewirkt nicht nur eine hervorragende Kräftigung und Versorgung der Gewebe mit Sauerstoff, sondern sie tonisiert auch die Bauchorgane und weitet die Brust. Außerdem fördert sie eine vertiefte Normalatmung und eine stärkere Elimination der verbrauchten Atemluft, die sich oft in den unteren Lungenpartien sammelt.

Erweiterte Kranich-Atmung II
Von der vorgehenden Übung unterscheidet sich diese insofern, als die Atemluft nur in den oberen Teil der Lungen hineingelassen

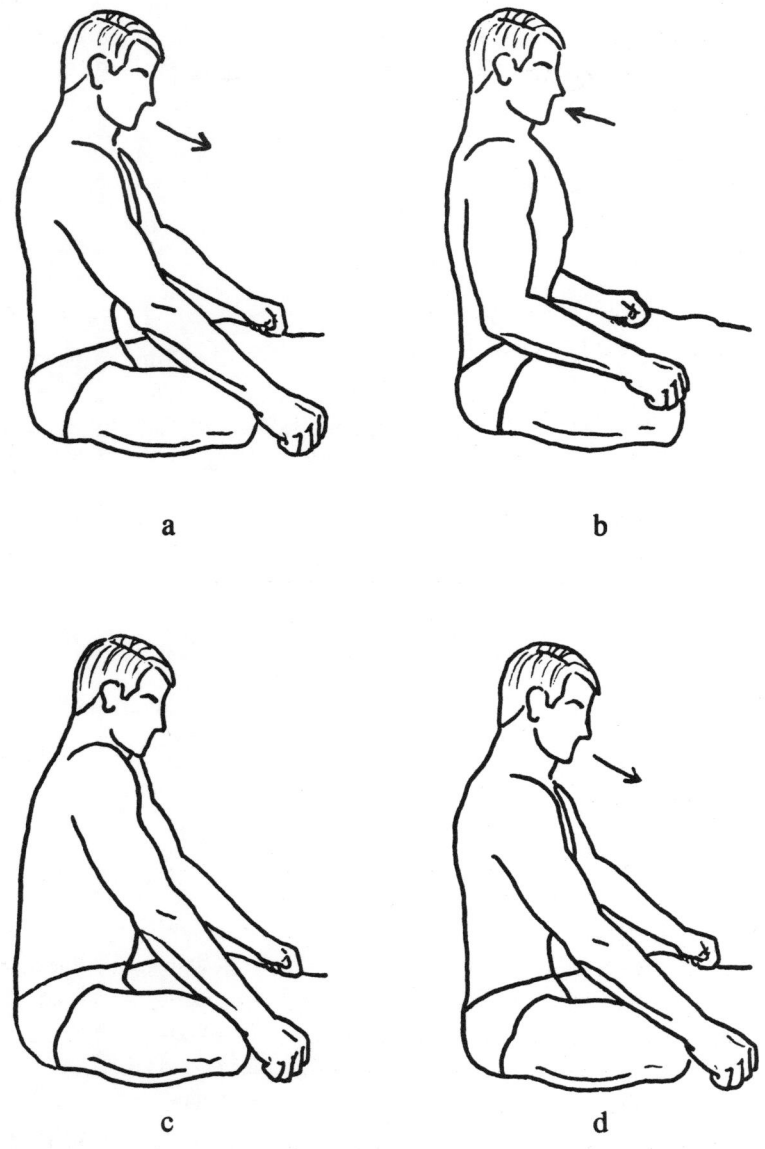

a   b

c   d

Abb. 98 a–d: Erweiterte Kranich-Atmung I

und anschließend, bevor sie ausgeatmet wird, solange wie möglich im Magen gehalten wird.

Die Übung kann jederzeit und nach Belieben sitzend, stehend oder liegend durchgeführt werden.

1. Zunächst atmen Sie langsam aus, indem Sie die oberen Bauchmuskeln einziehen. Setzen Sie Bauch und Zwerchfell ein, um das letzte bißchen Luft aus dem Magen und den Lungen herauszupressen.

2. Nachdem Sie vollständig ausgeatmet haben, atmen Sie ganz langsam ein, um den gesamten oberen Bereich der Lungen zu weiten und mit Luft zu füllen. Lassen Sie den Magen eingezogen – nur die oberen Atemmuskeln sollen benutzt werden.

3. Wenn der obere Teil der Lungen gefüllt ist, halten Sie eine Weile den Atem an, damit die Luft nicht entweichen und ein kompletter Gasaustausch stattfinden kann.

4. Nun lassen Sie langsam den Brustkorb zusammensinken, damit die Lungen komprimiert werden. Pressen Sie die Luft aus den Lungen heraus und in den Magen hinein. Dabei wölben Sie den Magen etwas vor, damit die Luft leichter hineinströmen kann.

5. Halten Sie nun den Atem möglichst lange im Magen. Dann lassen Sie die Luft langsam aus dem Magen ausströmen und atmen sie durch den Mund aus.

6. Eine Übungsrunde besteht aus einer vollständigen Einatmung mit vollständiger Ausatmung. Sie dürfen diese Übung beliebig oft wiederholen, sollten sich aber vor Übertreibungen hüten.

ANMERKUNG:

Anfangs werden Sie die Luft vielleicht nicht sehr lange im Magen halten können, aber mit der Zeit wird es Ihnen sicher gelingen. Bemühen Sie sich auch, Ein- und Ausatmung so zu verlangsamen, daß der zarte Luftstrom die Härchen im Nasengang kein bißchen vibrieren läßt. Diese Atemtechnik wird Sie während jeder körperlichen Belastung ruhig und stark erscheinen lassen, da Sie nicht hyperventilieren müssen.

Wenn Sie diese Atemtechnik bei schwerer körperlicher Belastung anwenden, verbessern Sie Ihre Leistung um bis zu fünfzig Prozent. Sie führt dem Körper die Mengen an Sauerstoff und Energie zu, die er bei jeder anstrengenden Tätigkeit benötigt; denn sie verhütet eine Hyperventilation und steigert die Leistungsfähigkeit enorm. Mit dieser Atemtechnik werden Sie auch nach stundenlanger ununterbrochener Aktivität nicht so leicht ermüden. Deswegen hat beispielsweise auch die Staatliche Norwegische Ballettschule in Oslo diese Methode übernommen. Sportler, die sie sich aneigneten, beobachteten eine ungeheure Leistungssteigerung. Untersuchungen über die Wirkung der Atemtechnik an Athleten im Training ergaben, daß ihre Ausdauer um bis zu fünfzig Prozent zunahm.

Atmung über die Knochen

Zum Leben benötigen wir ein gewisses Maß an Spannung, ein Fehlen von Spannung bedeutet Tod. Allerdings ist es medizinisch bewiesen, daß ein Übermaß an Spannung und Streß krank machen und wahrscheinlich sogar zu Krebs führen kann. Die Taoisten wissen seit Hunderten von Jahren, daß Krankheiten am ehesten verhütet werden können, indem man sich mindestens einmal täglich körperlich und geistig vollkommen entspannt. Entspannung ist auch ganz entscheidend, wenn ein kranker Mensch wieder richtig gesund werden soll, denn sie verhindert Energieblockierungen, die durch zuviel Spannung entstehen können.

1. Legen Sie sich auf den Rücken. Die Füße liegen leicht auseinander, die Arme seitlich neben dem Rumpf, die Handflächen sind locker nach oben gewendet. Lassen Sie Ihr Gewicht von der Unterlage (Bett, Fußboden) tragen, ohne die Muskeln anzuspannen. Schließen Sie die Augen und atmen Sie ganz ruhig und gleichmäßig ein und aus.
2. Erfühlen Sie, wie beim Einatmen mit der frischen, reinen Luft Energie und Lebenskraft in Sie einströmen und den ganzen Körper durchdringen.

3. Spüren Sie, wie beim Ausatmen alle Gifte mit der verbrauchten Atemluft Ihren Körper verlassen.

4. Nun erfühlen Sie beim Einatmen, wie die Luft durch die Zehen über die Knochen des einen Beins aufwärts strömt und in Ihren Brustkorb gelangt.

5. Stellen Sie sich beim Ausatmen vor, wie die Luft aus der Brust durch das Bein über die Zehen nach außen strömt.

6. Üben Sie die Schritte 4 und 5 mit jedem Bein dreimal nacheinander.

7. Stellen Sie sich nun vor, wie die Luft durch die Knochen von Hand und Arm der einen Seite in den Brustkorb und in den Kopf eindringt.

8. Beim Ausatmen visualisieren Sie, wie die Luft über den Arm und die Hand den Körper verläßt.

9. Üben Sie die Schritte 7 und 8 insgesamt dreimal mit jedem Arm.

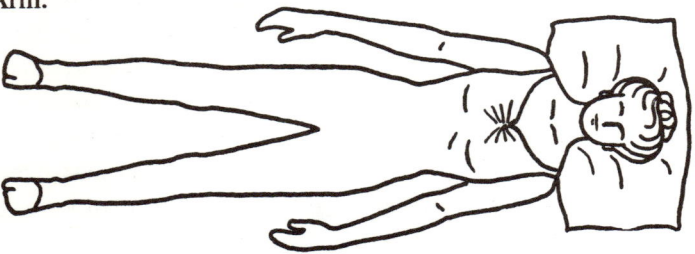

Abb. 99: Atmung über die Knochen

ANMERKUNG A:
Sobald Sie die einzelnen Bewegungsabläufe beherrschen, können Sie den Atem gleichzeitig durch beide Arme und Beine strömen lassen.

ANMERKUNG B:
Falls Sie keine Möglichkeit haben, sich zum Üben hinzulegen (zum Beispiel bei der Arbeit oder unterwegs), schließen Sie die Augen und üben im Sitzen. Dabei sollte die Wirbelsäule möglichst gerade aufgerichtet sein, und Arme und Beine sollten bequem und locker gehalten werden.

Immer wenn Sie die Atmung über die Knochen geübt haben, werden Sie geistig und körperlich völlig entspannt sein und mit frischen Kräften wieder Ihren Pflichten nachgehen können.

Energiesteigernde und entspannende Atemübungen
Bei der Energie unseres Körpers unterscheiden wir eine *Yin-* und eine *Yang*-Energie. Das Wesen der *Yin*-Energie ist negativ, ruhig und beruhigend. Dagegen ist *Yang*-Energie positiv, stimulierend und anregend. Diese Formen der Energie sind an sympathische und parasympathische Nervenimpulse und an die Erzeugung von Ionen gebunden. Wird das sympathische Nervensystem aktiviert, dann nimmt die *Yang*-Energie zu. Dies hat zur Folge, daß Blutdruck, Herz- und Atemfrequenz, sexueller Appetit und andere Funktionen gesteigert werden, während gleichzeitig positive Ionen im Körper erzeugt werden. Eine zu starke Zunahme der positiven Ionen bewirkt, daß man Kopfschmerzen bekommt, unter hohem Blutdruck, Streß, Spannung leidet. Wenn hingegen die *Yin*-Energie zunimmt, werden negative Ionen erzeugt. Diese regen das parasympathische Nervensystem an, und dann sinkt der Blutdruck, werden Herz- und Atemfrequenz verlangsamt, nimmt die Libido ab. Ein Übermaß an *Yin*-Energie führt zu Schläfrigkeit, Depressionen, trauriger Stimmungslage, Schwäche und so weiter. Der menschliche Körper ist also ein Ionengenerator, der positive und negative Ionen erzeugt. Es müssen aber ausgewogene Mengen produziert werden, sonst wird unser tägliches Dasein zur Plage.

Wie können nun *Yin-* und *Yang*-Energie in ein harmonisches Verhältnis gebracht werden?

Einfach durch Atmen. Tiefe, lange Einatmung verschafft *Yang*-Energie, während tiefe, lange Ausatmung *Yin*-Energie erzeugt und das Anhalten des Atems beide Energieformen ausgleicht. Immer wenn Sie schnell wieder fit sein wollen, sollten Sie fünfzehn Sekunden lang einatmen (oder bis fünfzehn zählen), zehn Sekunden den Atem anhalten und fünf Sekunden lang ausatmen. Wann und wo immer Sie sich entspannen möchten: Atmen Sie fünf Sekunden ein, halten zehn Sekunden den Atem an und atmen dann fünfzehn

Sekunden aus. Auf diese Weise wird es Ihnen gelingen, in jeder schwierigen Situation ein positives, ruhiges Verhalten an den Tag zu legen. Übrigens können Sie die Dauer der Ein- und Ausatmung und des Luftanhaltens ohne weiteres auch verlängern.

Reinigende Atemübung für das Gehirn

Bei den Übungen zur Reinigung des Gehirns werden die Atemtechniken von Schildkröte, Hirsch und Kranich genutzt, um das Fundament zu legen, auf dem der unsterbliche Atem beruht. Ein sicheres Haus, in das weder Krankheit noch negative geistige Einstellungen einziehen können, braucht ein solides Fundament. Bevor Sie beginnen, diese Atemtechniken zu üben, müssen Sie daher gelernt haben, wie man die Übungen Hirsch, Kranich und Schildkröte kombiniert praktiziert.

Nicht nur körperlich, sondern auch geistig uns zu entspannen, müssen wir lernen. Unser Geist ist der Hort zahlloser Sorgen, die unnötige Spannungen und Streß erzeugen und zu akuten und chronischen Krankheiten führen können. Die reinigende Atemübung für das Gehirn stellt ein grundlegendes Heilverfahren dar, das unseren Geist von ungesundem Streß und von den negativen Gedanken befreit, die eine Heilung des Körpers verhindern. Für die Taoisten ist eine Vorstellung oder ein Gedanke Wirklichkeit. Danach bringt ein negativer Gedanke einen negativen Zustand unseres leiblichen Seins hervor. Die Übungen zur Reinigung des Gehirns geben uns ein Werkzeug an die Hand, mit dem wir den Geist von allen unnützen Gedanken befreien und in eine ausgeglichene Verfassung bringen können. Und die Harmonie des Geistes überträgt sich auf den Körper. Wenn Sie sich krank fühlen, ist das Gleichgewicht gestört, aber auch wenn Sie sich besonders wohl fühlen, besteht ein Ungleichgewicht. Der Taoismus lehnt die Extreme ab und fordert dazu auf, *dem Mittelweg zu folgen*. Wir müssen zu unserer naturgegebenen Befindlichkeit erwachen und zu einer Leerheit gelangen, bei der es nicht positiv noch negativ, nicht Haß noch Liebe gibt, sondern nur Offenheit. Nur so können wir innerlich wachsen und im Frieden mit uns selbst leben.

Treibe das Leersein bis zum Äußersten
und bewahre die Stille unerschütterlich:
Die abertausend Geschöpfe ringsum entfalten sich,
und ich schaue also ihre Wiederkehr.
Alsdann kehren die Geschöpfe, die zahlreichen,
alle wieder heim zu ihrer Wurzel:
Die Heimkehr zur Wurzel aber nennt man Stille,
das ist die Rückkehr der Bestimmung;
die Rückkehr der Bestimmung nennt man das Beständige,
das Wissen vom Beständigen nennt man Erleuchtung.
Das Nichtwissen vom Beständigen aber,
das schafft sich unüberlegt Unglück.
Das Wissen vom Beständigen ist Duldsamkeit,
Duldsamkeit ist überdies Redlichkeit,
Redlichkeit ist überdies Edelsinn,
Edelsinn ist überdies Himmlisches,
Himmlisches ist überdies der rechte Weg,
der rechte Weg ist überdies Dauer.
Ein untergehendes Selbst ist nicht zu gefährden.

Tao-te-King, Sechzehnter Spruch
(Übersetzung von JAN ULENBROOK)

Reinigung des Gehirns I
Negative Gedanken sind große Hindernisse, die Heilungsprozesse im Körper blockieren. Durch die erste Version der Übung zur Reinigung des Gehirns lernt der Geist, sich von negativen Gedanken zu befreien und göttliche Eigenschaften in sich zu wecken. Sie hilft uns, den Einklang mit den natürlichen Gesetzen des Universums herzustellen, indem sie uns befähigt, die falschen Vorstellungen vom Tode aufzugeben und das Tao zu finden, wo es keine dualistischen Gedanken gibt, kein Begehren und keine Krankheit, sondern nur vollkommenen Frieden.

a

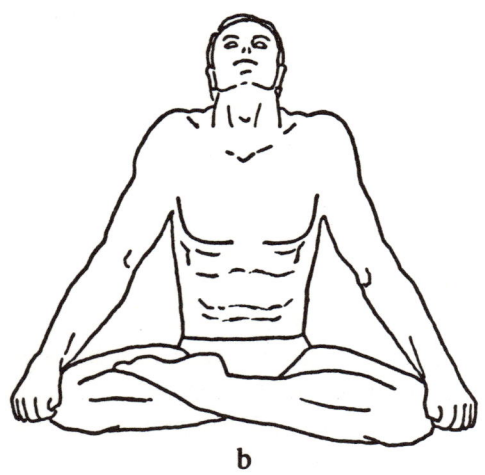

b

Abb. 100 a und b: Reinigung des Gehirns I

1. Sie beginnen mit der reinigenden Übung, indem Sie die Haltung für die Schildkröten-Übung einnehmen. Sie sitzen aufrecht mit geradem Rücken und gekreuzten Beinen. Die Hände ruhen locker auf den Knien. Umfassen Sie mit den Fingern die Daumen. Auf diese Weise bleibt die Energie in Ihren Händen und kann in die Arme zurückströmen. Die Augen sind während der Übung geschlossen.

2. Jetzt atmen Sie (ohne sich anzustrengen) sämtliche Luft aus den Lungen aus, während Sie in der ersten Schildkrötenhaltung den Kopf hochstrecken und die Schultern herabsinken lassen.

3. Anschließend neigen Sie den Kopf sanft nach hinten in die zweite Schildkrötenhaltung und beginnen langsam einzuatmen. Stellen Sie sich dabei vor, daß der Atem beim Eindringen in Ihren Körper kochenden Dampf, Feuer oder weißen Rauch mit sich bringt, der langsam vom Bauch zum Kopf hinaufsteigt. Erfühlen Sie, wie der Rauch Ihren Kopf vollständig ausfüllt.

4. Nachdem Sie (ohne sich anzustrengen) tief eingeatmet haben, heben Sie den Kopf und beginnen, in der ersten Schildkrötenhaltung auszuatmen. Spüren Sie, wie der Rauch oder Dampf oder das Feuer Ihren Körper verläßt und Sorgen, Spannungen, unnütze Gedanken, Unredlichkeit, Zorn, Niedergeschlagenheit und alles Übel mit sich nimmt. Zurück bleibt ein Gefühl der Klarheit und der Reinheit. Wiederholen Sie die reinigende Atemübung anschließend so oft, wie Sie es angenehm finden. Versuchen Sie jedoch, bei jeder Sitzung mindestens sieben Übungsrunden zu praktizieren.

ANMERKUNG A:
Denken Sie bitte unbedingt daran, während der Übung die Afterschließmuskeln zu kontrahieren; denn dadurch bleibt die Energie im oberen Teil des Körpers und kann mit dem imaginierten Rauch über die Wirbelsäule zum Gehirn emporsteigen.

ANMERKUNG B:
Anfangs wird es Ihnen vielleicht schwerfallen, Ihre Atmung mit

den Empfindungen zu koordinieren. Doch wenn Sie entschlossen und konsequent üben, werden Sie bald sehr deutlich wahrnehmen, wie der Rauch in Ihren Kopf eindringt und ihn wieder verläßt. Auch dauert es eine Zeitlang, bis Sie nach der Übung das Gefühl der Klarheit empfinden, doch geduldiges Üben führt hier zum Erfolg. Und sobald Ihr Geist klar ist, sind Ihre Probleme schon zu achtzig Prozent gelöst.

Reinigung des Gehirns II

Durch diese Übung werden Rücken, Schultern und Arme herrlich gedehnt, außerdem das Energiegleichgewicht gefördert und Spannung und Müdigkeit aus dem Körper geleitet. Überdies erhält sie den Geist wach und munter.

Diese Übung ist jederzeit wohltuend, wenn Sie sich schlapp fühlen, etwa morgens beim Aufstehen, tagsüber im Büro oder abends nach der Arbeit.

1. Sie üben stehend oder in Rückenlage, die Füße leicht auseinander, aber parallel. Die Hände befinden sich locker gestreckt zu beiden Seiten des Körpers, der Kopf ist erhoben wie bei der ersten Position der Schildkröten-Übung.
2. Zuerst atmen Sie tief aus, damit die Lungen ganz leer werden.
3. Nun senken Sie den Kopf und atmen ganz langsam ein. Dehnen Sie beim Einatmen den Brustkorb und heben Sie die gestreckten Arme seitlich empor, bis sich Ihre Handflächen berühren. (Die Bewegungen sollen mühelos erfolgen. Wenn Sie es nicht schaffen, dann heben Sie die Arme einfach so hoch, wie Sie können, und lassen es dabei bewenden.) Erfühlen Sie, während Sie die Arme über den Kopf heben, wie die aktive *(Yang-)* Energie des Universums (oder weißer Rauch) in die Lungen, den Körper und den Geist eindringt.

4. Nachdem Sie richtig tief eingeatmet haben, halten Sie bei erhobenen Armen den Atem an, verschließen die Aftermuskeln und entspannen sich in dieser Haltung so lange, wie Sie es ohne Mühe können. Stellen Sie sich vor, daß der weiße Rauch emporsteigt und Ihren Geist völlig durchdringt. Erfühlen Sie, wie

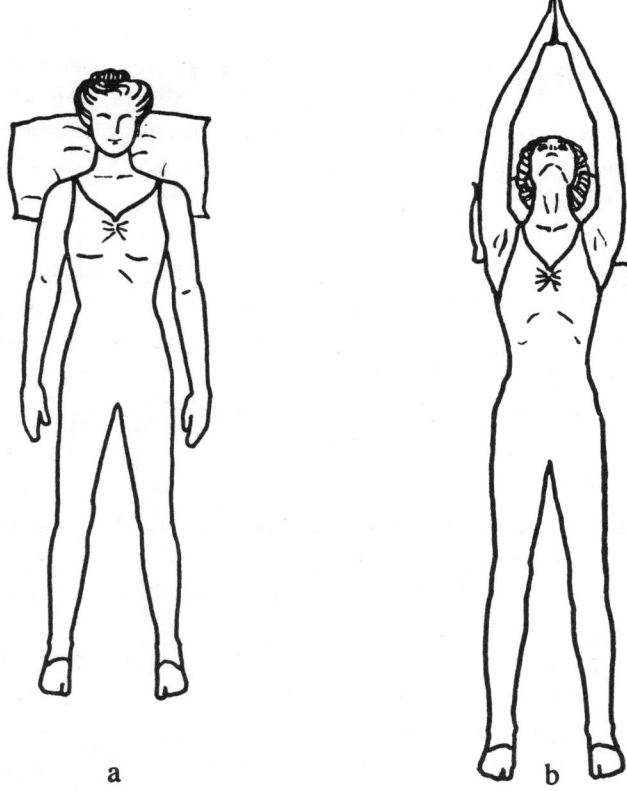

a   b

Abb. 101 a und b: Reinigung des Gehirns II

die Energie durch Ihren Körper und Ihren Geist kreist, und machen Sie sich bewußt, daß sie allmählich jeden negativen Gedanken hinwegschwemmt.
5. Danach heben Sie, während Sie langsam ausatmen, den Kopf
und nehmen die Hände auseinander. Führen Sie die gestreckten
Arme seitlich an den Rumpf zurück. Während die Hände einen
Bogen nach unten beschreiben, stellen Sie sich vor, wie die pas-

sive *(Yin-)*Energie aus der Erde gleich einer kühlen Brise über die Finger in die Arme gelangt. Diese Übung symbolisiert die Umarmung des ganzen Universums, so daß man aus der Vereinigung der irdischen passiven Energie mit der himmlischen aktiven Energie ein Gefühl des Einsseins erlebt. Spüren Sie dann, wie beim weiteren Ausatmen der Rauch entweicht und ein reines Gefühl der Klarheit hinterläßt.

6. Wenn Sie vollständig ausgeatmet haben, wiederholen Sie die Übungsfolge aus Atmung und Armbewegung insgesamt mindestens siebenmal oder so lange, bis Sie das Gefühl haben, es sei oft genug.

ANMERKUNG:
Die Wirkung ist intensiver, wenn Sie im Freien und in der Sonne üben und dabei die frische Luft in den Körper eindringen lassen. Stellen Sie sich bei den Armbewegungen vor, daß Sie die Wolken und den Himmel berühren wollen.

8. Unsterblicher Atem: Der kleine und der große himmlische Kreislauf

Zwei außerordentliche Meridiane umgeben das System der sieben Drüsen. Der eine ist das Konzeptionsgefäß, auch *Jenn Mo, Ren Mai* oder Dienergefäß genannt. Der andere, das Lenkergefäß, wird auch als *Du Mai, Tou Mo* oder Gouverneurgefäß bezeichnet. Sie sind die einzigen Meridiane, in denen die Richtung des Energieflusses geändert werden kann. In den sieben Drüsen bewirkt dies tiefgreifende Veränderungen, die den Körper der Unsterblichkeit zuführen.

Die sieben endokrinen Drüsen regulieren sämtliche Körperfunktionen. Wir wissen bereits, daß sie in einem harmonischen Wechselspiel zusammenarbeiten und sich gegenseitig beeinflussen. Über diese Drüsen wird dem Körper frische Energie zugeführt und der Kreislauf der Energie gefördert. Sie funktionieren wie ein Stromtransformator oder -generator und sind die Energiespeicher des Körpers. Der ganze Körper findet zu vollkommener und spiritueller Ordnung, indem man die Energie im Verband der sieben Drüsen auf ein höheres Niveau steigert. Bevor Sie den unsterblichen Atem einüben, müssen Sie das System der inneren Übungen bereits so beherrschen, daß der Körper sich im harmonischen Zustand der Gesundheit befindet und keine schweren oder chronischen Krankheiten vorliegen. Wenn in den Meridianen irgendwelche Blockierungen bestehen, ist es unmöglich, die höchsten Stufen der Atemübungen zu praktizieren. Die Beherrschung der Meridianmeditation und der anderen inneren Übungen ist also unerläßlich, um die Meridiane zu öffnen und den Körper darauf vorzubereiten, den unsterblichen Atem zu empfangen.

Der menschliche Körper ist ein elektrisches System. Die Stärke der elektrischen Ladung, die er leiten kann, ist dem Widerstand

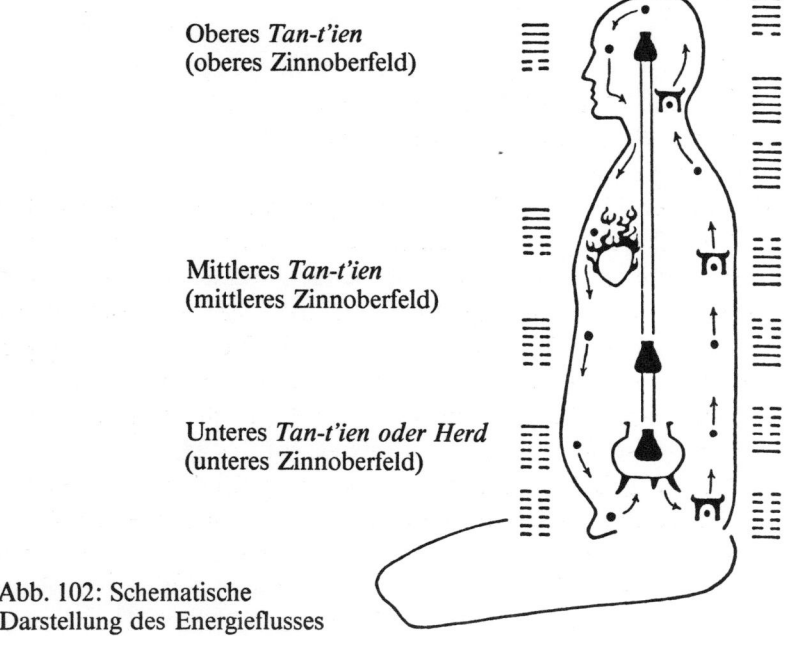

Oberes *Tan-t'ien*
(oberes Zinnoberfeld)

Mittleres *Tan-t'ien*
(mittleres Zinnoberfeld)

Unteres *Tan-t'ien oder Herd*
(unteres Zinnoberfeld)

Abb. 102: Schematische
Darstellung des Energieflusses

der Nerven und Drüsen proportional. Ein starker Körper verkraftet eine größere Ladung elektrischer Energie.

Der unsterbliche Atem führt dem Körper enorme Energien zu. Falls der Organismus nicht kräftig genug ist, diese zu verarbeiten, können Nerven und Drüsen infolge der Überladung mit Energie förmlich »ausbrennen«. Viele Menschen leiden ja nur deshalb an schweren geistigen Störungen, weil sie die Energien, die durch ihren Körper strömen, nicht richtig handhaben können. Wenn man längere Zeit zu großen Energiemengen ausgesetzt ist, kann der Körper irreversibel geschädigt werden. *Gehen Sie deswegen nicht leichtfertig mit dem unsterblichen Atem um.* Wenn Sie jedoch die inneren Übungen und die Meditationstechniken gewissenhaft erlernt haben und die Übungsfolge mit Kranich, Schildkröte und Hirsch beherrschen, dann dürfen Sie beginnen, den unsterblichen Atem zu üben (es handelt sich hierbei um eine Erweiterung der Hirsch-Übung auf einem sehr viel höheren Niveau).

Der unsterbliche Atem stellt die höchste Stufe der taoistischen Übungen dar. Es kann ein Jahr oder ein ganzes langes Leben dauern, bis man diese Übung beherrscht. Will man erreichen, daß der Körper sein Energieniveau höher einstellt, dann darf man nichts übereilen. Es ist eine Sünde, wenn jemand die reinsten Wunder bei einem Minimum an Einsatz und Zeitaufwand verspricht; denn dies kann viele Leben für immer ruinieren oder »dem zersetzenden Bösen« anheimfallen lassen.

Wenn aber die Ungeduld überwunden werden kann, dann ist der Lohn unbeschreiblich. Das spirituelle Auge des Übenden ist hellwach, und er wird auf die Stufe eines *Hsien,* eines Weisen oder Unsterblichen, erhoben. Der *Hsien* kennt die Geheimnisse des Universums, da er sich in vollkommener Einheit mit dem Tao oder Gott befindet; er hat ewigen Bestand, und er gebietet über die Kräfte des Universums. Ist dies nicht die eigentliche Sehnsucht tief ım Herzen aller Menschen? Gott hat die Sehnsucht nach Spiritualität im Menschen verankert – keinem anderen Geschöpf im Universum wurde dies in die Wiege gelegt –, damit dieser eines Tages mit ihm vereint werde.

Kleiner himmlischer Kreislauf

Diese Form des Atmens wird oft als »das ewige Rad des Gesetzes« bezeichnet. Wenn man diese Atemtechnik gerade zu praktizieren beginnt, muß man die eigene Willenskraft einsetzen, um den Kreislauf in Gang zu bringen. Irgendwann aber wird die Atmung automatisch und unwillkürlich fortgesetzt. So verläuft der Prozeß, wenn er erst einmal eingeleitet ist, automatisch, unumkehrbar und der Willenskontrolle entzogen. Insofern erreichen Sie die höchste Stufe der Erleuchtung nicht durch bewußtes Tun, sondern vollständig aus Ihrem inneren Selbst.

1. Sie sitzen mit gekreuzten Beinen, der Rücken ist gerade, der Kopf erhoben.
2. Legen Sie die Finger um die Daumen und lassen Sie die Hände locker auf den Knien ruhen.
3. Beginnen Sie langsam einzuatmen, ohne den Atem im geringsten zu forcieren. Erfühlen Sie, wie der Atem durch die Nase eintritt und über den *Jenn-Mo-Meridian* in die Bauchhöhle (den Herd) hinabzieht, wo er erwärmt (umgewandelt) und mit Energie befrachtet wird.
4. Wenn Sie ganz tief eingeatmet haben, verschließen Sie die Afterschließmuskeln und drücken das Kinn auf die Brust (Kinnverschluß). Diese beiden Bewegungen verhindern, daß die Energie aus der Bauchhöhle entweicht. Sie bewirken außerdem eine stärkere Energiezufuhr in die Geschlechtsdrüsen, die aktiviert werden. Wenn Sie den Atem anhalten, verengen sich übrigens die Blutgefäße und führen zu einem Blutdruckanstieg. Der Kinnverschluß trägt dazu bei, daß dieser Vorgang rückgängig gemacht und das Gleichgewicht im Organismus wiederhergestellt wird.
5. Während Sie den Atem anhalten und After und Kinn den Rumpf verschlossen halten, beginnen Sie zu fühlen, wie die Energie aus dem Herd (Abdomen) allmählich an der Wirbelsäule entlang oder über das Dienergefäß *(Jenn-Mo-Meridian)* emporsteigt.

6. Während die Energie emporsteigt, zieht sie nacheinander durch die sieben Häuser (Drüsen): Zuerst gelangt sie in die Geschlechtsdrüsen, wo sie eine spiralige Drehbewegung vollführt. Dann zieht sie in ähnlichen Schleifen durch die übrigen sechs Häuser aufwärts (Abbildung 103). Die Drehbewegungen in den Häusern dienen dazu, das jeweilige Haus mit frischer Energie zu versehen und die Energie in eine Energie höherer Ordnung umzuwandeln, die dann im nächsten Haus aufgenommen und wieder umgewandelt wird. Auf diese Weise dient jede der Drüsen als Transformator und Generator von Körperenergie.

7. Wenn die Energie die Zirbeldrüse erreicht, lassen Sie sie dort kurz kreisen. Dann lösen Sie After- und Kinnverschluß und atmen ganz langsam aus.

8. Nun beginnen Sie den kleinen himmlischen Kreislauf von vorn.

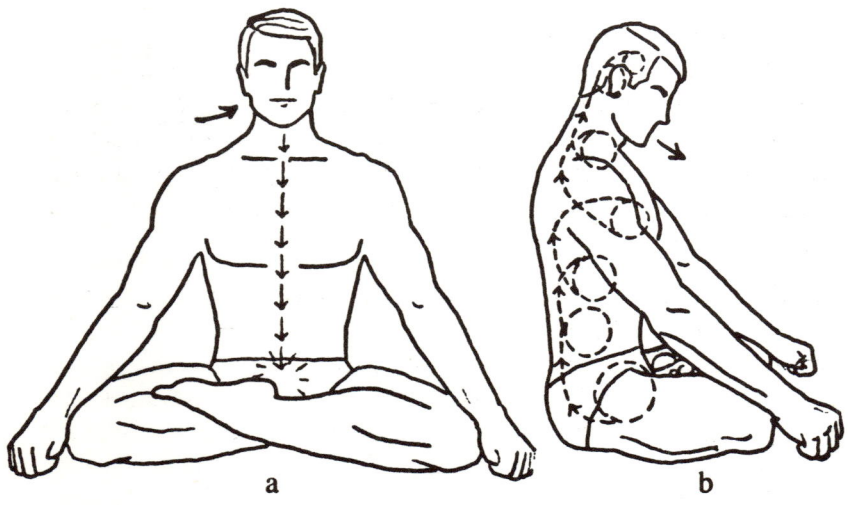

a   b

Abb. 103 a und b: Sitzhaltung beim kleinen himmlischen Kreislauf

ANMERKUNG:
Halten Sie anfangs den Atem nur sieben Sekunden an, eine Sekunde also für jede Drüse. Mit zunehmender Übung beim Atmen halten Sie die Luft länger an. Sobald Sie das beherrschen, steigern Sie jedesmal, während Sie den Atem anhalten, die Zahl der Energiespiralen im jeweiligen Haus um zwei oder mehr. Es ergibt sich also folgender Ablauf: Über den *Jenn-Mo-Meridian* die Luft in den Bauchraum einatmen. Atem anhalten bei gleichzeitigem After- und Kinnverschluß. Energie durch den *Tou-Mo-Meridian* (Lenkergefäß) aufwärts durch die Geschlechtsdrüsen, die Nebennieren, das Pankreas, den Thymus, die Schilddrüse, die Hirnanhangdrüse und die Zirbeldrüse kreisen lassen, dann durch den *Jenn-Mo-Meridian* wieder abwärts und so fort, bis Sie ausatmen müssen. Mit der Zeit lernt man, den Atem mehrere Minuten bis Stunden anzuhalten, ohne daß man ausatmen muß. Wenn die sieben Häuser genügend Energie aufgenommen haben, verschwindet das Bedürfnis, auszuatmen, und der Übende existiert im atemlosen Zustand der Unsterblichkeit.

Großer himmlischer Kreislauf
Wie bei dem kleinen, so werden auch beim großen himmlischen Kreislauf der Atem und die sieben Häuser (Drüsen) des Körpers genutzt. Der Unterschied zwischen den beiden Methoden besteht darin, daß die Energie beim großen himmlischen Kreislauf zusätzlich zu der zentralen Körperhöhle durch die Meridiane der Beine und Arme fließt.

1. Zuerst setzen Sie sich mit geradem Rücken und erhobenem Kopf auf den Boden.
2. Atmen Sie ein und lassen Sie den Atem durch den *Jenn-Mo-Meridian* an der Vorderseite des Körpers in die Mitte des Leibes (Herd) strömen, wo er erwärmt und mit Energie befrachtet wird.
3. Nach vollständiger Einatmung machen Sie den After- und Kinnverschluß, halten den Atem an und lassen die Energie, wie

beim kleinen himmlischen Kreislauf beschrieben, durch die sieben Häuser kreisen.

4. Wenn die Energie in der Zirbeldrüse angelangt ist, lassen Sie sie wieder durch den *Jenn-Mo-Meridian* in die Beine hinab und über die Meridiane von Magen, Blase und Gallenblase an der Außenseite der Beine abwärts fließen.

5. Wenn die Energie die Zehen erreicht hat, lassen Sie sie über die Meridiane Milz/Pankreas, Niere und Leber an der Innenseite der Beine zurückfließen.

6. Lassen Sie die Energie im Rücken durch den *Tou-Mo-Meridian* (Lenkergefäß) kreisen und dann an den Beugeseiten der Arme durch Lungen-, Herz- und Kreislaufmeridian zu den Fingerspitzen ziehen.

7. Wenn die Energie in den Fingerspitzen angekommen ist, lassen Sie sie durch den Dickdarm-, Dünndarm- und Drei-Erwärmer-Meridian zurückfließen, bis sie im Herd der Bauchhöhle wieder in den *Jenn-Mo-Meridian* mündet.

8. Sie können nun ausatmen oder so lange weiterüben, bis Sie das Bedürfnis haben, wieder normal zu atmen.

ANMERKUNG:

Anfangs sollten Sie bei dieser Übung sieben Sekunden lang den Atem anhalten, während Sie die Energie in Ihrem Körper kreisen lassen. Mit zunehmender Erfahrung steigern Sie die Dauer auf fünf Minuten, in denen Sie den großen Kreislauf der Energie möglichst oft wiederholen und zum Schluß die Energie stets in den Leib (Herd) lenken.

Schließlich werden Sie den Punkt erreichen, an dem Sie kein Bedürfnis verspüren, zu atmen. Auf dieser Stufe werden die Zellen des Körpers durch einen alchimistischen Prozeß umgewandelt und fähig, allein durch die Energie zu existieren, die im Universum kreist, und vom bislang benötigten Sauerstoff unabhängig zu werden. An diesem Punkt binden die »normalen« Gesetze von Zeit und Raum den einzelnen nicht länger an seinen Körper oder an die Erde, und er vereint sich mit der Ewigkeit des Universums.

VIERTER TEIL

Ein neuer Anfang:
Probleme erkennen und lösen

9. Heilung durch das Tao

Die inneren Übungen lassen sich in vier große Gruppen einteilen:

1. Allgemeine, regelmäßige Übungen zur Erhaltung der Gesundheit,
2. gezielte Heilübungen für einzelne Organe oder Körperpartien,
3. Atemübungen und
4. meditative und kontemplative Übungen.

Außerdem gibt es Heilverordnungen, die verschiedene Techniken der inneren Übungen miteinander kombinieren und angewandt werden, um spezielle Erkrankungen oder Beschwerden zu behandeln.

Die allgemeinen Übungen zur Erhaltung der Gesundheit sollen mindestens drei Monate lang täglich praktiziert werden. Danach werden Hirsch, Kranich und Schildkröte weiterhin täglich geübt und die anderen Übungen alle zwei Tage oder alle zwei Wochen abwechselnd, bis ein optimaler Gesundheitszustand erreicht ist. Nach etwa drei Monaten sollte man so weit sein, daß man während der Übungen den Strom der Energie im Körper erfühlt. Sobald man diesen feinen Strom von Energie oder Lebenskraft *(Qi)* im Körper wahrnehmen kann, ist es an der Zeit, die Technik der Meridianmeditation einzuüben. Es dauert zwischen einem und zehn Jahren, bis man die kontemplativen Übungen beherrscht. Fassen Sie sich beim Üben in Geduld, dann werden Sie dem »zersetzenden Bösen« nicht erliegen und reich belohnt werden. Wenn man die taoistischen inneren Übungen praktiziert, ist es, als würde man sich in einen finsteren Keller trauen und einen Schatz finden, der seit Jahren dort lag und der Entdeckung harrte. Hebt man diesen Schatz an die Sonne, wird er prächtig funkeln. Dieser Schatz ist Ihre Gesundheit, und für die Taoisten zählt die Gesundheit zu den Menschenrechten.

Von Zeit zu Zeit wird es Phasen geben, in denen Sie aus irgendwelchen Gründen nicht üben können (weil der richtige Platz fehlt, wegen familiärer Probleme und so weiter). Wenn Sie aber wirklich üben wollen und erkannt haben, wie wohltuend die inneren Übungen für Sie sind, vertrauen Sie darauf, daß Sie dort wieder beginnen werden, wo Sie aufgehört haben. Das System der inneren Übungen ist eine Aufgabe für das ganze Leben. In Anbetracht eines langen Lebens sind kurze Phasen, in denen Sie nicht üben, vergleichsweise unbedenklich.

Manche Menschen leiden, wenn sie mit den inneren Übungen beginnen, an einer sehr schwachen Konstitution oder an chronischen Krankheiten, die sich im Laufe von Jahren entwickelt haben. Trotz fleißigen Übens können, etwa infolge von Fehlernährung, Streß oder Verletzungen, Krankheiten oder gesundheitliche Probleme auftreten – zum Beispiel Herzleiden, Übergewicht oder Kreuzschmerzen.

Deswegen umfaßt das System der inneren Übungen auch Techniken, um spezielle körperliche Beschwerden gezielt zu behandeln. Sie werden ganz individuell verordnet und sollten geübt werden, bis die Krankheit, der Schmerz oder die Beschwerden beseitigt sind. Sie sollen in Verbindung mit den Übungen zur Erhaltung der Gesundheit praktiziert werden.

Dieses Kapitel enthält Heilverordnungen oder Kombinationen mehrerer innerer Übungen, die, wenn sie zusammen angewandt werden, bei bestimmten Krankheiten und Beschwerden den natürlichen Heilungsprozeß fördern, wie etwa bei Migränekopfschmerz, Bluthochdruck oder Hämorrhoiden.

Programm zur Erhaltung der Gesundheit
Morgens nach dem Aufwachen:

Zehenwackeln, Körper dehnen und strecken
Entspannung der inneren Organe
Kopfmassage
Übungen für die Augen
Übung für die Nase
Schlagen der Himmelstrommel
Übungen für den Mund
Gesichtsreibung
Übung für die Nieren
Übung für die Leber
Übung für das Sonnengeflecht
Meridianmassage
Hirsch-Übung
Kranich
Schildkröte

Regelmäßige gesundheitserhaltende Übungen
Diese sollen täglich absolviert werden:

Übungen nach fünf Tieren
Acht Brokatübungen
Zwölf Übungen nach der Organuhr
Zwölf Übungen für die Nerven

Meditation
Sobald Sie gelernt haben, den feinen Energiestrom durch den Körper wahrzunehmen, können Sie mit Meditationsübungen beginnen:
Meridianmeditation
Erst wenn Sie die Meridianmeditation beherrschen, sollten Sie anfangen, sich die Techniken des unsterblichen Atems anzueignen.

Spezielle kurative Übungen
Sie können entweder zusammen mit den Übungen zur Erhaltung
der Gesundheit oder auch isoliert zur Besserung spezieller Beschwerden eingesetzt werden.

Übung zur Gewichtsreduktion
Übungen für Kreuz- und Lendenregion
Heilende Übung für den Magen
Herzübungen
Kräftigende Übung für den Bauch
Übung für die Lungen
Übung für Unterleib und Geschlechtsorgane
Techniken der Schmerzlinderung
Übungen für Hände, Arme und Oberkörper
Die Sonne begrüßen
Übungen für die Augen
Entspannung der inneren Organe
Entspannungsübungen

Zu den Atemübungen zählen:

Kranich-Übung
Heilende Übung für das Herz
Erweiterte Kranich-Atmung I
Erweiterte Kranich-Atmung II
Atmung über die Knochen
Reinigung des Gehirns I
Reinigung des Gehirns II
Unsterblicher Atem:
    kleiner himmlischer Kreislauf
    großer himmlischer Kreislauf

Indikationsliste

Arthritis, Rheuma, Bursitis, Tennisellbogen: Schildkröten-Übung
Kranich
Hirsch
Stimulierende Übungen für die Arme (beim Tennisellbogen reiben,
bis Sie spüren, daß die Zone um den Ellbogen warm wird)
Stimulierende Übungen für die Beine
Akupressur an Armen und Händen (bei Bursitis oder Arthritis in
Hand oder Arm)
Techniken der Schmerzlinderung

Asthma:
Kranich, Schildkröte, Hirsch – zusammen in einer Sitzung
Übung für die Lungen
Übung für die Leber (wirkt besänftigend und kräftigend auf die
Nerven)

Augenprobleme:
(Glaukom, Katarakt, Kurz- und Übersichtigkeit und dergleichen)
Augenübungen

Blutdruck:
Zu hoch:
   Kranich, Schildkröte (Hirsch-Übung erst dann erlaubt, wenn
   Blutdruck sich normalisiert hat)
   Reinigung des Gehirns I
   Zehenwackeln
Zu niedrig:
   Hirsch, Schildkröte (Kranich-Übung erst nach Normalisierung
   des Blutdrucks)
   Reinigung des Gehirns II
   Zehenwackeln

Bronchitis (und Halsschmerzen):
Übung für die Lungen
Meridianmassage (speziell am Lungenmeridian abwärts)
Übung für das Sonnengeflecht

Diabetes:
Reibung von Leber und Pankreas
Stimulierende Übungen für die Beine (vor allem an der Innenseite der Beine aufwärts massieren, um dem Körper Energie zuzuführ·
ren)
Hirsch-Übung
Stimulation von Zunge und Speicheldrüsen (zur Linderung des Durstgefühls bei Zuckerkrankheit)

Durchfall:
Hirsch-Übung
Stimulierende Übungen für die Beine (nur an der Innenseite aufwärts reiben)
Übung für das Sonnengeflecht

Entmüdung:
Übungen nach fünf Tieren
Acht Brokatübungen
Zwölf Übungen für die Nerven
Hirsch, Kranich, Schildkröte
Erweiterte Kranich-Atmung I
Erweiterte Kranich-Atmung II
Atmung über die Knochen
Energiesteigernde und entspannende Atemübungen
Entspannung der inneren Organe
Übungen für die Augen

Erbrechen:
Kranich-Übung
Übungen für den Magen

Erkältung:
(Niesen, Husten, Kopfschmerzen bei Nebenhöhlenerkrankungen)
Entspannung der inneren Organe (bewirkt stärkere Durchblutung
von Kopf und Lungen und bekämpft dadurch Kopfgrippe)
Übung für die Nase (für die Nebenhöhlen)
Kopfmassage (Linderung von Kopfweh und Spannungskopf-
schmerz durch Bearbeiten von Punkten am Hinterkopf)
Akupressur von Punkten auf dem Magenmeridian zu beiden Seiten
der Kehle (kann anfangs vorübergehend Hustenreiz auslösen)
Meridianmassage (Lungenmeridian abwärts reiben, um akute Er-
kältungssymptome und Lungenstauung zu lindern)

Erkrankungen, allgemeine Maßnahmen:
Übungen nach fünf Tieren
Acht Brokatübungen
Zwölf Übungen nach der Organuhr
Zwölf Übungen für die Nerven

Frauenbeschwerden:
Hirsch-Übung
Übung für die Nieren
Stimulierende Übung für die Beine (nur an der Innenseite der
Beine)
Übung für das Sonnengeflecht

Gehörstörungen:
Übungen für die Ohren

Hämorrhoiden:
Hirsch-Übung (Zusammenpressen des Afterschließmuskels)
Die Sonne begrüßen

Hepatitis und Leberleiden:
Übung für die Leber

Herzbeschwerden:
Herzübungen

Impotenz (vorzeitiger Samenerguß):
Hirsch-Übung
Reinigung des Gehirns I
Übung für Unterleib und Geschlechtsorgane

Ischias:
Stimulierende Übung für die Beine
Übung für das Kreuz
Übung für Unterleib und Geschlechtsorgane

Konzentrationsschwäche:
Übungen nach fünf Tieren
Konzentrationsübung

Kopfschmerzen:
Atmung über die Knochen
Augenübungen
Übung für die Nase
Stehender Kranich
Reinigung des Gehirns II
Kopfmassage (Akupressur von Punkten am Hinterhaupt)

Krebs:
Knochenkrebs:
    Übung für die Nieren
    Übung für Kreuz und Lenden
    Übung für die Leber
Vorbeugung:
    Kranich, Schildkröte, Hirsch
    Stimulierende Übungen für die Arme
    Durchkneten der Schultermuskeln (löst Spannungen und Streß
    und öffnet blockierte Meridiane)

Lungenemphysem:
Siehe Asthma

Magenleiden:
Übelkeit infolge von Unterzuckerung:
  Übung für die Leber
  Pankreasmassage
Ulkus, Magenschmerzen, Erbrechen:
  Siehe auch unter »Durchfall«
  Kranich
  Übung für das Sonnengeflecht
  Heilende Übung für den Magen

Mandelentzündung:
Schildkröte
Reiben der Kehle

Menstruationsbeschwerden:
Siehe Stichwort »Frauenbeschwerden«

Nervenfunktionsstörungen (Taubheitsgefühl und Lähmungen):
Siehe auch Stichwort »Hepatitis, Leberbeschwerden«
Kranich, Hirsch, Schildkröte
Übung für die Leber
Leberfeld massieren, bis es warm ist, um Durchblutung zu verbessern und Energie zuzuführen
Zwölf Übungen für die Nerven

Nierenbeschwerden:
Übung für die Nieren
Hirsch
Stimulierende Übung für die Beine (nur an der Innenseite der Beine aufwärts massieren)

Pneumonie:
Kranich-Atmung (sehr langsam, um die Lungen zu entlasten)
Lungenmeridian abwärts sanft massieren (zur Linderung akuter
Beschwerden)

Prostatabeschwerden:
Hirsch-Übung

Rückenschmerzen:
Übung für das Kreuz
Übung für die Nieren

Schilddrüsenfunktionsstörungen:
Übung für die Schilddrüse

Schlaflosigkeit:
Zehenwackeln
Kranich-Atmung
Atmung über die Knochen
Übung für das Sonnengeflecht

Schönheit und Fitneß (Verjüngung)
Hirsch, Kranich, Schildkröte
Augenübungen (gegen Fältchen)
Druckpunktmassage des Zahnfleischs
Stimulation von Zunge und Speicheldrüsen
Schlagen der Himmelstrommel
Zähneklappen
Übung zur Gewichtsreduktion
Übung für das Sonnengeflecht
Kopfmassage
Atemübungen

Schwindel (Drehschwindel, Disharmonie der Nervenfunktion):
Atmung über die Knochen
Übung für die Ohren
Reinigung des Gehirns II
Schildkröte, Kranich

Tennisellbogen:
Siehe unter Stichwort »Arthritis«

Tuberkulose:
Kranich
  Bei Komplikation durch Husten:
  Innenseite der Arme abwärts massieren
  Kehle reiben
  Bei Komplikation durch Schwitzen:
  Zehenwackeln (wirkt beruhigend)
  Bei Komplikation durch Durchfälle:
  Übung für das Sonnengeflecht
  Kranich, Hirsch

Übergewicht:
Übung zur Gewichtsreduktion
Übung für das Sonnengeflecht

Übersäuerung des Magens:
Kranich
Übung für die Leber (beruhigt und normalisiert Magensekretion)

Ulkus:
Siehe Stichworte »Magenleiden« und »Nervenfunktionsstörungen«

Verstopfung:
Kranich-Atmung
Übung für das Sonnengeflecht
Zwölf Übungen nach der Organuhr

Zähne und Zahnfleisch:
Übungen für den Mund

Zellulitis:
Stimulierende Übungen für die Beine (nur an der Außenseite abwärts massieren)
Übung für Unterleib und Geschlechtsorgane.

10. Schlußbetrachtung

Wer vorhat, das System der inneren Übungen (oder das *Tao der Revitalisierung*) in seinen Alltag zu integrieren, sollte die alte taoistische Spruchweisheit »Wenn man äußere Übungen macht, *muß* man auch innere Übungen machen« beherzigen. Äußere Übungen verbrauchen Energie, ohne sie zu ersetzen, und deswegen haben wir nach anstrengenden körperlichen Aktivitäten das Bedürfnis, uns auszuruhen. Dagegen bewirken die inneren Übungen, daß unsere Energie erhalten bleibt und sogar zunimmt. Die taoistische Spruchweisheit lautet weiter: »Wenn man innere Übungen macht, darf man die äußeren Übungen außer acht lassen« – weil die inneren Übungen allein optimal wirksam sind.

Das heißt nicht, daß man äußere Übungen wie Tennis, Laufen oder Golf meiden soll. Die Taoisten erkannten nur, daß äußere Übungen für sich allein unvollkommen sind und durch bestimmte Techniken ergänzt werden müssen, die den durch äußere Übungen bedingten Verlust an Energie ausgleichen und ersetzen.

Die *inneren Übungen* vitalisieren, trainieren und kräftigen die inneren Organe und Gewebe, so daß sie stark und gesund werden. Wenn Körper und Geist stark sind, werden wir nicht krank. Das Schöne an den inneren Übungen ist, daß sie sehr leicht auszuführen sind. Sie können diese einfachen Techniken unabhängig von Ort und Zeit anwenden, zum Beispiel beim Autofahren die Hirsch-Übung praktizieren, indem Sie die Afterschließmuskeln anspannen. Das geht ganz einfach und problemlos; Sie benötigen dazu keine besondere Ausrüstung, und niemand braucht zu wissen, was Sie tun!

Die inneren Übungen stützen außerdem den Kreislauf, ohne die Herzfrequenz zu beschleunigen. Sämtliche Übungen werden langsam und ohne Kraftaufwand durchgeführt. Da sich die Dauer unseres Lebens nach der Summe unserer Herzschläge bemißt, sollten wir dafür sorgen, daß sich das Herz nicht vor der Zeit erschöpft. Die Herzfrequenz nimmt während dieser Übungen nicht zu, sondern mit der Zeit sogar ab. Daher können wir unsere Lebenserwartung ganz im Sinne der alten Taoisten erhöhen.

Oftmals geraten sportlich sehr aktive Menschen unmerklich in einen gefährlichen Teufelskreis. Durch äußere Übungen wird die Muskulatur trainiert. Häufig steigert ausgiebiges körperliches Training den Appetit, so daß die Trainierenden dann mehr als sonst essen. Das geht so lange gut, bis die betreffende Person das Traning aufgibt – und dann wandeln sich alle inzwischen aufgebauten Muskeln in Fettgewebe um. *Bei den inneren Übungen kann so etwas überhaupt nicht passieren.* Sie regulieren Größe und Festigkeit der Muskeln und anderen Gewebe, ohne den Appetit anzuregen. Viele Übende berichten in der Tat, daß ihr Appetit durch die Schildkröten-Übung abgenommen habe.

Die alten Taoisten erkannten, daß die inneren Übungen natürlichen Gesetzen gehorchen. Es bedarf keiner besonderen Willenskraft, um diese Übungen zu machen, da ja nicht Unmögliches erzwungen, sondern nur Mögliches getan werden soll. Beim Üben gewinnt man Abstand von sich, und das Ego wird kleiner, während der Geist oder das Göttliche in uns mehr Raum gewinnt.

Vier Reiche sind im Universum angesiedelt. Das erste ist das Pflanzenreich; es hat keinen anderen Sinn als den, zu sein und zu wachsen. Pflanzen und einzellige Lebewesen haben kein Bewußtsein ihrer selbst. Dem zweiten Reich, dem der Tiere, sind eine gewisse Intelligenz und eine Seele eigen, während der Geist fehlt; deshalb ist seine einzige Bestimmung die, sich fortzupflanzen. Das dritte, das Reich der Menschen, verfügt über Intelligenz, Seele und Geist. In der Religiosität drückt sich die Unzufriedenheit des Menschen mit seiner gegebenen Situation aus. Anders als die Tiere denkt der Mensch über sich nach. Er hat eine höhere Bestimmung, als nur zu existieren. Dies zeigt sich bereits an der Art, wie der Mensch sein materielles Leben lebt – stets will er mehr, als er hat. Außerdem lebt in uns der Wunsch, besser zu werden. Warum? Weil wir ein spirituelles Bedürfnis haben, uns zum Reich des Göttlichen zu erheben. Die Religion ist der Weg, um in das Reich Gottes, das vierte Reich des Universums, einzugehen und unsterblich zu werden. Die alten Taoisten erkannten diese fundamentale Sehnsucht der Menschheit und schufen aufgrund ihrer Kenntnis der Naturgesetze das System der inneren Übungen, die wir täglich praktizieren sollen, um unser Geburtsrecht, das heißt unser göttliches Selbst, zu verwirklichen. Das System der inneren Übungen ermöglicht uns, Körper, Geist und spirituelles Selbst miteinander zu vereinen. Nur dann können wir das Tao oder die wahre Unsterblichkeit erlangen und in das Reich Gottes eingehen.

Literaturhinweise

Dr. med. ROBERT C. ATKINS: Dr. Atkins' Gesundheitsrevolution – Länger und gesünder leben – Das Handbuch der komplementären Medizin. Ariston Verlag, Genf/München 1989.

ELSYE BIRKINSHAW: Denken Sie sich jung! – So bleiben Sie jung. Ariston Verlag, Genf/München 1988.

ELSYE BIRKINSHAW: Denken sie sich schlank! – Diätfrei abnehmen in 21 Tagen. Ariston Verlag, Genf/München 1989.

INDRA DEVI: Ein neues Leben durch Yoga – Die Asanas und die Devi-Methoden rhythmischen Atmens. Ariston Verlag, Genf/München 1987.

WOLF C. EBNER: Akupressur wirkt sofort! – Schmerzlinderung ohne Medikamente. Ariston Verlag, Genf/München 1989.

Dr. med. LEONHARD HOCHENEGG, ANITA HÖHNE: Die Kunst, nicht krank zu werden – So stärken Sie die Immunabwehr Ihres Körpers. Ariston Verlag, Genf/München 1988.

ANITA HÖHNE: Heiltees, die Wunder wirken – Die Geheimrezepte des Tiroler Arztes Dr. med. Leonhard Hochenegg. Ariston Verlag, Genf/München 1986.

Prof. Dr. Dr. med. JOHANNES HUBER: Die Hormontherapie – Gesundheit, Jugendlichkeit, blühendes Aussehen. Ariston Verlag, Genf/München 1990.

GERHARD H. JANTZEN: Biorhythmus – Wer klug ist, lebt danach. Ariston Paperback, Ariston Verlag, Genf/München 1986.

HOWARD KENT: Yoga leichtgemacht – Übungen für geschwächte, kranke und ältere Menschen. Ariston Verlag, Genf/München 1988.

Dr. med. HEINRICH KLAUS: Operation ohne Angst – Wie Sie sich auf eine Operation vorbereiten und danach am besten genesen. Ariston Verlag, Genf/München 1990.

KEVIN und BARBARA KUNZ: Das große Buch der Reflexzonen-massage – Selbstbehandlung an Hand und Fuß. Ariston Verlag, Genf/München 1987.

ERIC MEYER (Hrsg.): Das große Handbuch der Homöopathie – Ein Ratgeber für die ganze Familie. Ariston Verlag, Genf/München 1989.

CHARLES und CAROLINE MUIR: Tantra – Die Kunst bewußten Liebens. Ariston Verlag, Genf/München 1990.

Prof. Dr. med. LILA NACHTIGALL, JOAN R. HEILMAN: Östrogen – Was heutige sichere Therapie zu bewirken vermag. Ariston Verlag, Genf/München 1987.

DONALD NORFOLK: Nie mehr müde und erschöpft – Frisch und vital in 28 Schritten. Ariston Verlag, Genf/München 1987.

SUSAN PERRY, JIM DAWSON: Chronobiologie – die innere Uhr Ihres Körpers – Entdecken und nutzen Sie den eigenen Rhythmus! Ariston Verlag, Genf/München 1990.

Dr. med. MARGARETE RAIDA: Überlisten Sie die Zahl Ihrer Jahre! – Jugend aus der Apotheke und anderen Quellen der Gesundheit. Ariston Verlag, Genf/München 1989.

Dr. med. MARGARETE RAIDA: Kursbuch der Vitamine – Tests, die Ihnen zu Gesundheit nach Maß verhelfen. Ariston Verlag, Genf/München 1988.

ULRICH RÜCKERT: Doktor Natur – Das Lexikon der sanften Me-dizin. Ariston Verlag, Genf/München 1986.

GERTI SENGER, Prof. Dr. Dr. med. JOHANNES HUBER: Hormone – Was sie sind und was sie bewirken. Ariston Verlag, Genf/München 1989.

Dr. med. MICHAEL WIEDEMANN: Der Gesundheit auf der Spur – Die Mikro-Nährstoffe der Orthomolekularmedizin. Ariston Verlag, Genf/München 1989.

Alphabetisches Stichwortverzeichnis

Cet ouvrage a été achevé d'imprimer en mars 2005
dans les ateliers de Normandie Roto Impression s.a.s.
61250 Lonrai
N° d'imprimeur : 050552
Dépôt légal : mars 2005

Imprimé en France